歴史の中の多様な「性」

三橋順子
Junko Mitsubashi

歴史の中の多様な「性」

日本とアジア 変幻するセクシュアリティ

岩波書店

はじめに――地に足の着いた「多様性」へ

性的マイノリティの連帯の象徴であるレインボーフラッグ(六色の虹旗)のもとに一〇万もの人が集う時代になった。「東京レインボープライド」のパレード参加者は一万人を超え、表参道を行く隊列がすべて通過するまで四時間以上もかかる。

代々木の森にひるがえる虹旗、一流企業を含む数多くの企業ブースの賑わい、華やかなイベント・ショーを見ながら、二〇世紀から性的マイノリティとして生き、さまざまな社会的抑圧を体験してきた高齢世代の私としては「やっとこういう時代になったのだ」という感慨を抱くと同時に、微妙な違和感を覚える。それは、この盛況ははたしてどこまで地に足が着いているのだろうか？という思いだ。

二〇一〇年代に入る頃から、世界的な性的マイノリティの人権運動の波がようやく日本にも及ぶようになり、多様性(diversity)、とりわけ性的な多様性の承認が社会的なテーマのひとつになってきた。それ自体は、たいへん良いことである。ただ、そこにどこか借り物的な危うさを感じてしまうのだ。

この本の主張を簡潔にまとめるなら、「性的な多様性はすでに歴史の中にある」ということだ。もう少し敷衍《ふえん》すれば、性的な多様性は、人間の文化に必然的にともなっているもので、性的少数者はどの時代、どの地域にもいて、それなりの社会的・文化的役割を果たしてきた、ということである。とりわけ、日本は、性的少数者を宗教的な理由から抑圧してきた歴史をもたない。その結果、世界でもっとも性別越境の文化が高度に発達した社会を築いてきた。わかりやすく言えば、女装の芸能者(女形)に国が人間国宝のような礼遇を与えるのは日本だけである。

この本では、性的多様性は歴史の中にあることを私なりに論証していきたい。まず第Ⅰ部では基本認識的なことを述べる。第1章では日本の前近代と近代以降のジェンダー&セクシュアリティ観の変遷について論じる。第2章は性別越境文化の原理、第3章は同性間性愛の普遍性とそれに対する抑圧について解説する。

第Ⅱ部は個別の論考で、日本の歴史の中から性的な多様性を提示する。第4章は平安時代末期のある貴族男性のセクシュアリティ、第5章は薩摩藩の男色文化とその後、第6章は鹿児島出身のある力士にかかわる民話、第7・8章は明治「文明開化」期以降の女装・男装、第9章は二〇世紀の女装文化、第10章は女性同性愛について述べる。

第Ⅲ部は視点を海外に広げる。第11章はインドのヒジュラを起点に世界のサード・ジェンダーをめぐる。第12章は中国の、第13章は朝鮮の性別越境文化を探る。

そして、まとめとして、第14章は「伝統的」な「性」の在り様について考えることで、歴史と現在をつないでみたい。

さて、ここで、本書で用いる主な言葉(概念)の定義を解説しておこう。

まず。「ジェンダー」とは、社会的・文化的性であり、先天的な身体的な性(セックス)とは別次元の、人間が生まれた後、後天的に身につけていく(性差を含む)性の在り様である。ジェンダーは固定的・不変なものではなく構築される点が重要で、社会によって(地域差・時代差)ジェンダーの内実(「男らしさ」「女らしさ」)は異なるものになる。

「ジェンダー」は性同一性(Gender Identity)、性役割(Gender Role)、性別表現(Gender Expression)などから構成される。「性同一性」とは、自己の性別が時間的・社会的に同じであるという感覚、男女どちらの性別に帰属しているかという感覚のこと。「性役割」とは、男女どちらの社会的役割、つまり社会(文化)によって規定され要請される「男らしさ」「女らしさ」のどちらを行うか、演じるかということ。「性別表現」とは、服装や化粧など、男女どちらの表現形を取るかということで、身体的性差の強調、ファッション(服装、化粧、髪型、アクセサリー)、しぐさ、言葉づかいなどのジェンダー記号の操作によって行われる。

次に「セクシュアリティ」とは、性的欲望(性欲)、性愛、性現象のことであり、性についての欲望と行為に関わる事象の総合である。「性」に関わる事象のうち、性的指向(Sexual Orientation)、性幻想(Sexual Fantasy)、性的嗜好(Sexual Preference)、性的技巧(Sexual Technique)などを中心とする概念である。

このうち、性的指向とは、欲情、性欲の対象が何に向いているかということで、性愛対象が異性ならヘテロセクシュアル(Heterosexual 異性愛)、同性ならホモセクシュアル(Homosexual 同性愛。ゲイ/レズビアン Gay/Lesbian)、両方ならバイセクシュアル(Bisexual 両性愛)ということになる。また「性幻想」とは、大脳が描く心理的な性的イメージであり、どのような性的イメージやシチュエーション(情況)に欲情するかということ。「性的嗜好」とは、性愛における嗜好のことで、性的な身体、性的形式、性的刺激に対するさまざまな好みのこと。「性的技巧」とは、体位など性愛の場におけるさまざまなテクニックのことである。

私はセクシュアリティについても、ジェンダーと同様に構築主義の立場をとる。つまり性欲の存在そのものは動物としての人間の本能に由来するが、その性欲が何によって喚起され、何に欲情するかという性欲の質は、社会的・文化的に構築される要素が大きいと考える。また、個人の性的欲望が存在することと、その存在が人々にある程度、認知され、制度や商業などの形で社会システム化されることとは別の問題であると考える。

なお、本書で「性」と鉤括弧つきで表記した場合は、ジェンダーとセクシュアリティを併せた意味である。

「性的マイノリティ」とは、性的指向とジェンダー・アイデンティティ(性同一性)に関する少数者をいう。性的嗜好の少数者は含まないのが一般的である。対義語は「性的マジョリティ」となる。

「LGBT」とは、性的に非典型な四つの主なカテゴリーの英語の頭文字を合成したもので、L

はレズビアン(Lesbian 女性同性愛者)、Ｇはゲイ(Gay 男性同性愛者)、Ｂはバイセクシュアル(Bisexual 両性愛者)、Ｔはトランスジェンダー(Transgender 性別越境者)を表す。また四つ以外のカテゴリーがあることを示すためにＬＧＢＴ＋《プラス》なども表記される。「＋」の部分には、Ｉ(Intersex 性分化疾患＝DSDs)、Ｑ(Gender Queer)、Ｑ(Questioning 未定性)、Ａ(Asexual 無性愛)、Ｐ(Pansexual 汎性愛)、ＮＢ(Nonbinary gender 男女どちらのジェンダーにもとらわれない形態)などが含まれる。「ＬＧＢＴ」は性的少数者の政治的連帯を示す概念であり、「性的マイノリティ」の単なる置き換え語として使用するのは誤りである。

「トランスジェンダー」には二つの定義がある。まず、現象・行為としては、社会によって規定されたジェンダー、とりわけ性別表現を越境することである。その場合、越境が男女の間を行ったり来たりする時限的なものか、男性から女性へ、あるいは女性から男性へ行ったきりの永続的なものかは問わない。また、人物として定義する場合は、誕生時に指定された性別(sex assigned at birth)とは違う性別で生活している人となる。この場合も、その理由は問わない。男性から女性に移行した人がTrans-woman、女性から男性に移行した人がTrans-manである。以前、使われていたＭｔＦ(Male to Female)、ＦｔＭ(Female to Male)は、すでに国際的に使われなくなっているので基本的に用いない(一部、歴史的な呼称として使っているが)。ちなみに、「トランスジェンダー」を「心と体の性が一致しない人」と説明するのは、すでに病名として消滅した性同一性障害の定義に影響された誤りである。先述したようにトランスジェンダーの定義では「心の性」という概念は用いない。なお、本書では、行為・現象の意味の場合は、現代的な概念である「トランスジェンダー」を歴史的に遡及させることの危うさを意識して「性別越境」という言葉を使っている。

同様に同性の間での性愛については、近代的な性欲学の訳語である「同性愛」ではなく、超時代的・中立的な「同性間性愛」という言葉を使っている。また日本の前近代、および近代の一九二〇年代頃までの「男性同性間性愛」については「男色《なんしょく》」という言葉を使い、以後のそれについてのみ「同性愛」という言葉を使っている。

最初に述べておくべきことは、およそ以上である。

この本を手にとってくださった方に、最後まで読んでいただければ、たいへんうれしく幸いに思う。

目次

Ⅳ　歴史の中の多様な「性」…… 325

I

「性」の多様性の再検討

第1章 近代的ジェンダー・セクシュアリティ観を疑う

はじめに

「〽男と女の間には深くて暗い川がある」

野坂昭如が一九七一年に唄ってヒットした「黒の舟唄」（能吉利人作詞、桜井順作曲、日本コロムビア）の唄い出しだ。もう五〇年以上も前の歌だが、多くの歌手にカバーされ歌い継がれて来た。曲を知らない人でも、この出だしのフレーズだけは知っている人が多いと思う。それだけ人口に膾炙《かいしゃ》しているということは、「深くて暗い」はともかく「男と女の間には」「川がある」というイメージが多くの人に共有されているからだろう。

言うまでもないことだが、哺乳類には雌雄の別があり、人類にも生物学的な男女の別がある。性分化の過程で生じたトラブルによって男女どちらとも非典型な形質をもつ人が生まれることはあるが、ほとんどの場合、男女の身体構造の差異は明確だ。早い話、男性には女性のように子供を産むことはできない。そうした意味では、男と女の間には境界としての大きな川が流れている。

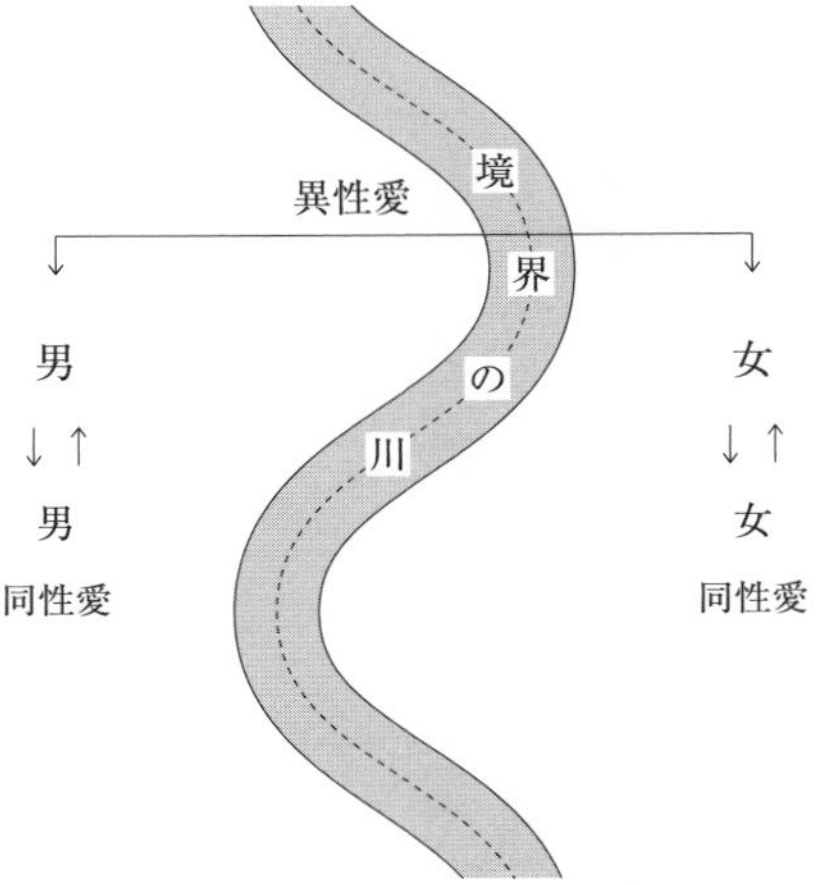

図1-1　近代のセクシュアリティ観

しかし、生物学的、身体構造的ではなく、社会的な性別を考える場合、話はそう単純ではない。たしかに現代の日本は、身体構造的な男女差(Sex)がそのまま社会的性別(Gender)に投影されている男女二元システムの社会である。川(境界)は男女の間を流れていて、セクシュアリティもそれを前提に語られる。

図1－1はそうした現代のジェンダー・セクシュアリティ観の模式図だ。矢印は性的指向(Sexual Orientation)を示す。川を挟んで向こう岸の相手との性愛が異性愛(Heterosexual)で、性的指向の矢印は男女どちらから発信してもいい双方向である。そして、川の同じ岸同士の性愛が同性愛(Homosexual)ということになっている。

今「なっている」と書いたのは、それはあくまでも現代の一般認識ということだ。男女二元システムが、どの地域、いつの時代にも普遍的であったかというと、必ずしもそうではない。

インド文化圏にはヒジュラ(Hijra)と呼ばれる人たちがいる。ヒジュラに「あなたたちは男か女か?」と二元論的に問うと「自分たちはヒジュラだ」と二元論ではない答えが返ってくる。「男」でも「女」でもある(あるいは、ない)サード・ジェンダー(Third Gender)的な存在である。

ヒジュラのようなサード・ジェンダーは、前近代ではヨーロッパを除く世界各地で見られ、数こそ少ないがかなり普遍性を持つ存在だった〔石井 2003〕。そうした人たちを念頭に置くと、ジェンダーを単純に男女二分する考え方は揺らいでくる。もはや川は男女の間を流れているとは簡単には言えなくなる。そして、男女二元システムを前提としたセクシュアリティの区分（異性愛か同性愛か）も単純には分別できなくなってくる。

何も遠いインドの話ではない。私は男性として生まれ育ちながら、ジェンダー・アイデンティティ的には女性に近く、現在はフルタイム、社会的に女性として生活しているトランスジェンダー（Transgender＝性別越境者）である。身体はかなり女性化しているものの基本構造は男性のままだ。私は川のどちら岸にいるのだろうか？　あるいは、私が男性と性愛関係を持った場合、それは同性愛（ゲイ）なのか、ヘテロセクシュアルなのか？　私が女性と性愛関係を持った場合、それはヘテロなのか、同性愛（レズビアン）なのか？

「いや、身体が男性なら男性と性的な関係を持てば同性愛（ゲイ）だ」という意見もあるだろう。身体構造が人間の「性」のすべてを規定するという身体本質主義的な考え方だ。一方で「性愛は社会的な関係性のひとつだから、社会的・心理的に女性である人と男性との関係は異性愛のバリエーション（擬似異性愛）と考えるべきだ」というジェンダーを重視する考え方もあるだろう〔三橋 2006f〕。どちらにしても簡単に同性愛か異性愛か割り切れる話ではない。

そもそも、私のような特異なケースを論じるべきではないという考え方もある。「お前のような変態は論議に値しない」ということだ。実はこうした意見は、きわめて近代的な考え方である。私のように性別があいまいな人間、あるいは男性なのに男性と、女性なのに女性と性愛関係をもつ人などを、西欧近代の精神医学は「変態性欲（Sexual Perversion）」と規定し、精神病者として一般社会から排除してきた。こうした非典型な「性」をもつ人たちを「変態性欲」として病理化する考え方は一九世紀後半のヨーロッパに始まり、日本には明治時代後期に移入され、大正〜昭和初期に通俗性科学の流行とともに一般社会に広まったまさに近代の思想だった（第3章参照）。

つまり、非典型な「性」をもつ人たち（同性愛者、性別越境者など）を、病理として囲い込む考え方は、明らかに西欧近代文化の産物であり、歴史的・地域的な普遍性をもたない。「文化」が時代や地域によってかなり異なる様相を見せることは言うまでもない。そうであるならば、西欧近代の産物であり現代に受け継がれた単純な男女二元システムと、異性愛をメジャーなものとし同性愛をマイナーなものとして対置させるセクシュアリティ観も、またひとつの「文化」的所産なのである。となると、そうした認識を「文化」が異なる前近代の社会に安易に投影しない方がよいのではないだろうか。川の流れ方は今とは違っていたかもしれないのだ。

人は身近なものほど普遍的なものと考えがちだ。だから、現代人は、前近代の人も自分たちと同じような確固とした男女二分の性別観を持ち、同じように異性愛をノーマルとし同性愛をアブノーマルと考えていたと思いがちで疑わない。もちろん変わらないもの、変わったようでも根本に伝統を引きずっているもの、さまざまである。ただ、変わっていないと決めつけるのは学問的ではない

図 1-2-1　「歌舞遊宴図屏風」（左隻）

し危険である。

この章では、現代日本を生きるTrans-woman（男性から女性へのトランスジェンダー）であり、「性」の歴史を研究している私の視点から、そうした近・現代のジェンダーとセクシュアリティに対する思い込みを疑ってみようと思う。

1　男色と女色は行き来できた

図1―2は「歌舞遊宴図屏風」（サントリー美術館蔵）と名付けられた一対の江戸時代初期（一六三〇年代）の風俗屏風である。*

まず左隻から見てみよう。広い邸宅で大勢の人が遊んでいる。中央の座敷では僧体の人があられもない格好をしている。まわりで相手をしているのは女性のようだ。邸内にたくさんいる女性たちは、姿形からみて遊女だろう。左隻は男性と遊女の世界、いわゆる女色の世界を描いていると思われる。

それに対して右隻は女性の姿がほとんどなく、いるのは前髪立ちの若衆髷《わかしゅまげ》の人がほとんどだ。中央の座敷を見ると、やはり僧体の人がお客でそれを若衆たちがいろいろな遊びで接待している（カバー表、左上）。

図1-2-2　「歌舞遊宴図屏風」（右隻）

左端の桜の木の下にいる赤い着物の垂髪の子（カバー裏）は、一見、女の子に見えるが、当時の見習い労働の慣行からして女の子が若衆にまじってここにいる意味はなく、やはり年少の男の子と見るべきだろう。つまり、右隻には男性と若衆の世界、つまり男色の世界が描かれている**。

この屏風を見た時、遊楽図という形で女色の世界と男色の世界が一対の屏風に描かれていることが、とても興味深く思えた。この屏風は、どう使われたのだろうか？　最初は、別々の部屋、つまり、女色の部屋、男色の部屋にそれぞれ立てられたのかとも思った。しかし、それだと一対の屏風としての意味がない。それによく見ると、右隻（男色世界）の左端の水面と左隻（女色世界）の右端の水面はつながっているように思われる。そして右の方から、若衆たちが乗った舟が二隻、左の方の遊女たちがいる館へ漕ぎ寄せられている（カバー表、下）。そうした画面の連続性を考えると、やはり、この屏風は大広間の右と左に一対の形で立てられていたと考えるべきだろう。

この屏風を描かせた人、あるいはこの屏風が立てられた座敷に集まった人たちにとって、女色の世界と男色の世界とは、左右一対のものとして両者ほぼ同じ比重で並置されるものだったのではないだろうか。そのことに気づいた時、私の前近代のセクシュアリティ観は大きく変わった。

ここで留意しなければならないのは、二つの屏風はつながっているということだ。並置されていても女色と男色の境界はきっちりと区分されてはいない。男色の館で遊んでいる人が女色の館に遊びに来ることができる。逆もまたあっただろう。男色世界と女色世界は別世界ではなく交流可能なのである。

ところで、「たけのこを　喰って大人の　仲間入り」という江戸時代中頃の川柳がある。竹の子を食べて少年が大人になる、ということだが、なにも成人儀礼に竹の子の煮付けが出てくるわけではない。ここで竹の子というのは、少年のペニスのことで、二つの意味が隠されている。まず、少年の包茎状態のペニスが竹の子の先端の形に似ているという形態的な類似。それから、竹の子は少し成長すると硬くなって食べられなくなるのと同様に、少年も薹《とう》が立つと、おいしくなくなるという比喩。

この川柳の意味は、少年を食べる、つまり能動的な男色を経験して初めて一人前の大人になるということだ。そして大人になると、遊廓に行って女色の世界を体験するか、あるいは結婚して妻とセックスをして子どもをつくるという生殖の世界に入っていく。

つまり、前近代の日本人が男色体験を一種の通過儀礼と認識していたことがわかる。一人の男性が人生のある段階では男色で、成人してからは女色ということはしばしば有り得たし、「歌舞遊宴

図1-3　「四条河原遊楽図屏風」（部分）

図屏風」の世界のように、同時期に男色と女色の世界を行き来することも珍しいことではなかった。男色も女色もひとつの性体験であって、固定したセクシュアリティではない。セクシュアリティがその人の重要な属性としてしっかり固定化され、同性愛者、異性愛者という対置的な区分をする近代的な考え方とは、かなり異なるセクシュアリティ観が見て取れる。

2　同じに見えたのなら同じなのではないか

図1―3の「四条河原遊楽図屏風」（静嘉堂文庫美術館蔵）を見てみよう。中央に南蛮渡来の虎の皮を敷いた床几に腰をかけ、琉球から伝わってきた当時最新の楽器である三線《さんしん》（後の三味線の原形）を弾いている人がいて、脇に太刀持ちがいる。そのまわりで前髪がある髷を結い振袖姿で太刀を差した一三人が踊っている。そんな舞台を大勢の人が見物しているという図で、江戸時代初期に大流行した「歌舞伎踊り」を描いたものだ。

次に図1―4（出光美術館蔵）を見よう。同じように床几に腰をかけて、虎の敷皮はないが、三線を弾いている人が中央にいる。太刀持ちが脇に控えているのも同じだ。その周りを、やはり一三人の前髪のある髷を結って刀を差した振袖姿の人たちが、日の丸の扇を持って輪になって踊っている。

真ん中に演奏する座頭《ざがしら》がいて、そのまわりで振袖姿、前髪立ちの一三人が踊っているという点で、二つの絵はとてもよく似ている。構図的にそっくりと言ってもいいだろう。しかし、この二つの絵には根本的な違いがあることになっている。図1―3は全員女性。遊女歌舞伎と言われた歌舞伎で、踊っているのは髪を結って刀を差し男装した女性たちであり、座頭も男装の女性。それに対して図1―4は全員少年。こちらは若衆歌舞伎で、遊女歌舞伎が幕府によって禁止されたあと、少年たちが行った歌舞伎である。

図1-4 「若衆歌舞伎図」

従来の歌舞伎研究では、遊女歌舞伎から若衆歌舞伎へという流れを、歌舞伎の担い手が女性から少年(男性)へと変化したととらえ、それに応じて、観客の男性の視線もヘテロセクシュアリティからホモセクシュアリティ的なものに転換したと考えてきた。

私は、それは違うと思う。そもそも遊女歌舞伎の全盛は一六一〇～二〇年代で、一六二九年に禁令が出た。それに代わった若衆歌舞伎の全盛は一九三〇～四〇年代で、一六五二年に禁止された。長く見ても四〇年くらい、短く見ると一〇年か一五年ぐらいの差しかない。そんな短い期間に世の中の男たち(観衆)の性愛観がヘテロセクシュアリティからホモセクシュアリティに一斉に転換するなど、まったくもって不自然だ。

先ほど述べたように、遊女歌舞伎と若衆歌舞伎の見かけはとても似ている。私はこの見かけが似ている、ほとんど同じということをもっと重視すべきだと思う。遊女歌舞伎にしても若衆歌舞伎にしても観客の目に映っている姿はほとんど同じなのだ。ところが近代的な発想では、遊女歌舞伎は女性であり、若衆歌舞伎は男性で、身体の性が違うから異なる存在であるということになる。目に映っているものにまったく正直でない認識だ。

同じに見えるものが同じに思えないというのは、近代以降、私たちが衣服などで装われた見かけは虚飾であり、そうした虚飾を取り払った身体にこそ本質があると教えられ、そう信じてしまったからにほかならない。そうした身体本質主義は、やがて男女の別は性染色体がXY（男性型）かXX（女性型）かによって決定されるという近代科学の成果によって裏付けが与えられる。

この文章を書いている時、たまたま見たテレビのバラエティ番組で、日本人の男性タレントがタイに行き、はるな愛さんが紹介したタイの女性アイドル、ノンポーイ嬢（タリーチャダー・ペッチャラット）に現地を案内してもらうというシーンをやっていた。ノンポーイ嬢は、一七歳で性別適合手術（Sex Reassignment Surgery＝ＳＲＳ）をうけて男性から女性になり、Trans-woman の世界的なミスコン「ミス・インターナショナル・クイーン二〇〇四」でグランプリを獲得した、とても美しく魅力的な女性だ。ところが、彼女の経歴がわかった時、男性タレントが「なんだ男かぁ」と残念そうにつぶやいた。いったい彼女のどこが男だというのだろう？　外観はどう見ても女性だし、たとえ裸にしたとしても女性と異なるところはないだろうに。

世の中には、外観が女性で、性器の形態も女性にそっくりでも、性染色体がXY型なら「そいつは男だ」と考える人がいる。自らの目に映るものよりも性染色体の形を重んじる、身体本質主義がさらに「進化」した性染色体本質主義だ。私は、こういうタイプの男性を「性染色体と寝る男たち」と言っているが、これはまさに近代人の発想である。

性染色体が性別を決定するという考え方が間違っているとは言わない。科学的には概ね正しい。しかし、人間の性別認識は常にそうした理屈でなされているかといえばそうではない。そもそも、性愛関係を持つのにいちいち相手の性染色体の形を誰も調べはしない。それともこの種の男性には性染色体が見えるのだろうか。

性染色体などというものを知らない前近代の日本人が、そうした身体本質主義的な発想を持っていたとは私には思えない。江戸時代の言葉に「男なり」「女なり」という和語がある。男の恰好をしている、女の外観をしているという意味だ。「男粧」「女粧」のようにも表記し、「なり」には「為」「成」「形」「態」などの字もあてる。「女形」も「女なり」である。「人となり(為人)」が生来の性質、人柄という意味であることを思うと、どうも前近代の人は身体よりも衣服をまとった状態である「なり」を重視していたのではないだろうか。つまり、同じように見えたら同じということだ。少なくとも、同じように見えたら似た種類(カテゴリー)ということだと思う。

3 やはり川の流れは違っていた

図1―3の遊女と図1―4の若衆は同じように見える。「なり」を重視する前近代の発想からすれば、遊女と若衆はよく似た種類(カテゴリー)ということになる。つまり、川(境界)の同じ岸にいる存在ということではないだろうか。それでは、川の向こう岸には誰がいるのだろう?

それは、「大人」であると思う。「大人」とは、社会成員としてのいろいろな義務(租税、労役など)を負う人たちである。前近代の日本社会では「大人」のほとんどは男性だったので、「大人」=「一人前の男」というイメージになる。それに対して「大人(男)」ではない者として、女、若衆(少年)、娘(少女)、子ども、さらに翁《おきな》・嫗《おうな》(高齢者)などが考えられる。身体的には男性であってもまだ一人前でない少年や、隠居(リタイア)した翁は、「大人(男)」から外れる存在である。

つまり、社会成員として義務を負う「大人(男)」と、それ以外の人たちという二つの括《くく》りでとらえられる。ただし、女については、既婚か未婚かで社会的なポジションがかなり異なる。既婚の女性は妻・妾として「大人(男)」に随伴する存在であり、時には「大人(男)」の役割を代行する場合もある。また「大人(男)」ではない者の中で、子ども、翁、嫗には性的なイメージは希薄だから、ジェンダー・セクシュアリティのカテゴリーとして「大人(男)」に対置されるのは、未婚の女=娘と若衆ということになる。

近代的な身体本質主義に立つ人には、若衆が男ではないということが理解できない。「若衆だって身体は男だろう」と言われてしまう。しかし、江戸時代の文献を読んでいると、やはり若衆はジェンダー的に男ではない。たとえば藤本箕山《きざん》『色道大鏡《しきどうおおかがみ》』(一六七三〜八一年頃)巻二には「前髪を落し、男に成《なる》より、物ごとに改れば、是より格定まる」とある。若衆は元服に際して、前髪を落とし、月代《さかやき》を剃《そ》り、髪の結い方、衣裳の模様、袖の裄丈《ゆきたけ》、帯、羽織、腰の物に至るまで装いを改める。つまり、若衆の外観は男とは大きく異なり、元服して初めて「男に成」るのであり、ゆえに若衆は男ではないことになる。

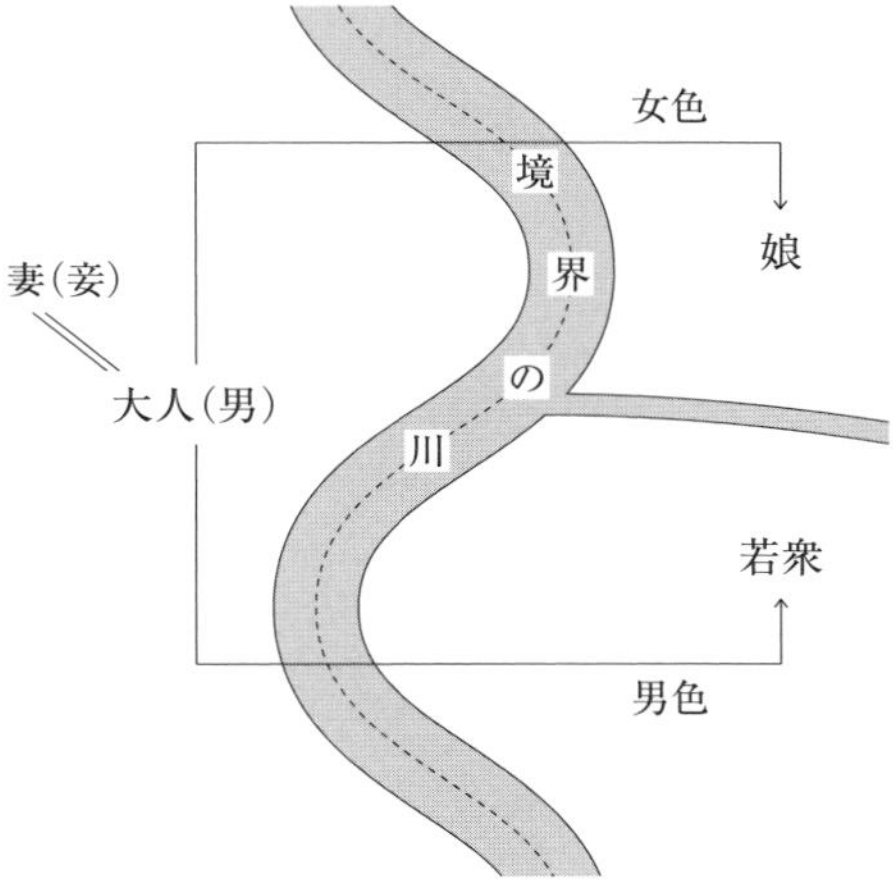

図1-5　前近代のセクシュアリティ観

また若衆は、公の場で「見られる」存在であった。三《さん》夕軒好若処士《せきけんこうじゃくしょし》『男色十寸鏡《なんしょくますかがみ》』(一六八七年)には「若衆は女とかはりて、公界《くがい》をするものなれば、人が見るなり」とある。「公界」とは世間の意味で、したがって、若衆は流行に敏感で常にファッションに気を遣い、多彩で華やかで目立つ装いをし、自らを美しく飾り立てることが社会的に求められた。そうした点でも娘との類似性が強い存在だった。

結局、江戸時代以前の前近代のジェンダー・セクシュアリティ観は図1―5のように整理できる。

「大人(男)」と「大人(男)でない者(娘・若衆など)」と

が、大きな川(境界)を挟んで対置している。娘と若衆は似ている存在だが、まったく同じではないから、その間には小川が流れている、そんなイメージだ。やはり、川の流れ方は現代とは異なっていたのだ。

「大人(男)」から出る性的指向の矢印が川を越えて娘に向かうのが女色、「大人(男)」から川を越えて若衆に向かうのが男色ということになる。両者は川を越えるという点で同じである。川を越えるということは同類ではないということだから、「大人(男)」と若衆の関係は同類同士のホモセクシュアルには当たらない。また娘と若衆との関係も似て非なる者同士なのでホモセクシュアルにはならない。

ちなみに、性的指向の矢印は「大人(男)」からだけ出る一方通行で、娘や若衆からは出ていない。江戸時代の「色」の主体は常に「大人(男)」であるということだ。ただ、それは概念としてであって、現実には娘や若衆から仕掛ける恋はあったし、娘と若衆の恋もあった。ただそれは「色」とは言わない。

ホモセクシュアルになる可能性があるとすれば、川の同じ側の「大人(男)」同士の関係である。果たしてそういう関係性はあり得ただろうか。少し考えてみよう。

日本の前近代の男色文化の最大の特性は年齢階悌制という仕組みにある。年齢階悌制を伴う男色とは「年長者と年少者という絶対的な区分にのっとった」関係であり、「能動の側としての年長者と受動の側としての年少者という役割が厳格に決められている」点に特徴がある〔古川 1996〕。

中世寺院社会では年長者である僧侶が女装の少年である稚児《ちご》を犯し、江戸時代の陰間茶屋でも年長の男性客（大人）が女装の少年である陰子（色子）を犯し、安土桃山〜江戸時代の武士階層の「衆道《しゅどう》」では年長者が「念者」となり「念弟」である年少者を犯し、薩摩藩の「兵児二才《へこにせ》」制や明治〜大正時代の美少年愛好（硬派）でも必ず年長の青年が年少の少年を犯した。年長＝能動、年少＝受動という役割は厳格なもので、逆転することはきわめて稀だった。

ところが、稚児が成長し剃髪《ていはつ》して僧侶になり、年少の少年が成長し年長になり、あるいは元服によって「大人（男）」になると、今度は能動の側に回り、年少者を犯す役割になる。

武士層の「衆道」でも（元）念者と（元）念弟の関係（念契）は生涯続くにしても、念弟が元服して大人になれば、性愛関係は持たなくなる。なぜなら、元服した元念弟が今度は念者の立場になるからだ。つまり、若衆は元服すれば川を渡って「大人（男）」の側にやってくる。そうなると川を越えての関係である男色は成り立たなくなる。

同様に、娘も結婚すれば川を渡ってきて「大人（男）」に随伴する存在になるので、女色の対象から外れることになる。

日本の前近代社会では、どうも川の同じ側同士の性的関係は社会的禁忌（タブー）だったようだ。こちら側に渡ってきて特定の「大人（男）」の随伴者になった女（妻・妾）と関係をもてば「不義」として厳しい社会的制裁の対象になったし、「大人（男）」同士の関係も社会システムとしては存在しない。もちろん個人の欲望・行為としては存在しただろう。たとえば平安時代末期の最高級貴族である左大臣藤原頼長は、年齢階梯制に依らない「大人(男)」同士の性愛関係を複数の貴族・武士・従者などともち、その様子を日記『台記』にあからさまに記している(第4章参照)。しかし、これはかなり特異な例と考えるべきで、やはり、「大人(男)」同士の性愛関係が社会システムとして存在しなかったことを重視すべきだと思う。

つまり、日本の前近代社会では、同じカテゴリー同士のホモセクシュアルな関係性は存在しないことになり、ヘテロセクシュアルとホモセクシュアルの二元的な対置構造は取りようがないのである。

4 女装・男装だけでは語れない

図1-6は鈴木春信の「五常(仁・義・礼・智・信)」シリーズの「義」である。島田髷を結い華麗な大振袖に幅広の帯を胸高に巻いた二人の人物は、現代の私たちの目には仲良く語らう娘のように見える。しかし、「義」は義兄弟と言うように男性同士の友情を示す概念なので、ここに描かれている二人が娘では画題が成り立たない。この二人は若衆(少年)でなければならない。

この島田髷に振袖姿の二人は、男色を売る陰間(色子)と推定されている〔中村ほか 1992〕。私は長らくこの画の二人を「女装している男の子」とか「女髷を結っている」と解説してきたが、そうした説明にはかなり問題があることに遅まきながら気づいた。

まず髪形である。少なくとも平安時代中期以降江戸時代初期まで日本女性の髪形は、身分の上下を問わず、背に長く垂らした垂髪か、せいぜい束ねて(束髪)ちょっと細工しているくらいで、きっちり結い上げる結髪はしなかった。これに対して若衆(少年)は、鎌倉時代の末あたりまでは束髪で、その後、次第に髷を結うようになっていく。詳細な時期は不明だが、女性の結髪より若衆の結髪の方が早いのは確かだと思う。束髪から結髪へという変化は、若衆が先行し女性がそれを後追いした可能性が高い。

頭部の外観というのは、遠くからでもいちばん目に入りやすいので、身分・ジェンダー標識として重要性が高い。女性が結髪するようになると、前髪を置いて髪を結うという点で、女性と若衆はジェンダー標識的に接近し、前髪を剃って月代を作る髪形の「大人(男)」とははっきり差異化され対置されることになる。

図1-6　鈴木春信「五常(義)」

そして、前髪を置いた結髪という共通性から、女性と若衆の髪形の互換性が高まっていく。江戸時代中期以降、娘の髪形の主流になる島田髷は、江戸時代初期に東海道島田宿の遊女が始めたとするのが通説だが、島田花吉という寛永年中(一六二四〜四五)の遊女歌舞伎の舞女が始めたという説もある(寛閑楼佳孝『北里見聞録』一八一七年)。後者をとれば、遊女が舞台で若衆を演じその髪型を真似たことになる。実際、島田髷の形態は若衆髷の変形(発展)である。つまり、後の時代に「女髷」と呼ばれる髪型は、もともとは若衆の髪型だった〔金沢1961〕。

次に、服装である。若衆が着ている大振袖は今でこそ若い(未婚の)女性の晴れ着(礼装)というイメージが固定しているが、江戸時代初期に振袖を着ているのはもっぱら若衆だった。桃山時代から江戸前期のファッションを詳細に研究した森理恵は、振袖の模様や着装方法には若衆と娘の区別がほとんどなかったことを明らかにしている〔森2007〕。ここでもまた若衆と娘の互換性が強い。

振袖は娘が着たナギ袖(薙刀《なぎなた》の刃の形のような丸みのある袖)から発展したものとも、踊り子が舞台で着たのが最初とも言われている〔金沢1962〕。しかし、森が「流行を先導しているのは」「元服前の男性(若衆)や、従者出身のかぶき者たち」であると言っているように、振袖の起源が娘であっても、少なくとも江戸初期の振袖ファッションをリードしたのは若衆だった。若衆と娘の振袖が似ているのは若衆の振袖の意匠(色・柄)を娘たちが真似したからにほかならない。

こうしてみると、やはり、島田髷に振袖姿の二人を「女装している男の子」とは説明できなくなる。オリジナルはむしろ若衆の方なのだから。いや、そもそも女装・男装という二元的な発想がもはや通用しないということだと思う。前節で私は、前近代の日本のジェンダー観として、大きな川と小川で「大人(男)」、女(娘)、若衆(少年)に三区分されたイメージを提起した。であるならば、装いもそれに対応して少なくとも三種が設定されるべきだろう。つまり男装《おとこなり》、女装《おんななり》、若衆装《わかしゅなり》ということになる。

前髪を置いた結髪＋振袖というファッションこそが典型的な若衆装である。若衆装の形態は、ジェンダー指標的にあきらかに「大人」の男とは異なり、独立のものと考えるべきだ。これを近代的な二元的発想と身体構造主義で、男装の一種と考えてしまうから実態が見えなくなってしまう。

安土桃山時代から江戸時代前期に起こったファッションの変化は、若衆のファッションをまず舞台で男装する遊女たちが真似て、それを娘たちが取り入れたという形で理解すべきだと思う。つまり、若衆が女装していたのではなく、娘たちが若衆装を真似ていったのだ。娘と若衆の姿が似ているのは娘の若衆装化の結果と考えるべきだと思う。

同様なことは中世社会の稚児と白拍子《しらびょうし》の関係についても言える。白拍子は一般に男装の女性芸能者と理解されている。たしかに『徒然草』(鎌倉時代末期)には「白き水干に鞘巻《そうまき》を差させ、烏帽子《えぼし》を引き入れたりければ、男舞とぞ言ひける」と記されていて、当時の大人(男)の重要なジェンダー指標である烏帽子を被っている。しかし、じきに烏帽子は被らなくなったようで、現存する最も古い白拍子の絵姿と思われる鎌倉時代後期(一二六一年頃)の『鶴岡放生会職人歌合』では、烏帽子を被らない長い垂髪の後姿で描かれている。室町時代(一五〇〇年頃)の『七十一番職人歌合』でも、女眉、白い小袖姿で、烏帽子を被らず長い束髪を露《あらわ》にした姿で描かれている。どちらもとても男装とはいえない。日本古代・中世のセクシュアリティ史研究の泰斗である瀧川政次郎は、白拍子は男装ではなく少年もしくは稚児模倣だったと指摘している〔瀧川 1963〕。私も男装、女装とは別に少年装の一種として稚児装を設定し、白拍子は娘による稚児装として理解すべきだと思う。

白拍子はセクシュアリティ的にも興味深い存在だ。『平家物語』には、出家後の平清盛が白拍子の妓王《ぎおう》・妓女《ぎじょ》や仏御前《ほとけごぜん》を寵愛したことが見えるが、清盛入道は男装の女性を抱いているのではなく、女性器をもった稚児を抱いていたのだと思う。当時、出家の入道が女性と性的関係をもつことは基本的にタブーだったが、稚児との関係は許容されていた。そこに稚児装の娘である白拍子の需要があったのではないだろうか。

5　男でもあり女でもあること

二〇一一年一二月二一日の『読売新聞』の文化欄に「奈良藤ノ木古墳　被葬者　女装の男性説一体に手玉・足玉　蘇我氏へ反逆の罰か」という見出しの解説記事が載った。

奈良の法隆寺の西にある藤ノ木古墳(奈良県斑鳩町)は、六世紀第４四半紀に築造された直径五〇メートルほどの円墳で、一九八八年の調査で未盗掘の家形石棺から二体の人骨が確認された。当時、男性の古代史研究者だった私は開棺間もない時期に見学する機会があり、棺内の生々しい状態に驚くとともに、本来一人用の石棺に二人が重なるように入れられている状況を不思議に思った記憶がある。

当初、男女合葬との見方が大勢を占めていたが、人骨鑑定の結果、二体とも男性である可能性が高いとされ、被葬者を五八七年に権力者である蘇我馬子に反逆して殺された穴穂部皇子《あなほべのみこ》と宅部皇子《やかべのみこ》とする説が有力になった。

ところが、二〇〇八年に古墳時代の装身具の研究者である玉城一枝が、南側の人骨が足玉・手玉という装身具を着けていることに注目し、埴輪や文献などから「足玉、手玉をするのは身分の高い巫女《みこ》などの女性だった」とし、再び男女合葬の可能性を指摘した〔玉城 2008〕。それを受けて人骨鑑定（男性）と装身具問題（女性）を両立させるべく、古墳考古学の権威である白石太一郎が提唱したのが、『読売新聞』の報じた女装男性説だった。

男性か女性かの二分法にとらわれず、女装説が提起されたのは一つの進歩だと思う。しかし、私が問題にしたいのはその論理（理由づけ）である。白石は「蘇我氏に刃向かったペナルティーとして片方の皇子が女装させられて埋葬された可能性が考えられる」と語っている。権力者への反逆の罰として死後も女装という辱めを与える、まさに「罰ゲーム」としての女装である。女装させられるということが男性に耐えがたい大きな屈辱を与えることであり、女装するという行為が社会的に大きなマイナス、すなわちスティグマ（負の表象・烙印）であることを白石はまったく疑っていない。まさに典型的な近代人の発想だと思う。

ところで、一九五〇年代後半、大隅半島の南に浮かぶ種子島にある広田遺跡（鹿児島県南種子町）から、饕餮文《とうてつもん》（中国の殷・周時代の青銅器に見られる図形化された怪獣文）貝札や竜形の貝製ペンダントなどの装身具を大量に身につけた弥生時代末期（一六〇〇〜一七〇〇年前頃）の人骨群が発見された。そのほとんどは女性人骨で祭祀的な行為に携わった女性シャーマン（女巫《じょふ》）と推定されたが、なかでも最も豊富な装身具をまとった人骨は、やや華奢ではあるものの明らかに男性の骨格だった。環東シナ海考古学の権威だった国分直一は、この人物を身体的には男性でありながら豪華な装身具を身につけて女装し、女性巫人をしのぐ強力な霊的パワーをもつ権威ある「双性の巫人」であると推測した〔国分 1975, 1976〕。

女装することが霊的パワーや宗教的権威など社会的なプラス要素につながる可能性を示唆している点で、同じ考古学者でも白石とは正反対の女装観である。国分がそうした発想を得た背景には、南西諸島における女装のシャーマンの民俗事例があった。たとえば、一九六〇年代の奄美大島の名瀬市〔現：奄美市〕には、しゃべり方や歩き方が女性のような男ユタ〔巫人〕がいた。この男ユタは、当時は白衣に白袴の男装だったが、若いころは髪も長く伸ばし化粧をして緋色《ひいろ》の袴をつけた女装のユタだった〔国分 1976〕。性別越境者が祭祀的な役割を果たす事例があることを、国分は知っていたのだ。

実は、南西諸島の女装の巫人のようにジェンダー的に男でもあり女でもある双性〔Double-Gender〕的特性をもつ人たちが神と人とを媒介するシャーマンとして宗教的職能をもつ事例は、インドのヒジュラやアメリカ先住民社会のトゥー・スピリッツ〔Two Spirits〕をはじめとして、世界各地で見られる〔石川 1995, 石井 2003〕。

こうした双性的特性をもつことが、通常の人間とは異なる特異な能力をもつ源泉と理解され、通常の人間ではないことから神により近い人として「神性」を帯び聖視されるという考え方を、私は「双性原理」と名付けた〔三橋 2008a〕。男でもあり女でもあること、つまりジェンダーが重なることが、ある種のパワーを生み、社会的にプラスに評価されるのである。

「双性原理」に基づけば、人は女装・男装して双性的な存在になることによって、通常の人とは異なる存在「異人」になり、通常の人が持たない力「異能」さらには「神性」を身に帯びることができると考えられる。つまり、女装・男装することは、双性性に由来する「異能」「神性」を獲得する手段だったのだ(第2章参照)。

藤ノ木古墳の片方の被葬者の「女装男性説」だが、男性人骨でありながら、高い身分の巫女の装身具である手玉・足玉を身につけている被葬者を、女装することで霊的なパワーを強めた「双性の巫人」と考えれば十分に成り立つ。白石の女装をスティグマとする近代的な理由づけとはまったく逆で、「権力者(蘇我氏)への反逆の罰」どころか、パワーを強めてしまうことになり、権力者にとっては厄介なことになるが。

ともかく、近代以降の女装=スティグマ観を、根拠もなく安易に前近代に遡及することは慎むべきだろう。

6　私たちは、いつ、どのように変えられたのか

少女のように美しく装った少年たちが接客する陰間茶屋の全盛期は延享・宝暦期(一七四四〜六四)で、水虎《かっぱ》山人(平賀源内の別名)編纂の『男色細見　三の朝』によると、徳川一〇代将軍家治の治世の明和五年(一七六八)には、日本橋堺町・葺屋町(現：中央区日本橋人形町三丁目)、木挽町(現：銀座六・七

丁目）、芳町（現：日本橋小舟町）、湯島天神町（現：文京区湯島三丁目）、芝神明前（現：港区芝大門一丁目）など九ヵ所五五軒の陰間茶屋があり、二三二人の陰間がいた。この人数は、人口比を考慮すると、現代の東京のニューハーフ（女装もしくは身体を女性化していることをセールスポイントとする商業的トランスジェンダー）のセックスワーカーより多いと思われる。江戸中期の男色文化の盛行がうかがえる。

ところが、陰間茶屋は、松平定信の寛政の改革（一七八七〜九三）の風紀取締りで打撃を被り、天保の末頃には日本橋芳町、湯島天神町、芝明神前の三ヵ所四三人に減少していた。そして、水野忠邦の天保の改革（一八四一〜四三）で、全面禁止に追い込まれ、江戸の陰間茶屋はほとんど姿を消してしまった。

寛政の改革も天保の改革も儒教的な倫理観を前面に押し出した政治改革である。儒教倫理は「男女七歳にして席を同じうせず」（『礼記』内則）のように男女の別を説き、子孫を残し、家を継承することをなにより重んじる。その点、男女の別があいまいな双性的存在や生殖につながらない男色とは、基本的に相容れない。ただ、寛政の改革も天保の改革も、風紀取締り、奢侈《しゃし》禁止の一環であって、陰間茶屋だけを狙い撃ちしたものではなかった。

そして、時代は江戸から明治へとうつる。図1－7は、明治八年（一八七五）頃の錦絵新聞（『大阪錦画新話』五号）である。路上で巡査が女性を拘束している。背後で通行人が様子をうかがっている。彼女はいったいどんな罪を犯したのだろうか。

明治六年（一八七三）七月一九日の太政官布告で制定された「各地方違式詿違条例」は、「男にして女粧《おんななり》し、女にして男粧《おとこなり》し、或《あるい》は奇怪の粉飾をなして醜体を露はす」ことを禁じ、違反者は拘引の上、罰金刑（一〇銭）に処すことを定めた。違式詿違条例は、現在の軽犯罪法の源流に相当する法規で、馬車の往来など文明開化にともなう新風俗への対処を定めると同時に、外国人に対して恥ずかしくない形に民衆の風俗を矯正する意図をもっていた。

異性装（男装・女装）は、裸体往来、男女入込湯（混浴）、立ち小便、刺青《いれずみ》などとともに、明治の為政者たちがキリスト教徒である欧米人の目に触れさせたくない恥ずべき風習だった。図1―7の拘束されている人物は、盗みをはたらいたわけでも、人を傷つけたわけでもなく、ただ日常的に女として暮らしていた男性で、違式詿違条例の女装・男装の禁止に違反して逮捕されたのだ。

図1-7 『大阪錦画新話』5号

同じく明治六年六月一三日に布告された「改定律例」の第二六六条には「凡《およ》そ、鶏姦する者は各懲役九十日」と規定されていた。鶏姦の「ケイ」の字は、本来は「田」の下に「女」と書く字で、「男をもって女となす」という意味だ。それを同音音通の「鶏」に置き換えて「鶏姦」と書くのだが、要するに肛門性交（アナル・セックス）のことである（第5章参照）。この鶏姦禁止が男色行為の抑制を意図していたことは言うまでもない。しかも量刑は懲役九〇日で、違式詿違条例の異性装禁止違反の罰金刑一〇銭よりはるかに重い犯罪だった。実際、明治一四年(一八八一)には、料理屋の仲居をしていた女装の男性が人力車夫と関係したことが露見し懲役九〇日の有罪判決を受けている。

抑圧は法的規制による直接的なものだけではなかった。近代的な戸籍制度による個別的な人身把握によって男女の別が明確化され、厳密な男女二元化の上に婚姻・家制度が確立されていった。その過程で、日常を女として過ごしていた男性、男として暮らしていた女性など双性的な「あいまいな性」の人たちは存在できなくなっていく。仲良く暮らしていた男性と女装の男性の「夫婦」が無理矢理引き裂かれるような悲劇も起こった(第14章参照)。近代的な国家システムの成立が直接・間接的に「あいまいな性」の人たちを締め上げていったのだ。明治維新と文明開化は「あいまいな性」をもつ人、異性愛主義に同化できない人たちにとって、厳しい抑圧の始まりだった(第7章参照)。

ところで、『旧約聖書』には「女と寝るように男と寝る者は、ふたりとも憎むべき事をしたので、必ず殺されなければならない」(「レビ記」第二〇章一三節)、あるいは「女は男の着物を着てはならない。また男は女の着物を着てはならない。あなたの神、主はそのような事をする者を忌みきらわれるからである」(「申命記」第二二章五節)というように、男性間の性的関係や異性装の禁忌(タブー)が明確に記されている。したがって、キリスト教徒にとって同性間の性的関係や異性装は明かな背教行為(宗教犯罪)である。またキリスト教では、生殖につながらない性行為は基本的にすべてタブーとされた。欧米並みの文明国化を急ぐ明治政府による異性装禁止や男色行為の抑圧が、そうしたキリスト教倫理観におもねる側面があったことは間違いない。しかし、明治期におけるジェンダー・セクシュアリティ観の大転換は、それだけでは語れないように思う。

江戸時代のセクシュアリティは、女色にしろ男色にしろ、概念的に生殖と結びつかない世界だった。遊女は(実際はともかく)子どもを生まないことになっているし、男色ではいくら性行為を重ねても絶対に子どもは生まれない。生産力の向上が緩やかで、経済的に外国から閉ざされた社会だった江戸時代はそれでもよかった。

しかし、富国強兵・殖産興業を国家目標にした明治政府はそれでは困る。強兵のための兵士、興業のための労働者を増やすことが求められ、人口を増やす必要があったからだ。そのためには、セクシュアリティを生殖に直結させなければならない。具体的には、男女のカップルをどんどん作り婚姻を奨励し、夫婦の間に次々に子どもを生ませ、人口の増加がはかられた。実際、明治中期以降、婚姻率・出生率は大きく上昇したと思われ、乳幼児死亡率の低下と相まって近代日本は強兵・興業の基礎になる急激な人口増加に成功する。その一方で、生殖(人口増加)に結びつかない男色は抑圧され、女色の主な担い手だった遊女への賤視が強まっていった。

男女の別を説き、生殖を重んじるという点で、儒教の性的規範とキリスト教のそれとは、かなり重なるものがある。明治新政府の担い手は、儒教的な規範を身につけた士族たちだが、彼らにとってキリスト教の性的規範は受け入れやすかったのではないだろうか。新政府の担い手や進歩的な言論人・文化人の心の中で、それまで武士層だけのものだった儒教的な性的規範と、新来のキリスト教の性的規範が合体し、それが今まで厳格な性的規範とは無縁だった庶民層にまで拡げられたのが、明治期におけるジェンダー・セクシュアリティ観の大転換だったと思われる。そうした意味で、梅棹忠夫が説く「侍《さむらい》ゼーション」(武士の倫理の一般化)の一環であったと言える〔梅棹 1991〕。

こうした転換は、いつ起こったのだろうか。政治・経済的には、前近代と近代は日本では「明治維新」(一八六八年)で線を引くが、こうした生活文化に属することは、そう一朝一夕に変わるものではない。

私がもう二〇年以上お世話になっている京都の「性欲研究会」(主宰:井上章一国際日本文化研究センター所長)では、「セクシュアリティの近代化」のおよその目安として「日清と日露の間」と言っている。日清戦争(一八九四年〈明治二七〉)と日露戦争(一九〇四年〈明治三七〉)の間くらいに変化するということだ。明治維新からしたら三〇年くらい遅い。これは、江戸時代の教育を受けた人が社会の第一線からそろそろ退き、明治時代になってから近代教育を受けた人たちが社会の中核になってくる時期に相当する。

新たに形成され「国民」に押し付けられた性的規範とは、「あいまいな性」を認めず男女を厳格に二分し、男性を優位に女性を劣位とするミソジニー(女性性嫌悪)を伴う男女二元のジェンダー観であり、同性間の性的関係を強く忌避し、性愛と生殖を直結させる異性愛絶対のセクシュアリティ観だった。

明治末期から大正期になると、同性間の性欲や異性装を禁忌とするキリスト教文化に基盤をおく西欧(主にドイツ)の精神医学が日本に導入される。その結果、伝統的な男色文化や異性装の担い手は、「変態性欲」として位置づけられる。「同性愛」という言葉は、そうした「変態性欲」概念の導入の過程で造られた言葉(造語)であり、前近代の日本には存在しない概念だった。

さらに、昭和期に入ると、同性愛をはじめとする性欲の「異常」を「変態性欲」と規定し、善良な社会に悪影響を与える病理という観点で論じる通俗的な「性科学」が大流行する。これによって「変態性欲」概念が一般に広く流布され、同性愛者・異性装者に対する差別意識に「科学的」根拠が与えられ、社会的抑圧がいっそう強化されていった。

こうして「変態性欲」の持ち主として精神病視・社会病理化された同性愛者や異性装者たちは、社会の表面からまったく排除され、アンダーグラウンド化せざるを得なくなった。明治の「文明開化」からたった五〇年ほどで、日本社会のジェンダー・セクシュアリティ観は激変してしまったのである。

おわりに

近代社会を支える資本主義の基本は利潤の追求であり、そのためには効率化が重要になる。労働現場における効率化、労働者管理の単純化を性別という観点から考えると、男女が混在するよりも、男女どちらかに一元化することが望ましい。明治時代、紡績工場で過酷な労働を強いられたのは女性だけ、高度経済成長期の大企業で利潤に直結する仕事をするのは男性だけ、その補助的な役割は女性だけという具合に、ごく近年まで、実際に労働における性別の単純化という方法がとられてきた。まして「あいまいな性」などは論外だった。現代においても企業社会が「あいまいな性」を嫌う傾向があるのは、そうした理由からだ。

また、男性優位の社会の中で、ようやく異議申し立てをするまでになってきた女性たち、とりわけフェミニストは、女対男という二元的な枠組みを前提に男性に挑もうとする。したがって、一部のフェミニストもまたジェンダー構造が多元化して男女二元的な対決構造が崩れることを危惧して、「あいまいな性」の人が社会進出することを嫌い、排除しようとさえする。

また、近代社会のセクシュアリティの特質である異性愛絶対主義に異を唱えるゲイ・レズビアンの人たちも、シスジェンダー(Cisgender 生まれた時に指定された性別と同じ性別で生活している人)であることを前提に、異性愛対同性愛という二元対立構造をとる。その結果、二元的構造にそぐわないバイセクシュアル(両性愛者)やトランスジェンダーのセクシュアリティは疎外されがちになる。

さらに、性別越境を病理化した「性同一性障害」概念も男女二元システムに立脚し、「あいまいな性」をもつ人を「精神疾患」とし、それを「治療」することによって男女どちらかに帰属させる、性別二元システムへの回収装置としての役割をもっていた。「あいまいな性」の人たちの存在を認めるのではなく、「治療」によって存在を無化することで、男女二元システムの安定化がはかられた〔三橋 2006f〕。

性別二元化システムの普及する近代社会の中で抑圧され続けた同性愛者や性別越境者ですら二元論に回収されてしまうように、近・現代社会の「性」における二元化の圧力は極めて強い。二元化圧力を緩めて、「性」の多元化・多様化の方向に社会認識をもっていくことは容易ではない。

しかし、私には、明治以降の近代化によって築かれた厳格な男女二元、異性愛絶対の日本社会のシステムは硬直化し、いろいろな面で行き詰まっているように思える。なにも江戸時代を賛美し、そこに帰れと言っているわけではない。それは無理だし無意味なことだ。ただ、前近代の日本がもっていた多元的なジェンダー観と多様なセクシュアリティ観を、もう一度、思い出してみてはどうだろうか。それはきっと、人間の「性」の多様性を必然的なものとして承認し、性的マジョリティと性的マイノリティが豊かに共生できる社会を築くためのヒントになると思う。

＊　「歌舞遊宴図屛風」と名づけられているが、「歌舞」の場面は描かれていないので、「邸内遊楽図屛風」とでも称すべきだろう。

＊＊　最近、根津美術館所蔵の「邸内遊楽図屛風」が若衆茶屋での遊興を描いたものであることが報告されている〔門脇 2021〕。こうした男色をモチーフにした屛風は、さほど稀有なものではないように思う。

＊＊＊　「武家化」。江戸時代には武家だけのものだった規範が、武士階級がなくなった明治時代になって、学校教育などを通じて、広く国民一般の規範として普遍化され、近代日本人の精神的支柱にすえられ、国民文化になっていった現象のこと。

第2章 性別越境文化の論理

1　性別越境文化の二つの原理

二〇一四年二月、私はタイのバンコクで開催された「WPATH 2014 Symposium in Bangkok」に出席した。「WPATH」とは「World Professional Association for Transgender Health（トランスジェンダーの健康のための世界専門職協会）」のこと。その二年に一度の世界大会が二三回目にして初めてアジアで開催される機会に、スペシャル・プログラムとして「TRANS PEOPLE IN ASIA AND THE PACIFIC」という連続シンポジウムが開催されることになり、スピーカーとして私も招かれたのだ。

シンポジウムには、インド、ネパール、タイ、マレーシア、シンガポール、インドネシア、フィリピン、香港、中国、ニュージーランド、トンガ、日本のトランスピープルが集った。残念ながらパキスタン以西の西アジア（イスラム圏）からの参加はなかったが、あらためて性別を越えて生きる人たちの存在が普遍的であることを強く感じた。

図 2-1 「WPATH 2014 Symposium in Bangkok」に集まったアジア・パシフィックのトランスジェンダー．立っている右から4人目がトンガの Trans-woman Joleen Mataele，右から2人目が筆者．

各国のトランスジェンダーの報告の中でも、とりわけ印象的だったのは南太平洋ポリネシアのトンガ王国の Trans-woman の報告だった。トンガにはファカレイティ(Fakaleiti)という伝統的なトランスジェンダー的な人々がいるが、サモア諸島のファアファフィネ(Fa'afafine)やタヒチやハワイ諸島のマフ(Mahu)などとともに、広大な南太平洋の島々に性別越境の文化があることが実感できて感動的だった。

このような性別越境の伝統的な文化、男性として生まれながら女性ジェンダーを身にまとって生きる人たち、あるいはその痕跡は、アジア・パシフィックだけでなく世界各地にみることができる。むしろ、性別越境の文化が残っていない地域の方が少ないくらいだ。

二〇一一年、中欧チェコの首都プラハ郊外で紀元前二八〇〇〜前二五〇〇年の墓地が発見された。そこでは埋葬儀礼にはっきりした男女差があり、男性は体の右側を下に頭が西(足が東)を指す方向で、女性はその逆に体の左側を下に頭が東を向く状態で埋葬されている。また、男性の副葬品がハンマーやナイフなど工具や武器が中心であるのに対し、女性は装身具を身につけ、生前、家事に使っただろう土器が足元に置かれる。ところが、女性の埋葬方式で葬られていた一体が骨格的には明らかに男性人骨だった。*

つまり、この人物は身体的には男性でありながら女性として埋葬されたと推定される。おそらく生前も女性として生活していたのだろう。トランスジェンダー的な人の存在が、ある程度、確実に推定される、現在のところ最も古い事例である。

同様の事例が日本にもあることは第1章で触れた。鹿児島県の種子島にある三世紀頃(弥生時代末期)と推定される広田遺跡の墓地からは、貝製装飾品を数多く身につけた女性シャーマンと推測される複数の人骨が出土している。その中の一体は、やや華奢ではあるが明らかに男性人骨だった。しかも、他の女性人骨に比べても、いちばん多くの貝製装飾品を身にまとっていた。

調査担当者の国分直一教授は、この人骨を女性シャーマンよりさらに装飾過剰な姿で神と人とを媒介した「双性の巫人」、最も権威あるダブル・ジェンダーのシャーマンと考えた。これが日本でいちばん遡るトランスジェンダー的な人物である。

現代に目を転じると、南米ベネズエラ東南部のジャングルに住むワラオ(Warao)という先住民には、現地語でTida wena, 英語でTwo Spiritsと呼ばれる、身体的には男性でありながら女性として生活しているトランスジェンダー的な人がいる。** Two Spiritsとは男と女の二つの精神を併せ持つ人という意味だ。

このように国家が成立する以前の時代に性別を越えて生きる人々がいたこと、あるいは現代文明が十分に届いていない地域にもダブル・ジェンダー的な人がいることは、トランスジェンダー的な現象が人類の歩みの中できわめて古くからの、そして普遍的な現象であることを示している。性別を越境する人は、人類のどの時代、どの地域にも、普遍的に存在し、その比率は、昔も今もほぼ一定の割合なのではないかと考えている。厳密な論証は不可能だが、そう考えた方が、いろいろな辻褄が合う。私はこれを性別越境の「普遍性原理」と呼んでいる。

性別を越えて生きる人たち、そうした人たちが担ってきた性別越境の文化は、おそらく、人が文化を持ち、人となった時から存在する、広くそして長い歴史をもつものと思われる。

しかし、性別越境者たちをどのように認識し、社会の中に位置づけるかは「文化」の問題であって、社会によって、その扱いは大きく異なる。

前近代の日本がそうであったように、性別越境者に特定の社会的役割(職能)をあたえることで、その存在を認め、包摂する社会は多かった。その一方で、異性装や同性間性愛を神の教えに背く行為として厳しく禁じ、性別越境者の存在を認めず、社会的に排除・抹殺してしまう社会もある。

たとえば、『旧約聖書』を聖典とするユダヤ教、キリスト教の社会である。『旧約聖書』「申命記」第二二章五節には「女は男の着物を着てはならない。また男は女の着物を着てはならない。あなたの神、主はそのような事をする者を忌みきらわれるからである」と明記されていて異性装(女装・男装)は厳しく禁じられていた。

現代ヨーロッパには、伝統的・土着的な性別越境文化がほとんど残っていない。多様な性別越境文化が残るアジアや太平洋地域とは対照的だ。なぜ、ヨーロッパには伝統的な性別越境文化が存在しないのか？　それは長く厳しいキリスト教支配の中で、そうした文化の担い手たちを「異端」あるいは「魔女」として徹底的に潰してきたからだ。

一例を挙げるならば、一五世紀、百年戦争で英雄的な活躍をしたフランスの少女ジャンヌ・ダルク(一四一二?～三一)は、異端審問の末に背教者として火あぶりの刑に処せられたが、その決定的な理由は彼女の男装だった。

それに対して、日本の伝統的な宗教である神道・仏教には、同性間の性愛や異性装を禁ずる規範がない。だから平安～江戸時代の仏教界は男色文化の温床だったし、異性装、とりわけ女装を伴う神事や祭礼は、現代でも各地に残っている〔三橋 2008a〕。

性別越境者たちを社会の中にどう位置づけるかは「文化」の問題であって、社会によってその扱いは大きく異なる。私はこれを性別越境の「文化性原理」と呼んでいる。

2　性別越境者の職能

性別越境者の存在を認める社会で、その社会的役割(職能)のベースになるのは宗教的職能である。女装のシャーマン(巫人)は、インドから東南アジア、中国西南部(雲南)、朝鮮半島、古代・中世の

図 2-2　砂占いをする女装の巫人．鼻の下に髭がある．どこかマツコ・デラックスに似ている(『年中行事絵巻』「闘鶏」12 世紀)．

日本、北アメリカ先住民社会など世界各地で見られる〔石井 2003〕。

世界最大の性別越境者の集団であるインドのヒジュラ(Hijra)は、ヒンドゥー教の最高神であり、両性具有の神であるシヴァ神を奉祀する巫人であり、結婚式や子供の誕生祝いの場で神の祝福を人々に伝える役割をもっている〔石川 1995〕。

平安時代末期の絵巻から私が見出した女装の男巫《だんぶ》や、日本の中世社会にいた女装して宗教的な職能にたずさわる「じしゃ」(持者、地者)なども、女装のシャーマンの末裔と考えられる〔岩崎 1987, 三橋 2008a〕。

宗教的職能は、さまざまな展開をみせる。まず、音楽や舞踊などを神に奉納するために芸能的職能が生じ、それはやがて神だけでなく人にも見せる演劇、さらにはショービジネス的なものへと発展していった。したがって、伝統的な性別越境者たちは、ほとんどの場合、芸能者であった。

日本の中世寺院社会の儀式の場で芸能を披露するのは観世音菩薩の化身とされた女装の少年・稚児であり、それを模倣したのが稚児装の女性芸能者である白拍子だった。それらを源流にして、憑霊と仮面によるジェンダー転換を特徴とする能や、異性装の芸能である阿国《おくに》歌舞伎、さらに近世歌舞伎の女形が発生していく。性別越境の芸能の伝統は、近代の女装芸者を経て、現代のニューハーフ・ショーパブにまで至る。

また、神の食事の供献《きょうけん》、神と人との共同飲食に奉仕することから飲食接待的職能が生じ、神への奉仕から人の接待に比重が移ると、飲食接客サービス業が成立する。

この職能は、祭祀の後の直会《なおらい》や宴遊における共同飲食儀礼が発達している日本の特徴かと思っていたが、ニュージーランドのトランスジェンダー活動家Jack Byrneの教示によれば、先住民マオリ族で神に供える食事を作るのはワカワヒネ(whakawahine)と呼ばれる性別越境者だったという。

一八世紀の日本では女装の少年が接客する陰間茶屋が栄え、徳川一〇代将軍家治の治世の明和五年(一七六八)の江戸には、五五軒の陰間茶屋があり、二三二人の陰間がいた。また、一九世紀、中国の清朝の都・北京では、「相公《シャンコン》」と呼ばれる女装の少年たちが、高官や富裕な商人たちの酒席や枕席に侍っていた(第12章参照)。現代の日本でニューハーフや女装者がホステスとして接客する酒場の淵源はそこまで遡ることができる。

さらに、神に奉仕する者とセックスすることで聖性に通じるという考え方(聖婚)から性的サービス的職能(セックスワーク)が発生する。

長年、ヒジュラを撮影している写真家石川武志によれば、南インド・タミルナードゥ州のアラヴァン寺院で行われる、アラヴァン神とヒジュラの「結婚」儀式には、インド全土から数千人のヒジュラが集まる。同時にヒジュラと性的関係を結ぼうとする大勢の男性も集まり、儀式によってアラヴァン神の妻となったヒジュラとセックスするという。そこには神とヒジュラをシェア(共有)する関係になることで聖性を得ようという願望をはっきり見ることができる(第11章参照)。

また、神と人との仲介者という役割が、人と人、男女の仲介者的機能に転化していく。性別越境者が男女の緩衝装置(クッション)としての役割を担い、とくに社会的弱者である女性の相談役になる事例は世界各地で見られる。現代日本でも美輪明宏さんが長年、女性週刊誌の人生相談コーナーを担当していたことなどは、そうした職能に起源をもつと思われる。

このように性別越境者の職能は、次の五つに整理できる。

①宗教的職能(シャーマン)
　神と人との仲介

②芸能的職能
　神への芸能の奉納 ↓ 人にも観られる ↓ 人に観せる(芸能者)

③飲食接客的職能
　神と人との共同飲食に奉仕 ↓ 人への接客(飲食接客業)

④性的サービス的職能
　神との婚姻(神婚) ↓ 「神の妻」とのセックス(聖婚) ↓ セックスワーク

⑤　男女の仲介者的職能

神と人との仲介　→　神の意を受けて男女を仲介　→　女性の相談役

性別越境者に特定の社会的役割（職能）を与えることで存在を認める社会において、性別越境者の存在は日常的なものであり、それへの視線は、一般人と異なる存在に対する畏敬／畏怖の念はあっても、強い差別や社会的排除はなかった。しかし、西欧列強の世界進出（植民地支配）によって、性別越境者の存在を認めないキリスト教規範が浸透するにつれて、固有の社会的基盤が崩され、性別越境者たちは社会的役割を失っていった。

その時期は、地域によって異なるが、一六～二〇世紀の長きにわたる。インドやメキシコ（フチタン）など、現在進行中の地域もある（第11章参照）。日本で性別越境者への抑圧が強まるのは一九世紀後半の明治維新・文明開化期（一八七〇～八〇年代）であり、世界史的に見ると、比較的遅かった。

3　「双性原理」とは何か

私は国際学会で日本のトランスジェンダーについてスピーチするとき、「日本は建国神話の英雄に女装者がいる国です」と話し始めることにしている。いつも大きなリアクション（驚き）があり、「つかみはＯＫ」となる。

『古事記』『日本書紀』に記されたヤマトタケルの「熊襲《くまそ》征伐」の話である。

景行天皇の皇子である小碓命《おうすのみこと》は、父に疎まれて九州の豪族、熊襲建《たける》兄弟の討伐を命じられる。ヤマトを旅立つ前に叔母の倭比売命《やまとひめのみこと》の衣装一式をたまわった小碓命は、熊襲建の館の新築祝いの日、結っていた鬟《みずら》(男性の髪形)を解いて梳《くしけず》り、女性の髪形である垂れ髪にし、叔母の衣装を身につけて少女の姿となり、奉仕の女性たちに交じって館に入りこむ。熊襲建兄弟は、鄙《ひな》には稀な美少女に目を止め、兄弟の間に座らせ寵愛する。宴もたけなわの頃、まず兄が寝所(ベッドルーム)に少女を連れ込む。小碓命は懐から剣を抜き、まず兄を刺し殺し、さらに逃げようとする弟を捕まえて剣を尻から刺し通して殺してしまう。

女装の美少年が九州一強力な兄弟をほとんど瞬殺してしまう超人的なパワーは、いったいどこから来たものなのだろうか。

もうひとつ例をあげてみよう。江戸時代後期の大ベストセラー滝沢馬琴の読本(長編小説)『南総里見八犬伝』(一八一四~四二年)の女装の犬(剣)士犬坂毛野《いぬさかけの》である。毛野は敵の目を欺くため女役者の一座で女児として育てられ、物語では「旦開野《あさけの》」と名乗る女田楽の美少女スターとして登場する。そして、対牛楼の戦では父の仇である馬加大記《まくわりだいき》一味を、単身で殺戮しまくり復讐を遂げるなど、八犬士の中で最も華麗な活躍をする。

小碓命も犬坂毛野も、可憐な女装少年とは思えない超絶的なパワーを発揮する。女装すると、女々しく弱々しくなるのではなく、逆にパワフルになるのだ。どうも、女装することで通常とは異なる力(異能)を授かるという考え方があったように思われる。私はこれを「双性力」と呼ぶことにした。

これら二つの例は女装だが、女性が男装することも性を重ねて双性的存在になるという点では同じだった。男装の例としては、『日本書紀』が記す、男装して朝鮮半島に出陣して三韓をたちまち「征伐」した神功皇后の伝承が、その史実性はともかく、女性が男装することにより双性となり、異能(双性力)を発揮した事例と考えられる。また、古代衣服制研究の第一人者である武田佐知子は、邪馬台国の女王卑弥呼や奈良時代の女帝孝謙天皇が男装した可能性が高いことを指摘している〔武田 1998〕。こうした女性権威者の男装も、双性化することで超絶的なパワーや「神性」が発揮されることを期待したものだろう。

図 2-3　八坂神社(神奈川県横浜市戸塚区)の「お札撒き」

「双性力」はけっして過去のものではない。現代でも日本各地の祭礼には女装習俗をともなうものが多いが、それらの中には、双性的な存在に特殊な力(異能)を期待する「双性力」で説明できるものが多いように思う。

毎年七月一四日に神奈川県横浜市戸塚区の八坂神社で行われる「お札撒《ま》き」の神事では、女装した男性が撒くお札を人々が争うように拾う。お札を撒くリーダーは、女物の着物に丸髷の鬘《かつら》を被り、

図2-4　「おみゆきさん」（山梨県甲斐市竜王）

白塗り化粧で頬を紅で赤く塗っている。はっきり言ってきれいではなく、むしろ異形だ。首尾よくお札をゲットした年配の女性に尋ねると「これ効くのよ。普通のお札より」と言う。なぜ、人々は、女装の人が配るお札を神社の神主が授ける「普通のお札」よりも効力があると信じ、ことさらにありがたがるのだろうか？

あるいは、二月第四日曜に東京都江戸川区東葛西の真蔵院で行われる「雷《いかずち》の大般若」という儀式では、女装した男性たちが大般若経《だいはんにゃきょう》の入った櫃《ひつ》を担いで町内を駆け巡る。ありがたい経典の威力で地域や家を浄め、疫病を防ぐ儀式だが、なぜ女装するのだろう？（一応、言い伝えはあるが説得性に乏しい）。

また、山梨県甲斐市竜王で毎年四月一五日に行われる「おみゆきさん」（甲斐一宮浅間神社「大神《おおみ》幸《ゆき》祭《さい》」）では、女装した男性たちが神輿を担ぎ釜無川の堤防（信玄堤）を踏み固める所作を行う。なぜここでも女装の人々なのだろうか？　インタビューしたところ、祭神が女神（木花開耶姫命《このはなさくやひめのみこと》）だから女神が驚かないように女装するという説明があったが、釈然としない。やはり、普通の男性が踏み固めるより、女装の人が踏み固めた方が水害防止の効果があると考えるからだろう。

こうした日本各地に残る女装を伴う祭礼で「なぜ女装するのですか?」と尋ねても、「ずっとそうしてきたから」という程度でなかなか納得のいく答えは返ってこない。しかし、「ずっとそうしてきた」のは「その方が効果があるから」と信じられてきたからではないだろうか。

さて、これらの事例から想起された「双性力」を理論化しておこう。

双性(Double-Gender)とは「男でもあり、女でもある」ことである。男性の体でありながら女性のジェンダーを身にまとう女装、逆に女性の体でありながら男性のジェンダーを身にまとう男装、さらには男性と女性の身体的形質を併せ持つインターセックスの人々、あるいは前世は女性で現世では男性(その逆)など、ともかく性が重なった状態をいう。

そうした双性的特性を持つことが、通常の人間とは異なる能力(異能)をもつ源泉と理解され、通常の人間ではないこと(異人)から神により近い存在として「神性」を帯び、聖視されるという考え方があったと思われる。

逆に言えば、人は女装・男装して双性的な存在になることによって、通常の人とは異なる存在(異人)になり、通常の人が持たない力(異能)や聖性を身に帯びることができると考えられた。こうした考え方を「双性原理」と呼ぶことにする〔三橋 2008a〕。

ちなみに「男でもなく、女でもなく」では、なんの「異能」も生じない。

前近代、いや近代になっても、大勢の人が女装・男装する行事が二つあった。春、農耕の神を迎えるお花見と、秋(新暦では夏)、祖先の霊を迎える盆踊りだ。なぜ、神や祖霊を迎える祝祭で女

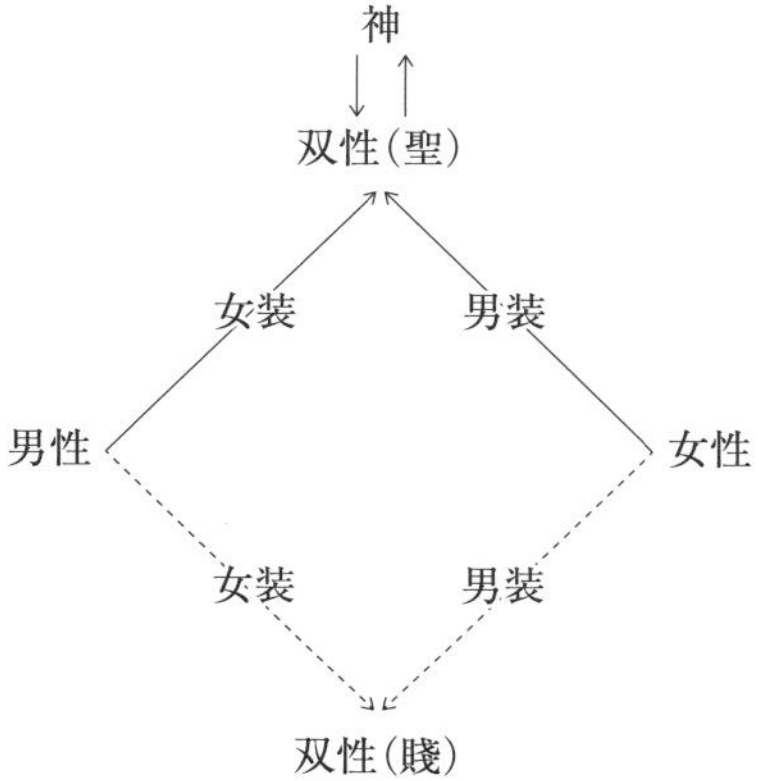

図 2-5　「双性原理」のイメージ図

装・男装するかといえば、それは異性装をすることで、通常ではない特別な存在になり神霊と交感(コンタクト)しやすくなるからだと思う。

近代的な男女二元概念では、女装は女になること、男装は男になることと理解され、対極的な目的をもつ行為として認識されている。しかし、前近代の「双性原理」では、女装も男装も双性になるという点では同じ目的を持った行為であり、男性が女装した結果としての双性も、女性が男装した結果としての双性も、社会的にほぼ等しい機能を持っていたと思われる。具体的に言えば、女装の男巫も男装の女巫もともに双性の巫人であり、その社会的職能に変わりはないのだ。

双性的な人たちは社会の中で「聖」なる存在として畏敬／畏怖されていた。畏敬と畏怖は表裏一体であり、「畏れ」は「怖れ」や「恐れ」となり容易に社会的な排除に転化する。そして社会的に排除された双性的な人たちは、社会的に差別される「賤」なる存在になりかねない。上の図を上下半分に折れば、双性(聖)と双性(賤)は重なる。「聖」と「賤」もまた表裏一体なのである。

たとえば、薩摩半島の南に浮かぶトカラ列島の悪石島《あくせきじま》(鹿児島県十島村)には、一九六〇年代まで「おとこおんな」と呼ばれる女装の巫人《ユタ》がいたことが報告されている。女装の巫人は女性の巫女《ネーシ》よりも霊力が高いとして島の人々に敬われると同時に怖れられていた〔安田 1974〕。

また、インドのヒジュラは、日常的には賤しい存在として社会的に差別されている。しかし、双性の神であるシヴァの祭の時だけは、ヒジュラはシヴァの分身として聖なる存在になる。写真家・石川武志の作品に、日頃、ヒジュラを排除・差別している人が、祭礼の日、ヒジュラの足元に五体投地して、祝福（主に「子授け」）を請おうとしている写真がある。よく見ると、五体投地している人の足に触れている人もいる。神の分身であるヒジュラの聖性が、まるで電流のように伝わっている様子が見て取れる。しかし、祭が終われば、ヒジュラはまた賤視される存在に戻ってしまう。「聖」と「賤」は必ずしも固定されたものではなく、時に劇的に逆転するものなのだ。

図 2-6　祭礼の日，ヒジュラの足元に五体投地する女性たち（コルカタ，撮影・提供：石川武志氏）

近代における双性的な人への蔑視・賤視は、こうした「聖」と「賤」の二面性の「賤」の部分（図の下側）だけが固定化されたものに他ならない。

「双性原理」は多神教世界ではスムーズに受け入れられる。何しろ神はたくさんいるのだから、女装・男装して双性的な存在になり神に近づく者がいても障りはない。しかし、唯一神を信仰する一神教世界では事情がまったく異なる。双性的な存在になり神に近づく者は唯一神の存在を脅かす者に他ならない。だから神に近づく行為である女装・男装は厳しく禁じられる。

多神教世界であるインド(ヒンドゥー教)、タイ(仏教)、日本(神道、仏教)などに、今なお性別越境文化が色濃く残り、ローマ帝国末期にキリスト教が国教とされて以降、一神教世界になっていったヨーロッパに伝統的な性別越境文化がほとんど残っていないことは、「双性原理」から説明できる。

4 神は「異形」。では、双性×異形は?

突然話が変わるが、皆さんは、日本の神の姿をどのようにイメージしているだろうか? 一般的には、平安~鎌倉時代の神像彫刻に見られるような、いかめしい男性の姿をイメージする人が多いのではないだろうか。

しかし、民俗例を見ると、日本の神の姿はかなり異形だ。たとえば、東京の神田明神の祭礼「神田祭」の神幸行列の先頭を歩く猿田彦神《さるたひこのかみ》の姿は、異様に高い身長、赤ら顔、高い鼻という異形で、普通の人とははっきり違う姿だ。

さらに視野を全国に広げると、秋田県男鹿市の「なまはげ」、鹿児島県悪石島の仮面神「ボゼ」、沖縄県宮古島の「パーントゥ」など異形の神はあちこちに見られる。とくに共同体の外からやってくる来訪神に「異形」の神が多いように思われる。ちなみに、これらは「来訪神:仮面・仮装の神々」として、二〇一八年にユネスコの「人類の無形文化遺産」に指定された。

長野県大岡村(現：長野市)の道祖神も(中に人は入っていないが)、「なまはげ」などとよく似た姿をしている。つまり、日本の「神は異形」であるということだ。

前節で述べたように「双性は神性を帯びる」、そして「神は異形である」とするなら、その二つが掛け合わさると、最強の存在になるのではないか？　私はそんなことを考えた。

現代におけるその代表的な事例が、マツコ・デラックスだ。マツコが女装しない男姿のゲイだったら、あるいはあれほどの巨体でなく、ごく普通の体重・体型だったら、これほどの人気と社会的影響力は持たなかったのではないだろうか〔三橋 2017b〕。

現実のゲイ(男性同性愛者)の人たちの圧倒的多くは、女装しない男姿である。しかし、テレビなどに登場するゲイ・タレントはマツコのように女装している人が多い。欧米と異なり、日本では男らしい(マッチョな)ゲイ・タレントはほとんどいない。こうした現実世界とテレビ世界の乖離《かいり》はなぜ生じるのだろうか？

理由はいくつか考えられる。たとえば、異性装の芸能の長く豊かな歴史をもつ日本では、テレビ業界においても、女装タレントは、その初期、一九六〇年代にはすでに登場していて、歴史的・実績的に女装しないゲイとは比べものにならない。ただ、ここでは双性原理で解釈しておこう。つまり、女装しないゲイは大衆を惹きつける「双性力」が足りないのだと思う。

もう一つ、異形×双性の事例を紹介しよう。「セーラー服おじさん」という女装者を知っているだろうか？　写真のように、白い長髪(半禿)、白く長い鬚《あごひげ》、セーラー服姿のおじさんだ(二〇二二年には六〇歳のはず)。

私は、二〇一五年、渋谷のセンター街で、初めて出会い、かなり大きな衝撃を受けた。観察していると、ポーズをとる「セーラー服おじさん」を、通行人たちが遠巻きにして眺めている。そのうち、一人の女性が勇気を出して「ツーショットいいですか?」と尋ねた。それを皮切りに路上撮影会が始まった。

図2-7 「セーラー服おじさん」(渋谷センター街:2015年)

並んで順番を待っている女性に「なんであんな怪しい人とツーショットを撮ろうと思うのですか?」と尋ねたところ、「セーラー服おじさんに出会ってツーショットを撮ると幸せになれるんですよ」という返事だった。驚いた私が「えっ? どこからそんな話が?」と言うと「Twitter で流れてますよ」という。

私は、横浜市戸塚区の「お札撒き」で女装の人が撒くお札を拾う女性の「これ効くのよ。普通のお札より」という言葉を思い出した。合理的な根拠はなにもないが、女装の、しかも異形の人になにがしかの力を見るという点で同じように思う。

少し大げさに言えば、還暦の男性(オジさん)がセーラー服を着て女装することで、幸せを運ぶ都市神として、ある種の宗教性を帯びる現象と見ることができる。まさに現代における「双性原理」

の実践例であり「双性×異形＝最強」説の事例と見ることができる。

その後、「セーラー服おじさん」は海外に進出していく。中国では公安警察に連行（保護）されたり、各地でそれなりの人気（騒動）を起こしているが、いちばんうけているのはタイだ。最初は、バンコクの地下鉄のトイレットペーパーの自動販売機にその姿が描かれ、さらに壁画にも描かれた。

ここで思い出すのが、世界の中で「双性原理」が生きているのは、日本とタイ（それとインド）であるということ。「セーラー服おじさん」は、私の「双性原理」の実証者なのだ。

性別越境者がしばしば見せる男女を超越した美しさ（双性美）は、これまでも注目されてきた〔三橋2003，佐伯2009〕。それに加えて、今後は異形×双性がもつパワーにも注目していきたい。

おわりに

最後に現代を生きるトランスジェンダーの人々に伝えておきたい。

歴史的に見て、性別越境者はマイノリティではあっても、必ずしも弱者ではなかった。神の言葉を人々に伝える偉大なシャーマンであり、優れた芸能者であり、巧みなセックスワーカーであり、頼りになる男女の仲介者・女性の相談役であり、社会（共同体）の一員だった。私たちはその末裔なのだ。

長く多彩な性別越境者の歴史をここで記すことはできないが、それぞれの時代、さまざまな地域に性別越境者は存在し、困難な社会状況の中でも身体を張って生き抜き、性別越境者特有の文化を伝え、社会の中で道を切り開いてきた。

とりわけ日本は、二〇〇〇年近い長い歴史と、世界でもっとも高度に発達した性別越境文化をもつ国だ。そうした国に生きるトランスジェンダーとしてのプライドを持ちながら、それぞれの人が自分の分野で力を尽くし、シスジェンダーとトランスジェンダーが共生できる多様性に富んだ豊かな二一世紀の日本社会を築いていってほしいと思う。

＊「The oldest gay in the village: 5,000-year-old is 'outed' by the way he was buried」「Daily Mail」二〇一一年四月八日配信 https://www.dailymail.co.uk/sciencetech/article-1374060/Gay-caveman-5-000-year-old-male-skeleton-outed-way-buried.html

＊＊ JAKE NAUGHTON「Two Spirits in the Venezuelan Jungle」「LENS」二〇一四年九月五日配信 http://lens.blogs.nytimes.com/2014/09/05/two-spirits-in-the-venezuelan-jungle/?

第３章　同性間性愛文化の普遍性

はじめに

二〇一二年夏に経済週刊誌が火をつけ、二〇一五年六月のアメリカ連邦裁判所の「同性婚容認」判断の影響を受けて本格化した日本の「ＬＧＢＴ」ブームの中で、私のような野良研究者にも「日本の歴史の中のＬＧＢＴ」というようなテーマで執筆や講演の依頼が舞い込むようになった。

これが「ＬＧＢＴ（という言葉）の歴史」だったら話は簡単だ。ＬＧＢＴとは、レズビアン、ゲイ、バイセクシュアル、トランスジェンダーという性的に非典型な主な四つのカテゴリーの英語の頭文字を合成した言葉で、おそらく一九八〇年代末から九〇年代初頭の欧米で性的少数者の人権擁護を求める活動の中で、各カテゴリーの連帯を示すために生まれた言葉（活動家用語）である。二〇〇〇年代になると、国際連合など公的な場でも性的少数者を意味する言葉（略称）として使われるようになった。そして、二〇〇〇年代後半に日本に移入され、二〇一〇年代後半になって盛んに使われるようになった。これで済む。

しかし、私に求められるのはそうではなく、「日本の歴史の中のＬＧＢＴ」なので、とても困る。なぜなら、私は基本的に「歴史の中にＬＧＢＴはいない」という立場をとっているからだ。もう少し丁寧に言えば、ＬＧＢＴという現代の概念を、歴史を遡って適用するのはいろいろな誤解を招くだけでなく、危険であると考えている。まして、ＬＧＢＴはキリスト教文化圏における宗教規範と人権との対立の中から生まれた概念であり、それを非キリスト教文化圏の日本の歴史に適用するのは無意味である。実証主義的な歴史研究を学んだ者として、概念の安易な遡及はできるだけ慎みたい。この本の書名も『歴史の中のＬＧＢＴ』にすれば、もう少しは売れると思うが、そうしないのは、自分なりのこだわりがあるからだ。

もちろん、日本の歴史の中にも同性間の性愛や異性装（女装・男装）という現象はしばしば見られる。むしろ現代よりも一般的な現象だった。しかし、それは現代のＬＧＢＴとはいろいろな点で異なっている。歴史研究者としては、その異なる部分に歴史的・文化的な意味があると考える。

一つ例を挙げよう。井原西鶴『好色一代男』（江戸時代前期、一六八二年）には、主人公の世之介が生涯に性的な関係をもった人数として「たはふれし女三千七百四十二人。小人（少年）のもてあそび七百二十五人」と記されている。では、世之介はバイセクシュアルなのだろうか？

やはりそれは違うだろう。バイセクシュアルという概念は、人の性的指向にはヘテロセクシュアル（異性愛）とホモセクシュアル（同性愛）があり、しかもそれは固定的なものであるという前提で、その中間的なセクシュアリティの形態を示すために造られた言葉（概念）だ。前近代（江戸時代以前）の日本のように、女色（大人の男性と娘との性愛）と男色（大人の男性と若衆との性愛）が固定されず、どちらに行くかに社会的な制約がない文化では、両性愛という概念は必要ないし、生じようがない。

同性愛も一九一〇～二〇年代に成立するHomosexualという概念の訳語で、安易に歴史を遡らせて適用するべきではない。第1章で触れたが、日本の男色は現代の男性同性愛とはかなり異なる。女性同性愛については、（実態はあったが）先行する類似の言葉すらない（第10章参照）。トランスジェンダーも、さまざまな性別越境文化が存在したものの、それを現代のトランスジェンダーと同一視してよいか？　となると、いささかためらいを覚える（しばしばやってしまうのだが）。ともかく、L／G／B／Tそれぞれの概念を遡及するのではなく、歴史の中の事象として丁寧に跡付けていくことが大事だと思う。

1　同性間性愛文化の普遍性

ここでは同性間の性愛文化について見てみよう。「同性愛」と言わず「同性間性愛」と言うのは、前節で述べたように安易に概念を遡及すべきではないからだ。

同性間性愛文化の証拠は、性別越境文化に比べて考古学的には残りにくいが、文献的には古代ギリシャや中国をはじめとして枚挙にいとまがない〔松原 2015〕。その普遍性はあらためて述べるまでもないが、いくつか紹介しておこう。

古代ギリシャの少年愛（パイデラスティア paiderastia）では、少年は優れた青年に愛されることによって、その知性や知識、倫理性や雄弁、鍛えられた肉体と勇気、そして戦闘能力を受け継ぐ。つまり、少年愛は優れた「市民」を育て上げる教育システムであり、社会制度だった。

とりわけ、市民(男子)皆兵制の都市国家では、少年愛は戦士育成システムの中核として軍事システムに取り込まれていた。都市国家テーベの「神聖隊《ヒエロス・ロコス》」は、少年愛で結びついた一五〇組三〇〇名の男子で結成された精鋭歩兵部隊で、レウクトラの戦い(紀元前三七一年)でスパルタを破るなど、ギリシャ最強と謳われた。

ギリシャから遠く離れた東アジアにも少年愛を紐帯とした青年組織があった。朝鮮半島の新羅《しらぎ》(三五六〜九三五年)の貴族青年集団「花郎《ファラン》」は、韓族の男子習俗に源流をもち、平時においては歌舞・祭礼(おそらく少年愛を含む)、学問・武芸の教育の場であり、戦時には美しく装った花郎を先頭に立てて出陣する軍事組織としての機能をもっていた。

日本の南九州・薩摩藩の「兵児二才《へこにせ》」制もよく似ている。武士の青年・少年たちが毎夕集会して学問や武技を習う(おそらく少年愛を伴う)教育システムだが、同時に名門の少年を薄化粧させて「稚児様」と呼んで頂き仕える組織だった(第5章参照)。

現代に近い事例としては、メラネシア(赤道以南、東経一八〇度以西にある島々の総称。ニューギニア島、ソロモン諸島、フィジー諸島などを含む地域)で見られる「精液伝達」習俗がよく知られている。少年は「男の家」で年上の青年たちの精液を体内に注入される(注入の経路はオーラルだったりアナルだったり部族によって異なる)。そうして先輩の精液を受け継ぐことによって、少年は優れた戦士になり、女性を妊娠させる能力を持つ一人前の男性になれると考えられた。少年が男性と受動的な性愛を経験することは、大人になるために不可欠のイニシエーション（通過儀礼）だった〔松園 1996〕。

こうした少年愛的な形態が通過儀礼として社会システムに組み込まれている事例が、世界各地、しかも遠く離れた地域や時代に見られることは、同性間性愛の文化もまた人間の歴史において古くかつ普遍的であることを示している。

ただし、これらの同性間性愛文化のほとんどは男性間性愛の文化であり、女性間の性愛文化については、断片的にしか知られていない。女性間性愛の最も古い記録は、レズビアンの語源になった古代ギリシア・レスボス島の女流詩人サッフォー（紀元前六二五頃〜前五七〇年頃?）であるとされる、サッフォーは、選ばれた若い娘しか入れないある種の学校をレスボス島に作り、多くの女性を対象に愛の詩を作ったと伝えられる。そのあり方は、古代ギリシャの教育システムとしての少年愛に類似し、ある程度の社会性を持っていた可能性がある〔フェダマン 1996〕。

この他、古代中国や、鎌倉時代の日本、中世アラビアのハーレム、江戸時代の将軍家の大奥や遊廓などにおいて、女性間の性愛は存在した。しかし、当時の社会では、記録・出版の機能が圧倒的に男性によって担われていたため、女性間の性愛の詳細はほとんど伝わらず、また社会的な広がりを持つまでには至らなかった。

2　男性間性愛文化の類型

同性間の性愛文化、とりわけ男性間の性愛文化は、日本では「男色」と呼ばれてきた。社会学者の古川誠は、日本の男色には二つの類型があることを指摘している〔古川 1994〕。まず、A「年齢階梯制にもとづく同性愛（武士的男色モデル）」とB「ジェンダーをもとにした同性愛（歌舞伎的モデル）」の二類型を立て、後者を①「男／女というジェンダーの二項対立はそのままで、それをずらすことによって成立する同性愛（女装する女っぽいゲイなど）」と、②「男／女というジェンダーとは別に第三ジェンダーをたてるもの（アメリカ先住民社会のベルダーシュやインドのヒジュラなど）」に分ける。

私は、古川の見解を踏まえながら、年齢階梯制と異性装（女装）を二つの軸として独自に男性間性愛の類型化を行った。

Ⅰ　年齢階梯制を伴い、女装も伴う男性間性愛文化
Ⅱ　年齢階梯制を伴い、女装を伴わない男性間性愛文化
Ⅲ　年齢階梯制を伴わず、女装を伴う男性間性愛文化
Ⅳ　年齢階梯制を伴わず、女装も伴わない男性間性愛文化

Ⅰは中世寺院社会の女装の稚児や江戸時代の陰間など。Ⅱは安土桃山〜江戸時代の武士階層の「衆道」や明治〜大正時代の美少年愛好（硬派）など、そして、前節で紹介したギリシャの少年愛などが相当する。新羅の花郎や薩摩藩の兵児二才はⅠの要素もあるが、Ⅱに入れてよいだろう。Ⅲは現代の「ニューハーフ」や東京新宿（歌舞伎町・新宿三丁目）の女装コミュニティなどに見られる形態。Ⅳは現代の東京新宿二丁目「ゲイタウン」などに見られる形態に相当する。

この四類型で、歴史的・地理的にほぼすべての男性間性愛文化を類型化できると思う。

年齢階梯制については第1章で触れたが、能動の側としての年長者と受動の側としての年少者という役割が厳格に決められている男性間性愛の形態であり、日本ではこうした形態を「男色」と呼んだ。年少の少年が成長して年長になり、あるいは成人して大人になると、今までの受動側から能動側に転じる。こうして年少者＝受動―（成長・成人）→年長者＝能動というサイクルが繰り返されることで、男色の精神と肛門性交の技術が継承され、システムの永続性が保たれた。つまり、年齢階梯制は、男色という性愛形態を社会の中に安定的に存在させるための重要な仕組みであり、前近代の日本の男色は、年齢階梯制を基軸にしたシステムだった。

年齢階梯制を伴う男性間性愛文化は、日本だけでなく前近代の世界各地に見られた。七世紀に成立したイスラム教は、ムハンマドやアリーが男性間性愛を行った者を処刑したハディース（伝承）に基づき、男性間性愛者を処罰するシャリーア（コーランと預言者ムハンマドの言行を法源とする法律）をもっている。ところが、アッバース朝（七五〇〜一二五八）において、成人男性と非成人男性の性愛が存在したことが確認されている〔辻 2017〕。アッバース朝は、最初のイスラム世襲王朝であるウマイヤ朝(六六一〜七五〇)の後継国で、まさにイスラム世界のど真ん中である。

九世紀頃のアッバース朝では、能動の側として固定された成人男性が性愛対象とする非成人男性には二つのカテゴリーがあった。一つは、グラームと呼ばれる美しい若者で、受動的な性交を行う。グラームの美点として髭がないことが挙げられているので、年齢的には少年に相当すると思われる。もう一つは、ムハンナスと呼ばれ、身体的には成人男性でありながら、女性的な振る舞いを好み、髭を剃って女装して受動的な性交を行う。前者は年齢階梯制を伴うと思われ、Ⅱの類型になる。後者はⅢの類型になる。

こうした形態は、その後のオスマン朝などイスラム世界で広く行われていたと思われ、同性間性愛の文化がイスラム教以前に遡ることを示唆しているように思う。

こうして見ていくと、年齢階梯制を伴う男性間性愛文化(ⅡおよびⅠ)は、地域や文化、さらには宗教を超えて、広い普遍性を持つように思われる。

しかし、年齢階梯制を伴う男性間性愛文化は、近代化の過程で少年の性的な保護という概念が社会に浸透するにつれて、徐々に姿を消していった。

現代に見られる形態はⅢとⅣである。Ⅲは、男が「女」としての男を愛す、男−「女」の擬似へテロセクシュアルな性愛文化である。美意識の中心は「女らしさ」であり、女装によるジェンダーの越境が重要な要素となる〔三橋 2008a〕。

Ⅳは、現代の東京新宿二丁目「ゲイタウン」など、男が男のままで男を愛す、男−男のホモセクシュアルな性愛文化である。美意識の中心は「男らしさ」であり、しばしば女性性の忌避や嫌悪（ミソジニー）を伴う。

女装を伴わない性愛文化を歴史的に見ると、前近代においてはⅡが圧倒的で、Ⅳの形態は、ほとんど見られない。日本でも平安時代末期の最上流貴族藤原頼長のように個人の欲望・行為としてはあっても、成人男性同士の性愛が一定の社会的な認知を得てシステム化されることはなかった。

それに対して、現代の男性同性愛の主流は、女装を伴わない成人男性同士の性愛（Ⅳ）である。つまり、前近代から近代を経て現代に至るどこかの段階で、ⅡからⅣへの転換が起こったことになる。それがいつだったのかは重要な課題だが、まだよくわかっていない。

少し予察を述べると、Ⅳのような女装を伴わない大人の男同士の男性間性愛の形態は、近代になって、大正から昭和に入る頃（一九二〇年代）から社会の表面にちらちら現れてくる。東京浅草公園六区にあった「瓢箪池《ひょうたんいけ》」の畔《ほとり》は、そうした人たちの出会いの場だったが、やはりマイナーの中のマイナーという感じだ。

戦後、一九五〇〜六〇年代の男性同性愛の世界で活躍していたのは「シスターボーイ」「ゲイボーイ」「ブルーボーイ」と呼ばれた人たちだった。美輪明宏さんは「シスターボーイ」の元祖だし、カルーセル麻紀さんは「ゲイボーイ」出身で「ブルーボーイ」として世に出た人だ〔三橋 2004c〕。これらの呼称はどれも「ボーイ（少年）」がつく。関係性の中心は、「ソドミア」と呼ばれた大人の男と「ボーイ」だった〔前川 2017〕。この時期くらいまでは、年齢階梯制に起源する少年愛の感覚が強く残っていたのではないだろうか。ちなみに稲垣足穂《たるほ》『少年愛の美学』(徳間書店)が刊行されたのは一九六八年だった。

年齢階梯制を伴う伝統的な男色文化が男子校文化などの場で根強く残っていた日本では、男色文化から男性同性愛文化への転換は意外に遅く、成人男性同士の性愛(Ⅳ)がはっきり主流化するのは一九六〇年代後半から一九七〇年代前半ではないかと考えている。

結論的に言えば、男性同性間性愛の文化として、古くかつ普遍性をもつものは、年齢階梯制もしくは女性ジェンダーへの移行を伴うⅠ、Ⅱ、Ⅲ類型であり、多くの社会で許容されていた。それに対して年齢階梯制も女性ジェンダーへの移行も伴わないⅣ類型(大人の男同士の性愛)は、多くの社会でタブー視され、社会的に容認されるようになったのはようやく二〇世紀後半であり、男性同性間性愛の形態(文化)としてはかなり新しいということになる〔三橋 2022a〕。

3 性別越境・同性間性愛の抑圧と精神医学

ここまで述べたように、性別越境文化や少年愛的な同性間性愛文化は、人類の歴史の中で普遍的な広がりをもっていた。しかし、性別越境者や同性間性愛者が、本来普遍的な存在であっても、そうした人たちをどのように認識し、社会の中に位置づけるかは「文化」の問題であって、社会によって、その扱いは大きく異なる。ここでも第2章で述べた普遍性原理と文化性原理の相克が見られる。

ユダヤ・キリスト教の教典である『旧約聖書』の「レビ記」第二〇章一三節には「女と寝るように男と寝る者は、ふたりとも憎むべき事をしたので、必ず殺されなければならない」とあり、男性同性間性愛への禁忌が記されている。「必ず殺されなければならない」とあり、第1、2章で紹介した『旧約聖書』「申命記」の異性装（女装・男装）の禁忌の「主はそのような事をする者を忌みきらわれる」よりさらに厳しい。

ただし、女性同性間性愛についてはなにも記されていない。これは許容されていたわけではなく、聖書が書かれた社会では、女性は「論外（話の外）」だったということである。

キリスト教会の同性間性愛への対応がより峻烈《しゅんれつ》になったのは、一一七九年の第三回ラテラノ公会議である。ここに同性間性愛は、神が禁じた生殖につながらないあらゆる性的関係（同性間性愛、獣姦、自慰など）として、宗教的な「異端」と並んで、神の教えに背く明確な背教行為と認定された〔ボズウェル 1990〕。

以後、キリスト教文化圏の中世〜近世社会では、同性間の性愛は背教行為、すなわち宗教犯罪であり、その刑罰は基本的に死刑であった。たとえば、イタリアのフィレンツェでは、一四三二〜一五〇二年に少なくとも四一五八件が告発され、六二〇件が断罪（ほとんどが死刑）されている〔ポーネ 2013〕。

その影響は近代にまで及び、イギリスでは、同性間性愛は一八六一年まで死刑に処された。その後、懲役・禁固刑に減刑されたが、イギリスの刑法から同性間性愛を犯罪とする条項が削除されたのは、なんと一九六七年のことだった。

一七〜一八世紀、ヨーロッパ諸国で同性間の性愛行為を疑われた人が火刑に処せられていた同じ時代、日本では京・大阪・江戸を中心に、男装の女性と女装の男性が演じる歌舞伎や、若衆(少年)が男性を接客する陰間茶屋が大いに賑わっていた。つまり、同性間性愛や異性装に対する社会の姿勢が根本的に異なっていたのだ。

一七世紀の世界を見回した時、ヨーロッパのような同性間性愛や異性装に弾圧的な社会の方が明らかに特異であり、日本やアジア・パシフィックのような同性間性愛や異性装を認める社会の方がより広域で普遍的だった。それが逆転していったのは、ヨーロッパ諸国の世界進出、植民地支配の進行が契機だった。つまり、キリスト教世界の拡大とともに同性間性愛や異性装への抑圧が世界中に広がっていったのだ。

ところが、一九世紀後半になると、ヨーロッパでは同性間性愛者や性別越境者を神に背く宗教犯罪者として厳しく処罰するより、精神病者として病理化し治療・保護の対象とした方が良いのではないかという考え方が出てくる。治療・保護といっても、実際は精神病院に一生閉じ込めておくわけだが、それでも死刑にされるよりはマシなので、宗教犯罪から精神病理へという移行は、当時としては「救済」の意味があった。

そうした流れを体系化したのが、ドイツの犯罪精神医学者リヒャルト・フォン・クラフト＝エビング(一八四〇〜一九〇二)である。彼は『性的精神病質』(一八八六年)で非典型な性をもつ人たちを「変態性欲」という病理概念でとらえ、性欲の量的な「異常」である「色情狂」と質的な「異常」である「同性間性欲」を二本柱として体系化した。

クラフト＝エビングの学問は、明治後期から大正初期(一八九〇年代から一九一〇年代)にかけて、日本に輸入される。そして、大正期から昭和初期(一九一〇年代から一九二〇年代)にかけて、羽太鋭治《はぶとえいじ》、澤田順次郎、田中香涯《こうがい》などの「通俗性欲学者」の手によって、「変態性欲」概念が日本の社会に流布されていった。「同性的色情」「同性間性欲」などの変遷を経て「同性愛」という訳語が定着していくのは一九二〇年代のことである(一九二二年五月刊行の『変態性慾』一巻一号の田中香涯「変態性慾要説」という論文が初見?)〔古川 1995〕。

重要なことは、こうした精神医学の「変態性欲」概念が、明治の「文明開化」以降、次第に強まっていった抑圧の中で、なんとか生をつないでいた性別越境者や同性愛者に最終的なスティグマ(負の烙印)を捺《お》し、大きなダメージを与えたことだ。「男のくせに女の格好をしている、そんな奴は変態だ。ほら、ドイツの偉い精神医学の先生がこの本で言っているじゃないか」というように、精神医学が非典型な性をもつ人たちの社会的疎外・抑圧の学問的根拠になった歴史がそこにある。

非典型な性をもつ人々を宗教犯罪としてきた欧米では、病理化が「救済」として機能した面があるのは確かだ。しかし、犯罪化の歴史をほとんどもたず、非典型な性をもつ人々の存在をそれなりに許容してきた日本では、病理化は新たな「抑圧」としてのみ機能した。

図3-1　1934年(昭和9)頃の大阪の女装男娼の集合写真.
(『週刊文春』1959年6月15日号)

図3−1の人たちを「変態」としたのは誰か？　それは精神医学者たちだ。

「変態性欲」として精神犯罪とされたのは、同性愛者や女装者たちだけではない。男装者も同様だった。いくつか例を挙げよう。

①　一九二七年、芝区(現：港区)新網町の銭湯に久留米絣《くるめがすり》の股《もも》引《ひき》に印袢天《しるしばんてん》といういなせな姿で通ってくる人がいた。男湯の湯舟に飛び込んで世話話をすることが半年以上も続いた。番台が怪しんで「どうぞ女湯へ」と言っても聞かない。結局、愛宕《あたご》署に通報されて警察沙汰になった。男装して男湯に入っていたのはある料亭の女将(二九歳)だった。

②　鈴木むらをという女性(三二歳)は一七歳から男装して、カフェーやバーを飲みあるき、不良少年を配下に持っていた。今は横浜市平沼町(現：横浜市西区平沼一〜二丁目)の川瀬某という女性の「情夫」になっている。

③　ある高等女学校に入り込み外套(コート)を盗み着用して逃げた女を、被害者の女性が電車内で発見して問い詰めたところ格闘になった。その最中、女の鬘が落ちた。女装の盗賊として警察に引き渡したところ、男装の女性だった。日常は、断髪男装で、盗む時だけ女装するとのこ

とだった。

①は、男性の勇み肌が大好きで、それを見たさに男装して男湯に入っていた女性。袢纏《はんてん》を脱いだ後、どんな形で男湯の湯舟に入っていたのだろうか？　胸はさらしを巻いていたのか？　半年以上も騒動にならなかったのは、男女混浴の習俗の名残と見るべきか。どこか滑稽というか、ほほえましくもあり、悪行として犯罪化すべきほどのこととは思えない。

②は、女性の情夫になっているところや、男性ジェンダーを強調する遊び方など、現代のTrans-man の行動に通じるところある。ちなみに「○○を」という女性名は「○○よ」「○○ゑ」「○○の」などと並んで、花魁《おいらん》や御殿女中の源氏名などに由来する（たとえば高尾、萩尾など）が、「○男」「○夫」などに読み替え可能で、男装者には便利である。

③はかなり複雑だが、日頃は男装で盗む時だけ女装するというパターンは、近年にも、同様の事例があった。* 現在の感覚からしたら、「性的犯罪」と言えるのは③だけだろう。

この三つは、浅田一『性的犯罪者』の「第一篇　性的犯罪」の「三三　異性変装」に載っている「性的犯罪」の事例である〔浅田 1947〕。浅田はこの本が出た時、東京医学専門学校（現：東京医科大学）の法医学の教授で、この本も講義のテキストとして書かれたものだろう。ちなみに、私の父の法医学の先生である。当時の医学生は、こういうことを教わっていたのだ。

精神医学による抑圧は、戦前の話ではなく、昭和戦後期の一九六〇年代まで続いていた。

二〇一〇年、私は朝日新聞の記者とともに岐阜市柳ケ瀬にあった「シーラカンス」という酒場を訪れ、店主の圭子ママにお話をうかがった〔渡辺 2010〕。

圭子ママは一九四〇年(昭和一五)北海道札幌市の生まれで、一九六〇年代「性転換ダンサー」、ゴールデン圭子」として全国各地の舞台に立った方だ。高校二年、一六歳の時(一九五六年頃)、体操部の先輩(男子)との性行為を親に見つかり、北海道大学病院に連れていかれ「同性愛」と診断される。そして、ある私立病院に強制入院になり「同性愛治療」のために、毎夜、電気ショック療法が施された。「バチッ」という電撃とともに意識を失い、翌朝、目が覚めると記憶の一部が欠落しているという日々が二ヵ月間も続いた。「このままでは本当に頭が壊れてしまう」と思った圭子さんは、医師に「看護婦さんが好きになりました」と嘘をつき、「病状改善」ということで一時帰宅を許されると、すぐさま家出する。それが長い放浪生活の始まりだった。ちなみに、家出の後、匿《かくま》ってもらった札幌のゲイバー「ベラミ」で釧路から家出してきた二つ下の少年と同僚になる。それが後のカルーセル麻紀さんだった。

「あの精神病院だけは、今でも許せない！」

ずっと穏やかに、時に笑いをまじえながら語っていた圭子ママの目に、その時だけは怒りの炎が燃えていたのが印象的だった。圭子ママは、残念ながら先年亡くなったが、この怒りの言葉を、私は圭子さんの後輩として記録し伝えなければならない〔三橋 2019b〕。

電気ショック療法は、当時の精神科医療では、当たり前の治療だった。しかし、「同性愛治療」

にまったく効果がなかっただけでなく、一六歳の少年の心を傷つけ、比較的恵まれた家庭に育った少年の人生を大きく変えてしまった。その心の傷は半世紀の時が経っても癒えないほど深いものだった。

なにも、個々の精神科医に「謝れ」と言っているわけではない。しかし、同性愛者や性別越境者に対する精神医学の加害の歴史は、やはりしっかり認識されるべきだ。それが、同じようなことが二度と繰り返されないために必要なことだから。**

おわりに

「変態性欲」はその後も「異常性欲(Abnormal Sexuality)」「性倒錯(Perversion)」と名称を変えながら精神疾患概念として受け継がれていった。同性愛が世界保健機関(WHO)の国際疾病分類(ICD)から削除され精神疾患でなくなったのはようやく一九九〇年のことだった。

しかし、この時の改訂では、性別の移行を望む人々は、ジェンダー・アイデンティティと身体とのズレを精神疾患としてとらえる「性同一性障害(Gender Identity Disorder)」として位置づけられた。日本で「性同一性障害」概念が広まったのは一九九〇年代末以降なので、新しい進歩的な概念のように思う人もいるが、性別の移行を病理としてとらえる点で一九世紀的な発想を引きずった古い考え方である。だからこそ、欧米やアジアの当事者たちが、長年にわたって脱病理化を目指す運動を繰り広げてきたのだ。

そして、二〇一九年の国際疾病分類の改訂で、「性同一性障害」概念が消滅し、新設された「Conditions related to sexual health(性の健康に関連する状態)」の章に「Gender incongruence(性別不合)」が置かれ、二〇二二年に実施された。これによって、生まれた時に指定された性別と異なる性別で生活する人たちは、長年にわたって苦しめられてきた精神疾患の軛《くびき》からようやく解き放たれた。同性愛の脱病理化に遅れること二九年だった。完全な脱病理化ではなく脱精神疾患化になったのは、性別移行に必要な医療へのアクセスを確保するためである〔針間 2019, 三橋 2020〕。

ついにこの日が来た。おめでとう！ 世界のトランスジェンダーたち。

＊ 二〇一三年一〇月～一四年二月、「声優のアイコ」を名乗る女性による連続昏睡強盗事件。日常は男性として生活しており、犯行時のみ「女装」していた。弁護側は当初は「性同一性障害」、後に「解離性同一性障害」(多重人格)を主張したが容れられず、二〇一九年一月、最高裁で懲役一〇年が確定。

＊＊ 同性愛者やトランスジェンダーに対して、その性的指向やジェンダー・アイデンティティを(しばしば本人の意思に反して)矯正しようとする療法をConversion therapy(転向療法)という。同性愛やトランスジェンダーを病理としないＷＨＯは、当然、そうした療法を認めていないし、カナダやフランスでは性的マイノリティの人権に反する行為として法律で禁止している。しかし、アメリカの一部の州などでは現在も行われている。最近、日本でも転向療法を(とくにトランスジェンダーに対して)肯定する見解が見え始めていて警戒を要する。

II

日本の性愛文化史
——中世から現代へ

第4章 藤原頼長のセクシュアリティ
――『台記』にみる男色関係

はじめに

平安時代末期の動乱の口火を切った保元の乱（一一五六）の一方の旗頭である藤原頼長《よりなが》（一一二〇～五六）の日記『台記《たいき》』には、頼長自身の性愛に関わる記録、とりわけ男性との性愛行為を想わせる記述がかなりの頻度で散見される。その数は写本が現存している部分だけでも五六ヵ所にも及ぶ〔大石 1999〕。

いわゆる「摂関時代」の貴族の日記、藤原実資《さねすけ》（九五七～一〇四六）の『小右記《しょうゆうき》』、藤原道長《みちなが》（九六六～一〇二八）の『御堂関白記《みどうかんぱくき》』、藤原行成《ゆきなり》（九七二～一〇二八）の『権記《ごんき》』、源経頼《つねより》（九八五～一〇三九）の『左経記《さけいき》』、藤原資房《すけふさ》（一〇〇七～五七）の『春記《しゅんき》』などには、自身の性愛行動が直接記されることはなかった。それは「院政時代」になっても変わらず、頼長の祖父である藤原師通《もろみち》（一〇六二～九九）の『後二条師通記』、父である藤原忠実《ただざね》（一〇七八～一一六二）の『殿暦《でんりゃく》』、あるいは源俊房《としふさ》（一〇三五～一一二一）の『水左記《すいさき》』などでも同様である。

これらのうち、『御堂関白記』『後二条師通記』『水左記』は、記主の自筆本が現存しており、性愛に関する記述が後代の人（子孫）によって削除されたのではなく、そもそも記されていなかったことを示している。これは平安貴族の日記が、公卿・殿上人として朝廷の儀式に関わる「公人」としての日記であり、朝儀・政務の有り様を記録することによって、記主の子孫、あるいは娘婿が公卿・殿上人として定められた作法にしたがって、過失なく儀式・政務を行えるように先例・故実を書き遺すという基本的な役割を持っていたことを考えれば、最も「私人」的領域に属する性愛行動について記さないのは当然のことだった。

もちろん、例外はある。鎌倉時代中期の公卿藤原経光《つねみつ》（一二一二～七四）の日記『民経記《みんけいき》』には、ある女性（「傾城」）との逢瀬のことが記されている。しかし、それは「夜に入りて、いささか面謁のことあり。（中略）時に雨濛々と夜着を湿らせ、窓梅やうやく匂う。心情をうごかすものなり」（天福元年〔一二三三〕正月四日条）のように、直截的ではなく、かなり文学的な記述になっている。

こうしてみると、自身の性愛行動の記録を頻繁かつ直截的に記す『台記』の特異性がいっそう浮かび上がってくる。それはいかなる意識によって記されたものなのだろうか。

1　事例の紹介

『台記』に見える頼長の性愛行動の記述をいくつか見てみよう。なお、史料は原漢文を書き下した。括弧内は割注である。

（史料1）『台記』康治元年（一一四二）七月五日条

今夜、内の辺りにて、或る三品《さんぽん》（件の三品は衛府を兼ぬ）と会交す。年来の本意を遂げ了んぬ。

「件の三品」とは藤原（花山院）忠雅《ただまさ》（一一二四〜九三）で、この夜、頼長は内裏のあたりで忠雅と密会して交合に及び、長年の思いを遂げることができた。頼長は二三歳ですでに正二位内大臣の高位にあり、忠雅は一九歳である。

（史料2）『台記』天養元年（一一四四）一一月二三日条

深更、或所（三）に向かふ。彼の人始めて余を犯す、不敵々々。

「三」と暗号化されているのは忠雅で、二人は夜更けに某所で密会したのだが、この夜、初めて忠雅が頼長を犯す側（能動＝肛門性交においてペニスを相手のアナルに挿入する側）にまわった。二人の関係は三年目に入っていた。この年、頼長は二五歳、忠雅は二一歳。「不敵々々」という記述からは、忠雅の性的成長を喜ぶ頼長の心情がうかがえる。

（史料3）『台記』天養元年（一一四四）一二月六日条

或る人来り、相互に濫吹を行ふ。

「或人」とは、明記されていないが、前後の事情からして忠雅だろう。「濫吹」とは、本来は暴力沙汰の意味だが、頼長はしばしば男性同士の性愛関係に適用している。前回の密会で犯す側(能動)を経験した忠雅と、この夜は相互に犯しあっている。

(史料4)『台記』久安二年(一一四六)五月三日条

子の刻、或人(讃)と会合し、華山において此の事あり。本意を遂げ了んぬ。泰親《やすちか》の符術に依るなり。(後略)

「讃」は讃岐守藤原隆季《たかすえ》(一一二七〜八五)のこと。この夜、頼長は二年前から執心していた隆季との性的関係をやっともつことができた。念願がかなったのは、三月から所持していた陰陽師安倍泰親の呪符の効力と考え、宝剣一腰を褒美として泰親に与えている。この時、頼長は二七歳、隆季は二〇歳だった。

(史料5)『台記』仁平二年(一一五二)八月二四日条

亥の刻許り、讃丸来る。気味甚だ切にして、遂に倶に精を漏らす、希有の事なり。此の人常に此の事あり。感嘆尤も深し。

「讃丸」とは、このとき讃岐守に在任していた藤原成親《なりちか》(一一三八〜七七)であり、(史料4)の藤原隆季の弟である。この時一五歳で、三三歳の頼長より一八歳も年少だった。性的に未熟かというとそうでもなく、おそらく頼長に犯されながらほぼ同時に射精している(アナルにペニスを挿入されながら射精することを男色世界の用語で「ところ天」という)。成親は常にこの形らしいが、頼長は「希有の事」として感嘆している。

頼長と性的な関係をもった公卿・殿上人は、わかっているだけで藤原忠雅・藤原隆季・藤原為《ため》通《みち》・藤原公能《きんよし》・藤原成親・藤原成明・源成雅の七名に及ぶ。

しかし、頼長が関係をもった相手は、同じ貴族階層の男性だけではなかった。最高位の貴族である頼長からは大きく身分が隔った随身や侍などにも及んでいた。

(史料6)『台記』久安四年(一一四八)正月五日条

今夜、義賢《よしかた》を臥内に入れ無礼に及ぶ。景味あり(不快の後、初めて此の事あり)。

「義賢」とは、源義賢(一一二六?〜五五)のことで、河内源氏の源為義《ためよし》の子、源(木曽)義仲の父であり、東宮の帯刀先生《たちはきのせんじょう》の履歴を持つ武士である。この時期、義賢は頼長に仕えていて主従関係にあった。また二九歳の頼長より義賢の方がやや年少(二三歳?)であったと思われる。しかし「無礼」という言葉からして「臥内」においては立場が逆転し、義賢が頼長を犯しているように思われる。そして頼長はそのことに「景味」、つまり、おもしろみを感じている。

(史料7)『台記』久安四年(一一四八)一一月一日条

戌の刻、貞俊を臥内に引き入る。

「貞俊」とは、主税頭佐伯貞俊で、鳥羽法皇の推挙によって頼長の養女多子《まさるこ》(近衛天皇の女御→皇后)の年預・知家事(事務官)になった人物である。この少し前の一〇月二一日に頼長は貞俊に会い、わざわざ松明で面を照らして「容貌美麗、潘岳の輩なり」と記している(『台記別記』)。潘岳(二四七〜三〇〇)は西晋の文人で稀有の美貌で知られた。頼長は貞俊の美貌を手近に賞味したかったのだろう。

(史料8)『台記』仁平二年(一一五二)八月二五日条

今夜、公春《きみはる》を臥内に召し入る。去ぬる久安に彼の事あり、其後絶へてその事なし。今夜、余強ひて請い企つ。喜悦すること極りなし。

「公春」とは、左近衛府生秦《はたの》公春のことで、頼長が幼少のころから身辺に仕えていた随身だった。随身とは、上皇・摂政・関白・大臣・大納言・中納言・参議などに与えられる警護役であり、近衛府などの下級官人や舎人が充てられた。本来は公的な従者だったが、後には頼長と公春のような私的な主従関係を結ぶようになる。頼長と公春の性的な関係は、久安四年(一一四八)以来絶えていたが、この夜、頼長の強い要請で久しぶりに関係をもった。頼長の喜びの程がうかがえる。

このように『台記』には頼長と男性との性愛行動がしばしば記されている。記述はあからさまで、相手の名前が暗号化されることはあっても、行為自体を隠そうとする意識はほとんど感じられない。

記述からは、能動か受動かという性行為（肛門性交）の形態、性的快感、さらには射精の有無まで、かなりの程度、具体的にうかがい知ることができる。

しかし、『台記』に見える頼長の性愛行動は男性相手だけではない。ただ一ヵ所だが、女性との関係も記されている。

（史料9）『台記』久安四年（一一四八）三月二一日条

柱本《はしらもと》の辺りに宿す。今夜、密に江口の遊女を舟中に召し、これに通ず。

この時、頼長は舟で難波の四天王寺に詣でた帰りで、柱本（現：大阪府高槻市）あたりに停泊した際に、江口（現：大阪市東淀川区）の遊女を舟中に召して性的関係をもった。

平安貴族が摂津の四天王寺や住吉大社に詣でた後、淀川を遡る帰路に江口・神埼《かんざき》（現：兵庫県尼崎市）の遊女を召したことは、『御堂関白記』などにも見える。しかし、そうした場合も「この日、遊女らに被物などを給う」（長保二年（一〇〇〇）三月二五日条）というような記載の仕方、つまり、遊女との遊興に対する報酬を与えたという間接的な書き方がされるのが通例である。わずかに源師時《もろとき》（一〇七七〜一一三六）の『長秋記《ちょうしゅうき》』に摂津広田社に参詣した帰路のこととして「相公（源師頼）は熊野を迎え、与州（藤原長実）は金寿を抱き、羽林（源顕雅）は小最を抱く」（元永二年（一一一九）九月三日条）と、やや具体的な表現が見える程度である。「熊野」「金寿」「小最」は相手になった江口の遊女の名である。

このような類似の場合と比較すると、遊女との関係を「これに通ず」と、まったくぼかさずに性的関係があったことだけを直截的に記すところに『台記』の、そして頼長の特異性が見えるように思う。

日本古代・中世のセクシュアリティ史研究の泰斗である瀧川政次郎は「遊女を買ったことを堂々と日記に書き得る人はよほどの豪傑か、桁外れの痴者である」と述べている〔瀧川 1965〕。残念なことに瀧川は頼長のこの記述には触れていない。はたして、頼長は「豪傑」なのだろうか、「桁外れの痴者」なのだろうか。

ところで、『台記』の記載を通覧すると、性的な記録は一日の記載の最後に多く記されていることに気づく。性的な記録しかない日を含めると、その比率は約九割に達する。また、二ヵ所だけだが「裏書」として記されているものもある(久安二年一〇月七・九日条)。

尾上陽介『中世の日記の世界』は、『民経記』の自筆本の分析から、記主の藤原経光が右弁官に任じられた天福元年(一二三三)正月二八日以後、先に掲げた女性との逢瀬の記録のような私的な記事が具注暦の裏面に書かれるようになること、公的な記録とプライベートな記録とを書き分ける意識があったことを指摘している〔尾上 2003〕。頼長の『台記』も自筆本段階では公私の書き分けがなされていたが、それが写本の段階で公私が連続した形になってしまった可能性はある。しかし、頼長が自らの性愛行動、とりわけ男性とのそれを記録する意識を強烈にもっていたことは間違いない。

2　研究史

『台記』に見える頼長の男性との性愛行動の記述は、早く『古事類苑』人部三三遊女(付、男色)に七ヵ条が引用されており、一部の識者には知られていたと思われるが、検討されることはなかった。日本の男色研究の先駆者である岩田準一(一九〇〇〜四五)は「平安時代の男色」の中で「白河鳥羽両院時代」の男色の事例として『台記』の記事に触れているが、頼長の問題としてではなく、鳥羽法皇の男色好みの傍証として掲げているにすぎない〔岩田 1930〜31〕。

『台記』に見える頼長の男性との性的関係を子細かつ本格的に分析し、歴史学界に知らしめたのは東野治之「日記に見える藤原頼長の男色関係――王朝貴族のウィタ・セクスアリス」だった〔東野 1979〕。当時の日本史学界では、性愛関係、とりわけ同性間の性愛関係を論じることをタブー視する風潮が強かった。たとえば、橋本義彦『藤原頼長』は、頼長についての詳細な伝記であるにもかかわらず、男色については一切触れていない〔橋本 1964〕。それだけに東野論文は画期的であり、大学院に入って間もなくこの論文を読んだ私は大きな衝撃を受けた。研究することすら憚《はばか》られていたテーマを開拓した東野氏には、性社会・文化史の研究を志すものとして心からの敬意を表したい。

続いて、東野論文を踏まえた五味文彦「院政期政治史断章」が、多くは略字＝暗号化されている頼長の男色相手を解明し、そこから頼長の男色関係の政治的性格を指摘した〔五味 1984〕。

こうした男色関係を当時の政治状況と結びつける方向とは別に、服藤早苗『平安朝の女と男――

貴族と庶民の性と愛』などが、平安時代の性愛史の中の「疎外された性愛」のひとつとして、頼長の男色関係に分析を加え、一〇世紀に強姦や姦通と「並んで男色も成立する」としている〔服藤1995, 1996〕。

また、中古文学者の神田龍身「男色家・藤原頼長の自己破綻――『台記』の院政期」は、東野論文、五味論文を踏まえた上で、鳥羽院が主宰する「男色ネットワーク」の中に頼長の男色行為を位置づける。頼長の男色が政治的なネットワーク形成の方法であり、「支配のための男色」としての性格をもつことを詳細に論じている。他の研究には少ないセクシュアリティの視点が多く含まれていて参考にすべき点が多い〔神田1996〕。

さらに、大石幹人「院政期貴族社会の男色意識に関する一考察――藤原頼長にみる男色関係の性格」が、従来の研究を踏まえた頼長の男色関係の再検討を行っている〔大石1999〕。

3　再検討の視点――現代のセクシュアリティ論を踏まえて

頼長のセクシュアリティを再検討するための視点として、現代のセクシュアリティ論を踏まえた、私なりの考えを整理しておきたい。

第一に問題になるのは「男色」と「(男性)同性愛」の関係である。従来の研究は、両者を漠然と、あるいは疑うことなく同じものとして論じているように思う。「男色」は一二一九年成立の『続古事談』(六巻四話)に用例が見え、少なくとも鎌倉時代初期には概念として成立していた。それに対し、

「同性愛」は近代（明治末期～大正期）になって日本に移入された欧米の精神医学の概念であり、それを前近代の日本の性愛に遡及させて適用することは、いろいろ問題が多い。たとえば、欧米では宗教的規範（主に旧約聖書）に基づき、同性間の性愛は背教行為として厳しく禁じられ、同性間性愛を行う者は社会的に抑圧されていて（基本的に死刑）、自身も背徳者の意識を強くもっていた。しかし、そのイメージを日本前近代の男色、たとえば頼長の男色関係に投影することはまったく意味がないからだ。なぜなら、日本の宗教（神道・仏教）には、男色を禁ずる明文的な規範は存在しないか誤りである。男色は女色に比べれば愛好者は少なかったかもしれないが、両者は基本的に対置されるものであり、女色が正常で男色が異常であるかのような倫理的な価値づけはなかった（第1章参照）。

したがって、頼長が自らの男色関係を恥ずべきもの、秘すべきものと認識していたとは、単純には言えないのである。

第二は「男色」の類型の問題である。従来の研究では、そうした視点、認識はまったく乏しく、頼長の男色関係の特質に迫っていない。男性間性愛文化の類型は、四つに類型化できるが（第3章参照）、頼長の性愛がどの類型なのかの検討が必要になる。

第三に、これはセクシュアリティと社会・文化を考えるうえでかなり基本的なことなのだが、現代で言う同性愛者やトランスジェンダー（性別越境者）のような多数派の人たちと異なる非典型な「性」をもつ人たちは、おそらく人類のどの時代、どの地域にも、ほぼ一定の割合で、普遍的に存在したと思われる。しかし、そうした人たちをどのように認識し、社会の中に位置づけるかは「文化」の問題であって、社会によって、その扱いは大きく異なる（第2章参照）。私は日本における性別越境者について通史的に考察したことがあるが、そうした非典型の「性」をもつ人たちは、どの時代にも存在し、一定の役割をもって社会の中に位置づけられていたことを確認できた〔三橋 2008a〕。

ここで重要なことは、個人の性欲として非典型な形が存在することと、社会のシステムとして非典型な「性」が位置づけられているかは異なる問題であるということだ。具体的に言えば、頼長の性欲のあり方が非典型であることと、同時代の社会がそうした非典型な「性」の有り様をどうシステム化していたかは、別の問題だということである。

これらの点を踏まえながら、頼長のセクシュアリティの特質を考えてみよう。

4　頼長の男色の類型と特質

(1)年齢階梯制の検討

年齢階梯制を伴う男色とは「年長者と年少者という絶対的な区分にのっとった」同性間の性愛であり、「能動の側としての年長者と受動の側としての年少者という役割が厳格に決められている」点に特徴がある〔古川 1996〕。能動・受動の役割はきわめて厳格なもので、それが逆転することはほとんど稀だった（第3章参照）。

ここで留意しておきたいのは、年齢階梯制を伴う男色では、その年長者−年少者の組み合わせは、元服をした大人と元服前の少年か、元服していない少年たちの集団の中での年長の少年と年少の少年かのどちらかであり、元服した大人の集団の中での年長者と年少者という組み合わせは、個人の性欲としてはともかく、社会システムとしては見られないということだ。

前近代の日本では、年齢階梯制に基づく男色は、単なる個人の性欲の問題ではなく、それぞれの時代に社会システムとして存在していた。そうした社会にあって、元服した大人同士の男色が社会制度としては見られないことは、たまたまではない。年齢階梯制の仕組みから外れる元服した大人同士の男色は、男色という社会システムのリサイクル(再生産)を妨げる社会的逸脱行為であり、それゆえに禁忌(タブー)とされた可能性が高い。

さて、そうした考察を踏まえて、頼長の男色を見てみよう。その男色相手の年齢は、藤原忠雅は四歳、源義賢は六歳?、藤原隆季は七歳、藤原家明《いえあき》(一一二八〜七三)は八歳、藤原成親は一八歳、頼長より年少である。一方、藤原為通は八歳、藤原公能は五歳、頼長より年長である。年齢差は不明だが秦公春も頼長より年長だろう。頼長の男色相手は年長・年少の両方に及んでいる、しかも、年少である藤原忠雅や源義賢が年長である頼長に対して能動的な立場で性交している(史料2・3、史料6)。

これは、年長＝能動、年少＝受動という年齢階梯制のシステムから明らかに外れている。そもそも頼長の男色は『台記』に見える限りほとんどが元服した大人同士の関係であり、年齢階梯制の枠組みにまったくそぐわない。

唯一、一八歳年下の藤原成親との関係は頼長三三歳、成親一五歳の時のもので、成親の年齢は一般的な稚児の年齢(一二〜一七歳)に相当し、年齢階梯制的なイメージがある(史料5)。とはいえ、その成親もすでに元服を終えていて、社会的には大人であることに変わりはない。

結論として、頼長の男色は年齢階梯制的なものではないということになる。この点は、頼長の男色が政治権力に直結するネットワーク形成のためのものとする説〔五味 1984, 神田 1996〕からすれば、相手が大人に限られることは当然ということになるだろう。しかし、政治的ネットワーク論者は、大人同士の男色関係が、日本の前近代においてはきわめて特異であり、さらにタブーである可能性に気づいていない。

また、頼長の男色を政治権力形成の方法・手順とした場合、政治権力には関わらない低い身分の相手との男色関係をどう考えるべきなのだろうか。たとえば、最も長期にわたって関係を続け、頼長の情愛も深かった随身秦公春(史料8)や、護衛の武士である源義賢(史料6)、養女多子の事務官である佐伯貞俊(史料7)などとの関係である。

これらについて、東野氏は「主従関係の強化」という側面を指摘し、神田氏は支配・被支配関係が恒常化した末の「主従愛」とする〔東野 1979, 神田 1996〕。男色関係を媒介にした主従関係の強化という手法は、後に武士の世界でしばしば見られる形ではある。しかし、いくら武士が台頭してくる時代であったとはいえ、最高クラスの貴族である頼長が主従関係に男色を利用したとすることには、違和感を覚えざるを得ない。まして、護衛の武士に犯されることが、どうして主従関係の強化につながるのだろうか。むしろ、こうした低い身分の男たちとの性愛関係にこそ、思惑抜きの頼長の性的欲望の本質が現れているように思う。

(2)女装、もしくは女性的要素の検討

少なくとも平安時代後期〜鎌倉時代において、寺院の稚児は基本的に少女とあまり変わりない格好をしていた。髪を長い垂髪にし、顔は眉墨を引き、白粉や紅で化粧し、女性の衣料である色鮮やかな小袿《こうちぎ》を羽織り、若い女性の履物である藺《い》げげを履き、言葉や動作も優美であることを求められた。稚児に課せられたジェンダーは女性のそれに極めて近く、稚児と少女は強い互換性をもっていた(第1章参照)。稚児は宗教理念的には「観世音菩薩の化身」であっても、即物的には女性の代替者として、僧侶の性愛対象であった〔三橋 2008a〕。

こうした女性ジェンダーへの転換を伴う男色関係は、寺院社会を中心に盛行し、古代・中世の日本の男色文化の主流だったと考えられる。そして、平安時代後期になると、寺院社会にとどまらず貴族社会にも流出し始める。

たとえば、藤原資房の『春記』にはこんな騒動が記録されている。

(史料10)『春記』長暦三年(一〇三九)一〇月二九日条

少将、近来、乙犬丸(三井寺の前僧正の御童子なり)を愛し、三井寺を往反す。其党は能長《よしなが》、経家《つねいえ》、行経《ゆきつね》等と云々。皆な万物を以て彼の童に送ると云々。少将は行経に馬を請ひ、彼の童に与ふ。

太だ以て不便なり。督殿、此の由を聞き給ひ嘆息す。前々より更に制止に拘はらず、何と為すや。

蔵人頭藤原資房の弟である右近衛少将藤原資仲《すけなか》が、藤原能長（侍従）、藤原経家（蔵人・右中弁）、藤原行経（左近衛中将）らの仲間とともに、三井寺の前僧正永園の童子（稚児）である乙犬丸を愛し、しばしば三井寺に出かけては馬をはじめ様々なプレゼントを贈って歓心を買おうとしている。それを知った中納言藤原資平《すけひら》（資房・資仲の父）は息子の行状を嘆き、兄の資房もどう対処したらいいか困惑している。

能長は藤原道長の四男権大納言能信の養子、経家は藤原公任の長男権中納言藤原定頼の嫡男、行経は権大納言藤原行成の五男でその政治的地位と書道の継承者である。いずれもそうそうたる名門の青年貴族たちが寺院の稚児に入れ込んでいる様子がうかがえる。

資房が心配した通り、この連中は翌月の新嘗祭《にいなめさい》の最中に騒動を起こす。一一月二五日、資房は後朱雀天皇にこう告げられる。行経・能長・経家・資仲が乙犬丸を連れ出し、五節所に入り込み、行経が乙犬丸を「懐抱て臥し」、さらに「この童を以てその所の陪従幷《なら》びに童女に通嫁せしむ」と。つまり、青年貴族たち、稚児、少女入り乱れて五節の夜の「濫行」（乱交）であり、この時代のセクシュアリティの一端がうかがえる。

このように平安時代後期には、美しい女装の稚児は僧侶だけでなく、貴族の寵愛の対象にもなっていた(先に述べたIの類型)。では、頼長の場合はどうだろうか。残されている『台記』を見る限り、頼長の男色関係には女装(女性ジェンダーへの転換)はまったく伴っていない。それどころか女性的要素すらきわめて乏しい。

頼長は自らの男色行為をしばしば「濫吹」と表記する(史料3)。先ほども述べたように「濫吹」とは本来、暴力沙汰の意味だ。この点について神田氏は中国語や漢文学において「濫吹」に性行為を意味する用法はなく、「これを男色を表すものとして用いたのは、おそらく頼長の創意になる」と述べている〔神田1996〕。頼長にとって男色行為は暴力に通じる荒々しいイメージだったのだろう。そこに女性的な細やかな情感はまったく感じられない。

ところで、神田氏はその論文の中で「女性の排除」という項を立てて、頼長の女性忌避傾向を指摘している。たしかに『台記』を眺めていると、頼長と婚姻関係にある女性たち、正妻である左大臣藤原(徳大寺)実能《さねよし》の娘(幸子)や、兼長・隆長の母である源師俊《もろとし》の娘、師長の母である源信雅の娘も含めて、影が薄い。頼長が女性関係に不熱心・無関心な傾向があるのは間違いないように思う。

そうした女性忌避の根本に、神田氏は頼長の女性に対するコンプレックス(強迫観念)を指摘する。そして二つの可能性を示す。一つは「頼長は女に対する強迫観念を払拭すべく、女を締めだし極端なマッチョに走ったのだが、それはあくまでもコンプレックスの裏返しとしての無理押しでしかなく、結局のところ男性同盟それ自体も支えきれなくなった」という評価である。もう一つは「あまりに純粋な男を志向しすぎたために、マッチョ的能動態位が負担になったばかりか、女に対しての恐怖心がそれに反比例するように皮肉にも醸成される結果になってしまった」〔神田 1996〕。

鶏が先か卵が先かのような話になっているように思うが、頼長のマッチョ志向の男色行為が、女性忌避さらには女性嫌悪(ミソジニー)と表裏一体になっていることは間違いないように思う。頼長は男色行為を示すのに一ヵ所だけだが「男犯」という言葉を使っている(久安四年三月一九日条)。頼長にとって男色行為は、理念的には、女性性を排除した男と男のマッチョな関係「男犯」でなければならなかった。しかし、現実には、男色行為の場で当時の女性と同様の受動的な性行為に快楽を見出してしまう。そこに頼長の大きな矛盾が見て取れる。

(3)ポリガミー傾向についての検討

同時期に多数の相手と性的関係をもつことをポリガミー(polygamy)と言う。これに対して同時期に一人の相手としか性的関係をもたないことをモノガミー(monogamy)と言う。江戸時代の武士階層における「衆道」では念者と念弟の関係は一対一であり、念者が複数の念弟と、あるいは念弟が複数の念者と関係を持つことは許されず、もしそれを行えば信義にもとる「不義」だった。複数の大人が一人の少年を争って、刃傷に及ぶことも珍しくなかったのは、念者と念弟が一対一のモノガミックな関係だったからだ。

寺院社会における師僧と稚児の関係もまたモノガミックだった。たとえば仁和寺御室守覚《しゅかく》法親王(一一五〇~一二〇二)の稚児であった千手《せんじゅ》は、師僧の寵愛が新参の稚児参川《みかわ》に移ると里に下がってしまう。法親王の呼出しを断りきれずに宴席に参上した千手が得意の今様で法親王の寵愛を取り戻すと、今度は面目を失った参川が出奔してしまう(『古今著聞集』巻八・好色)。好色な法親王に対してモノガミーな性愛の形を貫こうとする稚児たちの姿勢が印象的だ。

商業化し複数の客の相手をすることが当然だった江戸時代の陰間ですら、新吉原や島原などの遊女と客の関係と同様、男性客が同時に複数の陰間に通うようなポリガミックな行為は許されず、建前としてのモノガミーが維持されていた。もしそれを破れば制裁されても仕方がなかった。

つまり、程度の差はあれ、日本の前近代の男色はモノガミーな形を基本にしていた。では、頼長の男色関係はどうだったろうか。

頼長がもっとも長く関係をもったのは藤原忠雅で、康治元年(一一四二)七月五日に始まり(史料1)、確認できる範囲で久安三年(一一四七)一一月二六日まで少なくとも五年半も続いた。また、随身の秦公春との関係は久安三年五月一二日から仁平二年(一一五二)八月二五日まで五年三ヵ月、確認できる。さらに公春への深い情愛は仁平三年正月一九日の公春の死去まで続く。

これだけ見ると、頼長の男色関係は忠雅との関係が疎遠になりかけた頃に公春との関係が始まるようなモノガミックな形のように見える。ところが実際はまったく異なる。たとえば藤原隆季との関係は久安二年(一一四六)五月三日(史料4)に始まり久安四年正月二八日まで確認でき、忠雅や公春との関係期間と明らかに重なっている。

それどころではない。頼長と忠雅・隆季・公春の三者との関係が重なる久安三年五月一二日から同四年正月二八日までの間に、頼長は随身の秦兼任と連夜にわたって関係を持ち(久安三年七月一九日条)、天王寺の舞人公方をも臥内に引き入れている。この夜は公方との逢瀬の後、夜中に「讃」こと藤原隆季と密会している(久安三年九月一三日条)。また、仁平二年(一一五二)八月には、二四日の夜に藤原成親と濃密な関係を持ちながら(史料7)、翌二五日の夜には随身の秦公春を臥内に引き込んでいる(史料8)。「お盛ん」と言えばそれまでだが、なんとも奔放と言わざるを得ない。

つまり、頼長の男色関係は、一対一のモノガミーな形ではなく、同時並行的に複数の男性と関係をもつポリガミックなものだった。モノガミックであった日本前近代の男色の傾向と、この点でも頼長の男色の形は大きく異なる。

頼長の男色行為を政治的なネットワーク形成のためのものであるとする説〔五味 1984, 神田 1996〕に立てば、頼長は実に精力的にネットワーク形成をしていることになるが、はたしてそうなのだろうか。ポリガミーな性的関係は人間関係を複雑にする。すべての関係をバランス良く円滑に行うのは難しく、どうしても感情のもつれを生じやすい。頼長のポリガミーな男色にも、そうしたマイナス面があったはずだ。

(4)頼長の男色の類型

以上の検討から、頼長の男色は、年齢階梯制を伴わず、また女装(女性ジェンダーへの転換)も伴わないことがわかった。男性間性愛文化の四類型のⅣタイプということになる。また、頼長の男色がモノガミックではなく、ポリガミックであることもはっきりした。こうした形態は、日本の前近代の男色文化においては社会システムとして存在しない形態であり、きわめて特異なものであると考えられる。

年齢階梯制を伴わず、また女装(女性ジェンダーへの転換)も伴わず、かつポリガミックであるという点で、最も類似した形態は、現代の東京新宿二丁目「ゲイタウン」において主流である男と男の性愛文化である。その特徴は、「男らしさ(マッチョ)」の美意識が価値基準になること、女性性への忌避や嫌悪(ミソジニー)が伴うこと、愛情的よりも快楽的であり、その結果、性行動はモノガミーではなくポリガミーになることが多いなどがあげられる。

これらは、ほとんどそのまま頼長の男色行動に見られる傾向である。『台記』に記された頼長の男色行動を読んでいると、毎週末、新宿の「ゲイタウン」で現代の男性同性愛者たちが繰り返している性愛と、ほとんど同じ意識・行動を感じてしまう。八〇〇年もの時を隔てているのにかかわらず……。

しかし、繰り返すが、頼長のこうした「現代的な」男性間性愛の形態は、前近代の日本の男色文化の有り方としては、きわめて特異なものだった。頼長の男色と現代の男性同性愛の形態は似てはいるが、それは歴史的に連なるものではない。

5　頼長の男色はどこから来たのか？

(1)鳥羽法皇との関係

日本の伝統的な男色文化と基本的な部分で様相を異にする頼長の男色は、いったいどこから来たものなのだろうか？

従来の研究で強く意識されているのは、頼長の時代の最高権力者「治天の君」鳥羽法皇(一一〇三～五六年、在位一一〇七～二三年、院政一一二九～五六年)の存在である。神田氏は頼長の男色ネットワークの構築が「鳥羽法皇の男色ネットワークと張り合い、それを切り崩しながら」行われたと指摘する〔神田 1996〕。

たしかに鳥羽上皇に男色の気があったことは否めない。しかし、康治元年(一一四二)に東大寺戒壇院で受戒して法皇になった鳥羽院が女色にふける方が当時の倫理観からしたら問題で、男色の傾向を示すことは、むしろ当然だったのではないだろうか。その点で僧侶である鳥羽法皇と俗人である頼長の立場は根本的に異なる。

また、出家する前の鳥羽上皇は、祖父、白河院との関係から必ずしも円満でなかったはずの中宮藤原璋子《たまこ》(待賢門院)との間に五男二女を、譲位後の寵姫である藤原得子《なりこ》(美福門院)との間に一男三女をもうけるなど(他にも皇子・皇女多数)、女性関係は旺盛で、とうてい男色嗜好とは思えない。

そもそも「鳥羽院主宰の男色ネットワーク」は頼長の『台記』のような確実な史料に乏しく、その実態は不明確である。父系原理を基軸とする院政という政治形態、院と近臣のホモソーシャル（男性同士の強い連帯関係）な集団の中で、鳥羽院の格別な寵愛をこうむる近臣がいたことは確かだが、それをそのままホモセクシュアル（男性同士の性愛）な関係に重ねることには慎重でありたい。頼長の男色行動は、「鳥羽院の男色ネットワーク」への対抗というよりも、もっと根源的・自発的なもののように思う。もちろん、頼長は政治家であり、そこに政治的な意図がまったくないわけではないだろうが。

（2）漢籍からの影響

頼長が康治二年（一一四三）九月の『台記』の奥に記した「所学目録」によると、本格的な勉学を始めた保延二年（一一三六）以降に学習した書目は「経家」一一六部三六二巻、「史家」一〇部三二六巻、「雑家」三五部三四二巻、計一〇三〇巻に及んでいる。上流貴族としては稀有の読書家であり、漢籍の影響を強く受けた人だった。

ところで、中国の男性間性愛文化は、伝説的には黄帝の時代に始まるとされる。「雑説」には「称黄帝、（中略）好孌童《れんどう》」とあり、孌童とは美少年のことである。

しかし、中国の男性間性愛文化の展開は複雑で、女性ジェンダーへの転換を伴わない形（Ⅱ・Ⅳ型）と女性ジェンダーへの転換を伴う形（Ⅰ型）が複雑に交錯する。傾向として華北系の王朝（漢、隋、唐など）は前者、江南系の王朝（南朝、南宋など）では後者の色彩が強いように思う。また時代が下る清朝では女性ジェンダーへの転換を伴う形が江南から移入され盛行する（第12章参照）。

中国では男性間性愛を示す言葉として「龍陽《りゅうよう》」と「断袖《だんしゅう》」が広く知られている。「龍陽」とは戦国時代（紀元前四世紀末頃）の魏の公子で、魏の哀王の寵臣だった龍陽君のことである。『戦国策』の「魏策」にこんな話が見える。龍陽君が哀王とともに釣りをしていた時、一〇尾余を釣ったところで涙を流した。奇妙に思った王が涙の理由を尋ねると、龍陽君は「初め魚を釣った時、自分は喜びました。ところが、後から釣れるのがますます大きく、私は先に釣り上げた魚を捨てようとしています。今、ご寵愛を受けている私も、より美しい者が現れると、王のご寵愛を失ってしまう。私も釣り上げた魚と同じようなものだと思うと悲しくて涙が出るのです」と述べた。これを聞いた王の龍陽君への寵愛はさらに益し、「美人を差し出そうとする者がいたら、一族皆殺し」と告げた。

「断袖」は、『漢書』佞幸伝（董賢）に見える話で、漢の哀帝と寵愛の美少年董賢が寄り添って昼寝をしている時、帝は用事で起きなければならなくなった。ところが哀帝の衣の袖が眠っている董賢の体の下にあったため、帝は董賢を起こさないように気遣って、袖を鋏《はさみ》で断ち切って起きたという。

実は『続古事談』にみえる「男色」の初例は、「漢家に男色の事ありや」という質問に対しある人（編者?）が、藤原長方《ながかた》（一一三九〜九一）が董賢の事例を挙げたことを紹介して答える話である。頼長の「所学書目」の「史家」には『史記』『漢書』『後漢書』が含まれている。「龍陽」や「断袖」など男色に関わる故事を、頼長は間違いなく知っていただろう。また『漢書』に見える武帝と韓嫣《かんえん》、あるいは李延年との性愛関係や、明確に性愛関係とは言えないが衛国大将軍衛青に対する寵愛の様も読んでいたに違いない。

「我朝の書記」を顧みず「漢家の経史」を専《もっぱ》らにしていた（『台記』康治元年一二月三〇日条）と自己反省するほど漢籍に入れ込んでいた頼長が、こうした漢家の経史に見える男性間性愛の強い影響を受け、そこに理想の人間関係を見出した可能性はないだろうか。

この点については、ほとんど何も証拠がない。いきなり漢籍の影響を持ち出すことを唐突に思う方もいるだろう。しかし、自分の性的欲望が周囲の人々と違うことを自覚しはじめた少年が書物の中に自分と同じような性的傾向の人を見出し、大きな喜びを感じ、そこから強い影響を受けることは、現代の性的マイノリティの人にしばしば見られる現象なのだ。男性への性的指向と女性への嫌悪を自覚しつつあった少年頼長が勉学の過程で漢籍の男性間性愛記事と出会い、「我朝」の男色文化とは異なる有り様を知り、そこから大きな影響を受けた可能性は十分にあるのではないかと思う。

(3) 社会的規制の問題

人間の性行動は、性的指向（異性に性欲を抱くか同性に抱くかという欲情の方向性）と性的嗜好（性愛における様々な好み）が合体して、その人にとって在るべき性愛のイメージである性幻想が形成されると考えられる。頼長の性幻想は『台記』の記載から、性的指向は主に男性であり、性的嗜好は女性性を排した荒々しいマッチョな肛門性交だったと思われる。

しかし、性幻想は、様々な社会的規制、心理的抑制を受けるので、性幻想と現実の性行動とは一般的に一致しない。とくにその性幻想が、その社会においてシステム化されていない特異な形態の場合、社会的規制は強く働く。なぜなら、そうした性幻想をもち、そうした性行動を取ろうとしていることを他人に知られた場合、その人の社会的地位の失墜につながりかねないからだ。失脚を恐れるからこそ、そうした特異な願望・行動を抑えようとする心理的抑制が働くことになる。

頼長の性行動を見ていると、それが当時の男色文化に適合しない性愛形態であるにもかかわらず、社会的規制や心理的抑制が効いておらず、性的欲望がストレートに発露しているように思われる。頼長の性行動が、欲望に忠実で、さまざまな社会的規制を打ち破った自由な現代のゲイの性愛の形に似ているのは、そのためである。そうした社会的規制に拘わらない欲望に忠実な性行動を可能にしたのは、言うまでもなく、最高級貴族であり政界における権力者という頼長の社会的ポジションだった。つまり、頼長だからこそ可能な性行動の形態であり、男色文化として社会システム化される性愛形態ではなかった。もし、頼長がそうした高い社会的地位と権力を失えば、消えてしまう性格のものだったのだ。

おわりに

私は日本の社会は、基本的に母系の強い双系社会であると認識している。日本の男色文化に女装(女性ジェンダーへの転換)が根強く伴うのは、そのことと関係があると考えている。それはともかく、日本の古代社会では、社会の建前(隋・唐から移入の律令制)としては父系(男系)主義をとりながら、実態として、通い婚、妻方同居婚という母系制的な婚姻形態をとり、生まれた子供は母方の親族の中で育つ。子供の養育・輔導責任は母方の男性親族、つまり祖父や「おじ」たちが担っていた。天皇について、そうした母方親族の輔導責任を政治システム化したのが「摂関政治」であり、そのシステム運用にもっとも成功したのが「摂関家」、わけても藤原道長だった。

そうした母系原理が濃厚な「摂関政治」の破綻(摂関家の子女に皇子が生まれない)に乗じて、天皇の父系親族(祖父、父)である「院」が政治権力を掌握した形態が「院政」である。その意味では、「摂関政治」から「院政」への移行は、政治原理の母系から父系への転換と言える。

しかし、それでもなお、女系・女性の力が失われたわけではない。頼長にとって「目の上の瘤《こぶ》」「目の敵」的存在である美福門院(藤原得子、鳥羽上皇の寵姫、近衛天皇の母。父は藤原北家末茂流の権中納言藤原長実)のような、権勢と政治的実力を兼ね備えた女性は存在していた。

いわゆる「男色＝政治的ネットワーク論者」は、頼長の男色行動を新たな政治的ネットワーク構築の試みとして肯定的・積極的に評価する。しかし、頼長以外に、男色関係をメインに政治権力を形成しようとした政治家は日本では見当たらない。それは、双系的な社会である日本において、少なくとも古代〜中世初期の社会においては、女性を介した政治権力の伝統が根強く、女性を完全に排除した形での政治権力の形成は困難であり社会的禁忌(タブー)だったからと思われる。頼長が自らの性的指向を駆使してそれを目指したとするならば、まったくの「横紙破り」(タブーの侵犯)であった可能性が強い。

さらに、中世以降の武家政治では、大人の男性たちによるホモソーシャルな政治体制が強く志向された一方で、政治権力を持ちうる大人同士の男色は回避され、社会システム化されることはなかった。

タブーを侵犯する社会的逸脱行為には制裁が伴う。頼長が権力を保っている間は社会的制裁が実行されることはないが、権力が衰弱した時には、いっそう反動が大きくなる。

頼長は、保元元年(一一五六)七月一一日の白河北殿の戦闘で傷を負い、宇治から南都へ落ちのびたものの、一四日、母方のおじである千覚律師の房で逝去する。その孤独で無惨な死に様に、頼長の特異な性行動が、なにかしら影響しているような気がしてならない。

第5章

薩摩藩における男色の系譜
——「兵児二才《へこにせ》」制と学校文化

はじめに

寺門静軒《てらかどせいけん》の『江戸繁昌記』は、江戸時代後期、爛熟の江戸の都市習俗を活写し、その後に流行する「繁昌記もの」の元祖になった作品だが、その第二篇（一八三四年〈天保五〉）神明《しんめい》の章に、陰間茶屋の客として薩摩藩の勤番武士が出てくる。

「芝神明前」は日本橋堺町・葺屋町、湯島天神町と並ぶ江戸における陰間茶屋の三大集中地の一つで、高輪にある薩摩藩邸と程近く、男色好きの薩摩藩士はよく通っていた。ただ、高輪から芝の陰間茶屋に向かうのは武士階層で、中間や小者は逆方向の品川宿の宿場女郎（飯盛女）に通っていたようだ。

『江戸繁昌記』の原文は俗体の漢文なので、現代語訳しながらみてみよう。

藩主に従って国元に帰らなければならない勤番武士が馴染みの陰間に懇切に語り掛ける。

「このたびかねての約束を破らざるを得なくなった。引き続いて義兄弟でいることができない。帰国しなければならないのだ。短くてもよいから手紙をくれ。たとえ国元にビイドロを逆さにしたような首筋がほっそりして透き通るように色が白い美しい女がいたとしても、決してお前の美貌と見替えるようなことはしない。来年、任務が交代すれば、きっと戻ってくる。その時は薩摩上布を土産に包んでこようか、それとも墨と筆がいいか、名高い国分の煙草か、茶か、国の産物はいろいろある。お前が欲しいものを持参しよう」

それに対して、陰間は、心中冷笑しながら思う(以下、やや意訳)。

「ふん、声も悪いし言ってることも煩わしい。そんなこと聞きたくもないわ。今のことで手いっぱいで、来年のことなんて知ったこっちゃないの。欲しいのはね、お金だけよ、お金!」

純朴な薩摩藩士の誠意も、すれっからしの江戸の陰間からしたら野暮の骨頂で、かわいそうなくらい相手にされていない。芝神明の陰間茶屋では田舎者の薩摩藩士は常客ではあっても上客ではなかったようだ。

一八世紀後半、元号で言えば延享・宝暦(一七四四~六四)から明和・天明(一七六四~八九)まで全盛を誇った江戸の陰間茶屋は、その後、徐々に衰えていき、文化・文政(一八〇四~三〇)はまだ余韻を保っていたものの、天保(一八三〇~四四)になるとあきらかに衰退していた。

静軒がこうした情景を記したのは、薩摩武士の野暮天ぶりを嘲笑する意味とともに、男色習俗が衰退する中で、なお強く男色好みを示す薩摩武士の特異性を話のネタとして記録したのではなかったか。

この章では、江戸でも知られた薩摩藩の男色文化とその後の影響について考えてみたい。

1　薩摩藩の「兵児二才」制

薩摩藩は、薩摩・大隅の両国に加え日向南西部（鹿児島県全域と宮崎県の一部）を領域とする表高七二万九〇〇〇石の大藩である。藩主島津家は、鎌倉時代初期に薩摩・大隅・日向の守護に任ぜられて以来、連綿とこの地を治めていて、他国には見られない特異な制度や習俗が残存していた。たとえば、薩摩藩の統治システムは、領内を一〇〇以上の「外城《とじょう》＝郷《ごう》」に分けて、兵農が一体化した屯田制度だった。他の地域では、一六世紀末〜一七世紀初頭の豊臣政権〜徳川政権初期に進んだ兵農分離が、薩摩藩では徹底していなかった。したがって、他藩に比べて武士層が厚く、しかも城下町に集住していない中世的な様相を保っていた。

その郷中《ごじゅう》教育のための青少年組織が「兵児二才《へこにせ》」組である。「兵児」は武士層のこと、「二才」は、現代でも「青二才《あおにさい》」という言葉が残っているように青年男性のことである。

この武士層限定の青少年組織は、二才《にせ》と呼ばれる元服してから妻帯するまでの青年と、稚児《ちご》と呼ばれる六、七歳から十四、五歳までの元服前の少年とで構成されていた。稚児は一〇歳までを「小稚《こ》児」、それ以上を「長《おさ》稚児」と呼んだ。二才の年齢は、十四、五歳から二十四、五歳くらいだった。

鹿児島県南さつま市加世田《かせだ》にある武田神社で毎年の夏祭り（七月二三日）に奉納される「士踊り《さむれおど》」は、「日新公《にっしんこう》」（島津忠良、一四九二〜一五六八）の創始と伝えられ、青年男性による勇壮な「二才踊り」と、少年（現在は小学生男児）による可愛らしい「稚児踊り」が行われる。二才と稚児、この行事こそ、薩摩藩特有の兵児二才組の名残を今に伝えている。

しかし、兵児二才組が青少年の教育組織として機能していた時代の文献は乏しく、慶長元年（一五九六）の年紀をもつ「二才咄格式定目《にせばなし》」からその目的や規約などがうかがえる程度である。

そうした中、明治以降、急速に解体していった兵児二才組の姿を解明し、広く世に知らしめたのが、歴史・神話学者の三品彰英《みしなしょうえい》（一九〇二〜七一）だった。三品は一九三四年に鹿児島各地の実地調査を行い、古老からの聞き取りなどから兵児二才組の在り様を民俗学的な手法で再現し、兵児二才制として位置づけた。私が兵児二才制を知り関心をもったのも、三品先生の著書によってだった。

兵児二才制にはいくつかの特色がある。第一に「兵児」と呼ばれるように武士階層の青少年のみによって構成され、有事には即座に戦闘集団に転換する集団だったこと。第二に男性のみのホモソーシャルな組織であり、強い女性嫌悪（ミソジニー）を伴っていたこと。そして、第三に郷中の名門の嫡男で一〇歳から一二歳までの、特に美貌の少年を選んで「稚児様」「執持稚児《とりもちちご》」（特別に世話をする稚児）として奉戴し、出水《いずみ》兵児のように執持稚児を藩主に擬して日夜奉仕する習俗を持っていたことである。

第一の戦闘集団としての性格は、日常から武芸の習練が重視され、遠方の寺社への集団参詣による体力養成などが年中行事として行われていたことからうかがえる。平時の青年組織が有事の戦闘組織に転化する点で、古代ギリシャのスパルタや古代朝鮮・新羅の花郎《ファラン》集団に似ている。

第二の女性嫌悪については、女性と性的関係をもたないことはもちろん、会話することもタブーとされた。さらに東郷重資の『薩藩士風考』（一九一一年〈明治四四〉）に、「路上女子ニ逢ハバ穢《けがれ》ノ身ニ及バンコトヲ恐レテ途ヲ避ケテ通ル」と記されているように、女性を穢れとみなしていた。そうした女性を嫌悪する傾向は、他藩の武士階層にもあり、儒教教育に由来するものと考えられるが、薩摩藩のそれはより強烈で、根深いものがあるように思う。

第三の美貌の少年を選んで擬制主君的に奉仕する形態については、「稚児様」が出かけるときは、美しい振袖を着せて傘を差し掛け（貴人の象徴）、数多くの兵児二才が護衛し、夜はその門に不寝番が立って警護したという記述がある（『薩摩見聞記』）。また、朝鮮史の研究者である三品は、この点についても新羅の花郎集団との類似性を指摘している。

さて、私の関心は、兵児二才制が男色行為を伴ったかという点にある。極端な女性嫌悪・排除の男性集団に男色文化が伴うことは、かなり必然的に想定されるが、確実な文献史料は多いとは言えない。その中で、江戸時代後期の文人大名松浦《まつら》静山《せいざん》（一七六〇～一八四一）の随筆『甲子夜話《かっしやわ》』は、薩摩兵児組の習俗として「婦女を禁るは斯《か》くの如しと雖ども、男色を求め、美少年に随従し、殆《ほとん》ど主人の如し」（正編一八巻の二七）と記している。同時代のしかも同じ九州の大名（肥前平戸藩主）の記録だけに信憑性が高い。また、古老の聞き取り調査をした三品は「二才衆と稚児衆との間に男色関係が存在したことはかなり顕著なこと」と語り、男色関係の存在を肯定している。

さらに、今に伝わる「薩摩兵児謡《うた》」の中に男色行為（肛門性交）を示すものがいくつかある。

たとえば「なんの年」。

稚児さん　稚児さん、何の歳　何の歳
わしかいな　二才さん乗しゃぐる馬の歳
こっちゃ　いつでも　おじゃんせ　乗せてやる
アッチャヤエー　コッチャヤエー

二才さん　二才さん、何の歳　何の歳
わしかいな　稚児さん突きゃぐる牛の歳
こっちゃ　いつでも　おじゃんせ　突いてやる
アッチャヤエー　コッチャヤエー

二才と稚児が年齢を問いかけあう設定だが、その内容がすごい。稚児が言う「乗せる」は肛門性交で受動側になること、二才が言う「突く」は同じく能動側になることを意味している。とりわけ「突く」は薩摩（鹿児島）における男色行為のキーワードである。

また「稚児出《で》れ」の二番。

吉野原《よしのはい》の二才さん達《たあちゃ》なあ　八つにならん稚児さまを
降《くん》り坂《だ》いすぼはせて　大砲小砲をうっこんだや
あんまいの痛さになあ　目白《はなし》んめんづをつまん殺《こ》れた
アイタヨーナ　これも稚児さんの御縁かな

これは吉野原（現：鹿児島市の北東部）の二才たちが、八歳の稚児を下り坂に据えて（尻が突き出す姿勢になる）集団でレイプ（強鶏姦）する様を歌っている。

問題は、これらの「兵児謡」がいつから歌われていたものなのかだ。この謡が収録されている書籍には「昔からあったらしく」と解説されているが、不明確である〔鹿児島市学舎連合会 1970〕。「兵児謡」が江戸時代から歌い継がれてきたものならば、兵児二才制にともなう男色習俗の証拠になるのだが……。

薩摩（鹿児島県）の男色習俗については、むしろ明治時代になってからの文献に指摘が多い。たとえば、一八七二年（明治五）九月の『新聞雑誌』六一号には「近日鹿児島県ヨリ帰リシ人ノ話ニ、同県管下ハ旧来男色ノ悪弊アリシガ、近時ハソノ風稍《やや》衰ヘタリ。ヨツテ妓楼ヲ設ケンコトヲ企ツル者コレアル由」と記されている。

鹿児島県では、旧来の男色文化が衰退し、遊廓（女色）設置の気運が出てきているという話で、明治五年の時点であることを考えれば、「旧来」が藩政時代を指すことは明らかだ。こうした変化が起こったのは、明治維新の立役者となった男色好きの薩摩士族の多くが東京に進出・移住して手薄になり、その分、女色好きの平民の意向が相対的に強まったからだろう。

また、『朝野新聞』一八八六年（明治一九）六月二四日には「隼人の薩摩男は男子相愛するの情、女子と更に異ならず」とある。ただし、女性を穢れとみなす薩摩兵児としては、男子を愛することを女子のそれと同一視されることは、まったく心外だったと思う。

さらに、先にも参照した本富《ほんぶ》安四《やすし》郎《ろう》の『薩摩見聞記』（一八九八年（明治三一））には、「美少年の事は是れ封建時代の蛮風にして、固《もと》より醜事に属す。去《さ》れども人慾遂に全く防止する能《あた》はず」とあり、「美少年の事」つまり男色が広く行われていたことが記されている。男色は「士気を維持」するため「暗に之を奨励」し、したがって「薩摩の社会」では、男色のことを「父兄の前に談話して人異《あやし》まず」、つまり、公然、常態であったという。文中に男色を「蛮風」「醜事」とするのは、明治近代人である本富の認識であり、少なくとも薩摩士族はそう思っていない。その上で、男色の風が「近年次第に衰ふるは喜ぶべき事なれども、其反動として青年者漸く女色に傾き、遊惰柔弱の輩《はい》次第に生じ来るに至ては深く歎ぜざるべからず」と、男色の衰退と女色への傾斜を指摘している。

ちなみに、本富安四郎（一八六五〜一九一二）は、越後・長岡藩の武家出身の教育者で、後に山本五《い》十《そ》六《ろく》連合艦隊司令長官の小学校時代の師になった人。一八八九年（明治二二）に小学校教員として鹿児島県に赴任し、一八九二年(明治二五)に辞職して上京するまでの間に見聞した薩摩の習俗・風土を記録し、一八九八年に『薩摩見聞記』として刊行した。極端な秘密主義で、領国内の状況を外部に伝えることがなかった薩摩藩の事情を知る上で貴重な文献である。

いささか隔靴《かっか》掻痒《そうよう》の感があるが、やはり薩摩藩の「兵児二才」制には男色文化が伴っていたと思われる。

ただ、ひとつ気になる点がある。それは「薩摩兵児謡」に歌われている集団レイプ(強鶏姦)の形態だ。江戸時代中期までは、かなり一般的だった武士階層における男色文化「衆道《しゅどう》」は、年長男性(念者)と少年(念弟)の一対一のモノガミックな性愛関係だった。両者の関係は肉体的なものにとどまらず精神的な結合も重視された。同じ男色であっても、集団強鶏姦のような暴力的でポリガミックな形態とは対極的である。「薩摩兵児歌」の在り様が、江戸時代まで遡るものかは確定できないが、こうした形態が薩摩(鹿児島)の男色文化に存在したことに留意しておきたい。

2　明治時代の男色習俗と学校文化

一八七三年(明治六)六月一三日に布告された「改定律例」(七月一〇日施行)には、男色行為の抑止を意図して鶏姦(肛門性交)処罰規定が設けられた。

「改定律例」第二六六条

凡、鶏姦スル者ハ各懲役九十日。華士族ハ破廉恥甚ヲ以テ論ス。其姦セラルル幼童十五歳以下ノ者ハ坐セス。若シ強姦スル者ハ懲役十年。未タ成ラサル者ハ一等ヲ減ス。

この「鶏姦律」は、肛門性交を法的に禁止し、犯罪化した日本最初の法律で、制定のきっかけは白川県(現：熊本県北部)からの要請だった。具体的には、当時、南九州(熊本・鹿児島県など)の学校や私塾で盛んに行われ、問題視されていた学生間の男色行為、つまり年長の先輩が年少の後輩の肛門を犯す風習を抑止するためだった。

違反者への刑罰は懲役九〇日と規定された。注目すべきは強鶏姦の規定があることで、懲役一〇年の重罪だった。

ちなみに、この規定は、肛門性交を背教行為とするキリスト教の影響とみる説もあるが、実際には清律の「ケイ姦」条を継受したものと考えられる。この「ケイ」の字は、「田」の下に「女」と書く字で、「男をもって女となす」という意である〔古川 2004〕。この「ケイ」の字を同音(音通)の「鶏」に置き換えたのが「鶏姦」である。数多い「ケイ」音の漢字から「鶏」を当てたのは、牝鶏は生殖口と排泄口が同じだからだろう。

取り締まる側の警官に薩摩出身者が多かったこともあるのか、鶏姦律によって摘発された事例は全国で年に一～六件といたって少なかった〔霞 1985〕。

そして、一八八二年(明治一五)の明治刑法には継承されず、その発布によって失効したので、現行法として機能したのはわずか九年だった。これは鶏姦問題が解決したわけではなく、法律顧問のフランス人ボアソナードが、こんなこと（肛門性交の禁止）をわざわざ法律の条文として掲載するのは「不体裁である」と主張したためだった。そこにはキリスト教徒にとっては法律以前の悪徳という認識が見える。

明治の文明開化にともない学校教育が普及するにつれて、肛門性交をともなう男色行為が広まり問題化したことは間違いない。そして、学生の男色問題はその後も継続していく〔前川 2011〕。

鶏姦律が失効した直後に登場するのが『三五郎物語（賤のおだまき）』である。薩摩の「庄内の乱」（一五九九年）を舞台にした薩摩藩士吉田大蔵清家と同藩の「容色無双」の若衆平田三五郎宗次の恋物語であり、江戸時代末期の成立で、著者は不明（薩摩藩の女性という説がある）だが、一八八四年（明治一七）に『自由燈《じゆうのともしび》』という新聞に連載されて人気に火が付いた。

三五郎は琵琶歌「形見の桜」の主人公であり、『薩摩見聞記』には「彼の著名なる『賤のおだまき』の如きは、彼等が以て金文《きんもん》の聖書となす所、座頭《ざつ》、琵琶を弾じて平田三五郎の名を呼ぶに至ては、聴者皆一斉に「チェーストー」を叫ばざるなし」と記されている。「チェーストー」とは薩摩方言で激励の意味の掛け声である。

『賤のおだまき』は、薩摩だけでなく明治期の硬派青年の愛読書であり、田岡嶺雲『数奇伝《さっきでん》』に「男色道の一経典」とあるように、また坪内逍遥『当世書生気質』、巖谷小波《いわやさざなみ》『五月鯉《さつきごい》』、内田魯庵『社会百面相』などに登場するように硬派の「性典」だった。ちなみに、ここでいう「硬派」は男色好きとほぼ同義である。

こうして明治初期に学校文化と男色文化が結合し、硬派の青年たちが数多く集う学校は男色文化の一大拠点になっていく。

3　東京における少年拉致・強鶏姦事件の頻発

明治時代中期、一八九三年（明治二六）頃から一九〇九年（明治四二）頃まで、新聞紙上に、少年が拉致され強鶏姦（強制的な肛門性交）される事件がしばしば見られるようになる。

いくつか例をあげよう。

一八九三年（明治二六）、芝区（現：港区）三田在住の一四歳の美少年が、一七〜一九歳の青年に執心されたあげく、ある夕べ、拉致されて無理やり薩摩原《さつまっぱら》に連れ込まれそうになったが、通行人が見とがめて未遂に終わった（『万朝報』明治二六年一二月九日）。薩摩原というのは、薩摩藩上屋敷があった場所で、現在の慶応義塾大学三田キャンパスに近い。

一八九七年（明治三〇）、日本橋区（現：中央区）呉服橋際の草原から泣き叫びながら助けを求める声があり、通行人が駆けつけると、二〇歳前後の書生三人が逃げ出し、一五歳の少年が残されていた。無理やり草原に連れ込まれ、「奇怪の挙動」をされたとのこと（『万朝報』明治三〇年一〇月一三日）。「奇怪の挙動」とは、おそらく鶏姦だろう。

一九〇三年（明治三六）、麹町区（現：千代田区）永楽町の原に、一六歳の少年を連れ込もうとしていた男が駆けつけた巡査に逮捕された。男は高知県士族で正則英語学校（正則学園高等学校の前身、所在地は神田錦町）の学生（二四歳）だった（『万朝報』明治三六年一〇月一三日）。麴町区永楽町は、現在では丸の内のオフィス街や東京駅になっているあたりの原っぱで、ここも男色学生にとっては格好の「狩場」だった。このように、当時、東京の各所にあった「原」は少年にとっての危険地帯だった。

また、この時期、各種の学校は、麴町区や牛込区（現：新宿区東部）の神楽坂上など、台地の上にあった武家屋敷の跡地に多く設けられた。一方、町家は台地の下の低地に多かった。その結果、台地上の学校に通う硬派の学生（多くは士族）が平民の美少年に目をつけ、「坂」で強鶏姦に及ぶという犯行パターンがあった。「坂」もまた少年にとっての危険地帯だった〔古川 2015〕。

たとえば、一九〇〇年（明治三三）二月九日夜、烏丸伯爵家で書生をしている一七歳の少年を、神楽坂で目にとめた男が尾行し、牛込区西五軒町の人通りの少ない路上で電柱に押し付けて強鶏姦しようとする事件が起こった。たまたま警邏《けいら》中の巡査に逮捕された一九歳の男は成城学校（成城中学・高等学校の前身、所在地は牛込原町）の生徒だった（『二六新報』明治三三年二月一二日）。

この事件を伝える記事の冒頭には「悪書生の団体なる白袴隊《びゃっこたい》は何時も怪しからぬ迷惑を掛ける事なるが」という前振りがある。この「白袴隊」とは、戊辰戦争の悲劇として知られる会津「白虎隊」ではなく、一八九九年（明治三二）前後、白い袴を共通アイテムとして東京で活動した不良男色学生・書生の集団であり、しばしば、市中で少年を拉致・強鶏姦する事件を起こした。

たとえば、一八九九年（明治三二）三月、海軍予備学校の生徒で白袴隊員である二人の青年が、学校から帰宅途中の少年三人に声をかけ、そのうちの一人を口説いたが断られた。すると、青年たちは少年を力ずくで路地に連れ込み鶏姦しようとしたが、残り二人の少年が騒いだので未遂に終わるという事件があった。現場は東京の麹町区山元町（現：千代田区麹町）で、発生時刻は午後二時ごろ。白昼、皇居の半蔵門に程近い住宅地で強鶏姦を企てるとは、なんとも大胆、傍若無人な行動である。

先述の華族の書生少年をレイプしようとした学生が「白袴隊」の一員だったかははっきりしないが、同類とみなされたのだろう。

この時期の少年拉致・強鶏姦事件の頻発は、組織的とまではいかないまでも、偶発的なものではなく、あきらかな流行現象であり、社会現象だった。したがって、当時のメディア（新聞）は、この現象を批判的に取り上げている。とりわけ『万朝報《よろずちょうほう》』は、強鶏姦事件を数多く取り上げ、「反鶏姦キャンペーン」的な姿勢が明確である。この点については、「鶏姦」＝薩摩イメージが薩摩閥への攻撃に利用されたという指摘がある〔古川 2010〕。

政治的な思惑はともかく、この時期、東京の息子をもつ親は、娘をもつ親と同様に、息子が外出先で襲われないか、心配しなければならなかった。「堕落学生が徘徊し、少年を鶏姦して歩く」ので「少年を持てる父兄は注意されるべし」という警告が新聞に掲載されるほどだった（『東京日の出新聞』明治四〇年五月一三日）。

そうした少年の親たちを恐怖のどん底に落としたのが、一九〇二年（明治三五）三月の「麹町少年臀肉《でんにく》切り事件」だった。二七日、麹町区二番町で銭湯帰りの少年が拉致・殺害され、臀部の肉を切り取られるという凄惨な事件が起こる。捜査の結果、容疑者として、鹿児島出身の二二歳の硬派不良学生が逮捕される。世の多くの人は「やはり薩摩か……」と思ったことだろう。しかし、その後、真犯人・野口男三郎《おさぶろう》が逮捕され、薩摩出身の学生は「濡れ衣」(冤罪)だったことが確定する〔古川 2010〕。

実際には、明治中期に東京で頻発した少年強鶏姦事件で、知られる限り、加害者が薩摩人であると特定されたケースは知られていない。にもかかわらず、新聞報道やこの冤罪事件などによって、強鶏姦=薩摩のイメージが固定化されていった。

たとえば、一八九八年(明治三一)二月一三日の『東京朝日新聞』は、「近時学生間には往々右に該当する猥褻の所為を為すものあり教育上の害は言ふまでもなく、国体を汚すものなれば、今後右の犯罪者ある時には重きに従って処断する事となりし由なれば、薩蛮風を好む徒は宜しく注意すべきなり」と、学生が若年者を鶏姦の対象とする流行を論難している。

注目すべきは、若年者への強鶏姦の流行を「薩蛮風」と表現していることだ。「強鶏姦の本場は薩摩」的なイメージがメディアによって固定化されていることがはっきりわかる。

この時代に少年時代を送った谷崎潤一郎(一八八六〜一九六五)は「日清戦争(一八九四年)からこの方、急に美少年趣味が盛んになって、「ニセさん」だの「ヨカチゴ」だのという薩摩言葉が、東京でも用いられるようになっていた」と、美少年趣味の隆盛と、それに関する薩摩言葉の流行を述べている〔谷崎 1957〕。

また、二つ年下の里見弴《とん》（一八八八～一九八三）も同様で、学習院中等学科の頃のこととして「その道（男色）の言葉で「ちごさん」なるべき私（里見弴）の方から「にせさん」なるべき志賀君（志賀直哉、一八八三～一九七一）に思ひをよせてゐた時代があるのだ」と、薩摩藩の「二才」「稚児」という言葉を使っている〔里見 1938〕。里見の学習院中等科への入学は一九〇〇年（明治三三）なので、まさに薩摩＝男色＝鶏姦のイメージが形成された時期に当たる。

4　鹿児島における実態

さて、東京で薩摩＝男色イメージが形成・固定化された後、鹿児島県の実態はどうだったのだろう。

「（中学校の）運動会をみると「二才児競争《にせちご》」というのがある。五年級位の大の男が五、六名、各一、二年級の美少年の手を引いて競争するので、先生も生徒も拍手大喝采しておられるのには驚かされた」〔川出 1972〕

これは旧制・第七高等学校（現：鹿児島大学）の教授（国文学）で歌人の川出麻須美（一八八四～一九六七）の思い出である。川出の七高在職は、一九二一～四四年（大正一〇～昭和一九）なので、おそらく大正末期の状況だろう。鹿児島の（旧制）中学校の運動会に二才と稚児の伝統がしっかり受け継がれていたことがわかる。その様子はほほえましいと言えなくもないが、異郷人（愛知県生）である川出の目にはかなり異様に写ったようだ。

時期は前後するが、鹿児島における二才・稚児の伝統を詳細かつあからさまに記録しているのが、きだみのるの『人生逃亡者の記録』である〔きだ 1972，礫川 2003〕。きだみのる（一八九五〜一九七五）は、鹿児島県奄美大島出身の評論家・翻訳家で、小学校四年を終えて（旧制）鹿児島第一中学校に入学しているので、一九〇六年（明治三九）頃の話である。いささか長くなるが、当時の鹿児島の青少年の性行動を記した貴重な記録であり、該当部分の全文を三つに分けて引用しよう。

① おまい（私）が（鹿児島）一中にはいった年、尻突きの名で呼ばれる青年の射精法は禁止になり、中学生でこの嗜癖を実行したものは退学になることに決まった。理由はこの習慣は少年の体格を悪くし、陸海軍の学校の学科試験に及第しても体格検査で落とされる者が多くあったからだ。

それでもおまいたち（私たち）は知っていた。寄宿舎で夜半、少年たちの「堪忍つしゃったもし」と悲鳴が長い間聞かれたことを。それはこの声が他の〝ニセどん（青年）〟を呼び集めるからだった。

名前は忘れたが、一人の少年が巨根のセンぺどんに捕まり、少年は苦しさに耐えず、センぺどんから逃れようと八畳の間を三回り這いずり回りやっせえ、やっとセンぺどんが降りっくいやったと、というような物すごい話もあって、少年たちの胆を冷やしていた。

肛門性交を「尻突き」と呼んでいる。第1節で紹介した「兵児謡」で肛門性交の能動を意味する「突く」がそのまま継承されている。同じ肛門性交をすることを意味する「乗る」は出てこないが、行為を止めることを意味する「降り」るが出てくる。

また「尻突き」を好む青年を「センぺどん」と呼んでいることも注目される。「仙平さん」という「兵児謡」があり、注釈に「仙平さんは、上町の伊藤ドンの四、五代前の祖先とかのことだが、当時、鹿児島城下で豪の者といったら、伊藤仙平と近隣に鳴り響いていた」とある〔鹿児島市学舎連合会1970〕。「センぺどん」は伊藤仙平という江戸時代後期の実在の人物で、「尻突き」好きとしてイメージされていた。ここにも兵児二才制以来の知識の継承が見られる。

「尻突き」の風習は、一九〇六年に学内規則で禁止されたようだが、現実には止むことなく、寄宿舎内での青年たちの性欲の暴力的な発散が日常化していたことがわかる。

② スワン筋におまいの家のある屋敷の西隣は、三反歩ばかり空地になり、畑になっていた。筋を隔てたその向かいに大きな屋敷があった。(中略)この大邸宅には庭の端に離れがあった。(中略)蓑田というおまいの同級生が借りて下宿していた。これは小柄な可愛い学生だったが、彼はかげでは、スワン筋の〝安売り〟と呼ばれていた。

尻突き好きはセンぺと呼ばれて少年たちに警戒され、尻突きのアクチブなほうは〝ニセ〟、パッシブのほうは〝チゴ〟と呼ばれ、普通だとニセはチゴを他の思慕者から守り、チゴも他のニセに突かせないのが原則である。安売りと呼ばれたのはたやすく誰にでも突かせるイージー・モラルの少年という意味だ。

寄宿舎における強鶏姦の行為とは逆に、学外に下宿し「たやすく誰にでも突かせる」「安売り」と呼ばれる少年もいた。きだが「尻突きのアクチブなほうは〝ニセ〟、パッシブのほうは〝チゴ〟」と、ニセとチゴを肛門性交の能動・受動で規定しているのも興味深い。兵児二才制における教育的な側面は失われ、単なる性的な役割として認識されている。また二才と稚児との一対一のモノガミーな庇護関係に反する、ポリガミーな性的関係を「イージー・モラル」と批判している。

③　おまいのクラスの級長は地方出の少年だったが、ある夜、担がれて甲突川《こうつきがわ》の堤で十六人に尻を突かれたと噂された。一週間後彼は学校に出て来た。不運なこの学友の顔色は青かった。頬の肉は落ちていた。

このような不運な目にあうのは県下の田舎の高等小学校から来ている者だ。おまいもそんな目にあいかけたが、没落士族の俥夫のお蔭で助かった。

ある生徒(少年)が同世代の少年に担がれて、鹿児島市内を流れる甲突川の堤に連れていかれ、一六人に「尻を突かれた」こと、集団強鶏姦の被害に遭った少年は、心身のダメージで、学校を一週間も休むことになったことが記されていて衝撃的だ。

強鶏姦の場合、被害者は精神的なダメージだけでなく、ほとんどの場合、肛門裂傷を負うことになる。排便の際に激痛をともなうので、それを避けるため食事を減らす。顔色が悪くなりげっそり痩せるのも当然だ。さらに直腸の粘膜は女性の膣粘膜より脆弱《ぜいじゃく》なので、乱暴かつ頻回の挿入行為で直腸粘膜が傷つき、細菌感染して直腸膿瘍《のうよう》を起こすこともある。抗生物質がない時代には、治癒に時間がかかった。

こうなると「伝統」を継承した社会慣習というより、悪質な集団性暴力である。さらに、きだが「不運な目にあうのは県下の田舎の高等小学校から来ている者」と言っているように、他所者に対する「いじめ」の要素もうかがえる。

ちなみに、倬夫のお蔭で「突かれる」ことをまぬがれたきだだが、「おまいの最初の尻突きの経験は、それから二年後二つ年下のポッチャリした男の子相手だった」と、上級生になると「突く」側に回っている。ここにも年齢階梯制が機能していることがみてとれる。

集団強鶏姦の犯罪性は、当時においても認識されていた。先に紹介した一八九八年（明治三一）二月一三日の『東京朝日新聞』は、「改訂律例」には鶏姦律の規定があったが、現行刑法にはその規定がないこと、ただし刑法第三四六条及び同七条に「十二歳以下の男女に対して暴行強迫を以て猥褻の所業を為したる者は一ヶ月以上一年以下の重禁錮に処し」云々という文言があることを紹介し、これを鶏姦にも適用すべきである、と主張している。

それから二二年後の一九二〇年(大正九)八月、鹿児島で「当地某高官の令息某」に対する集団暴行事件が起こり、被害者が社会的地位のある「高官の令息」ということで警察沙汰になった。加害学生一一名のうち、二名が「単に傷害罪として」起訴され、残る九名は起訴猶予となった。しかし、検事局は学生一一名の父兄と所属中学校の校長を呼び出し、「今回の如き行為は厳格なる解釈を以て臨めば刑法上の猥褻罪に相当する重罪である」と厳重な注意を与えた(『鹿児島新聞』一九二〇年八月二八日)。「猥褻罪」の適用が考慮されたことから、単なる集団暴行ではなく集団強鶏姦事件であったと推定される〔礫川 2003〕。

薩摩藩の兵児二才制の中で、二才と稚児との精神的な紐帯、庇護関係、さらには教育的機能をともなって行われた男色行為と、明治〜大正期の学校文化の中で青年の性欲のはけ口として行われた男色行為(時には集団強鶏姦も)とは、かなり異質である。

一つの仮説として、前者の形態が明治初期に士族の東京移住・西南戦争の敗北(一八七七年)など、鹿児島における士族の影響力の低下とともに衰退する一方、後者の形態は学校(男子校)文化の一つとなり、全国へ展開し、鹿児島においても変質、再生した、と考えられる。男色行為が精神性の衰退から単なる性欲処理に堕していくという図式だ。さらには梅棹忠夫が説く「侍《さむらい》ゼーション」(明治期に学校教育の普及による武士の倫理が一般化していく現象。第１章参照)の性的な側面と見ることができるかもしれない。

しかし、そうしたきれいな変容理論で説明してしまってよいものか、私はいささかためらいを覚える。なぜなら、第1節で紹介した集団レイプ（集団強鶏姦）を唄った「薩摩兵児謡」の存在があるからだ。あれが藩政時代まで遡るものだとしたら、兵児二才制の段階で、すでに集団強鶏姦のような暴力性が伴っていて、それが明治期以降にまで連綿と受け継がれていたことになる。そうであるなら、ホモソーシャルな集団における男性の性行動の暴力性が浮かび上がり、いっそうやりきれない気持ちになる。

おわりに

この論考は、二〇一九年一〇月に鹿児島市で開催された「第三九回日本性科学会学術集会」での講演がベースになっている。その講演の前夜の懇親会で、「シンポジウム2　歴史の中のLGBT」の座長をつとめる針間克己医師（精神科医：はりまメンタルクリニック院長、私の主治医）から思いがけない話をうかがった。

「僕が高校のころまであったよ」

針間医師は、鹿児島の中高一貫の私立男子校（全寮制）の出身だが、高校三年の秋にある生徒が同級生にレイプされる事件が起こり、被害者の生徒は精神的ダメージから退学してしまったという話だった。

直接的ではないにしろ、薩摩藩の二才・稚児の男色行為の伝統は、鹿児島県の私立の男子校で少なくとも一九八〇年代前半まで残っていたことになる。

一方、私と同じシンポジウムで「薩摩の士族・男性と女性、男性と男性の関係について」という講演をした東川隆太郎氏（特定非営利活動法人まちづくり地域フォーラム・かごしま探検の会代表理事）は、二〇一八年のＮＨＫ大河ドラマ「西郷《せご》どん」で西郷隆盛と僧・月照の男色シーンが放送された後に「西郷どん、そげんこっはせん！」という抗議がテレビ局、原作者（林真理子）、さらには資料取材協力の東川氏にまで多数寄せられたことを紹介した。現在の鹿児島県では、薩摩藩以来の男色の伝統はすっかり忘れられている（なかったことになっている）という話だった。

ここで述べた薩摩（鹿児島）における男色文化の事例から、「鹿児島では男性同性愛が盛んだった」と言うのは、明らかな誤りである。男色＝男性同性愛ではないからだ。

しかし、強い女性嫌悪（ミソジニー）や年齢階梯制など、薩摩的な男色文化の要素は、戦後の男性同性愛文化に明らかに影響を与えている。一例をあげれば、一九六〇年代の男性同性愛小説には、薩摩特有の名字の人物がしばしば登場する。たとえば「伊集院」とか。そうした薩摩イメージがどのように変容して現代のゲイカルチャーに至るのか、そのプロセスを、もっと精緻に明らかにしていく必要があるだろう。

第6章
説話の中の性別越境
──江戸相撲、強豪力士は女だった？

はじめに

二〇一〇年、都留文科大学の「ジェンダー研究I」の講義をお引き受けした時、自分の専門であるトランスジェンダー（性別越境）についてはできるだけ話をしないことにした。トランスジェンダーについて語ると、どうしても専門的になり過ぎてしまう。もっと身近なテーマからジェンダーとセクシュアリティについて語った方が学生さんに興味を持ってもらえると思ったからだ。ところが、最初の講義のリアクション・コメントに「先生の専門の話も聞きたい」「トランスジェンダーに興味がある」という意見が意外に多かった。そこで講義予定を変更して二コマだけ「トランスジェンダーと社会」というテーマで話をすることにした。

二〇一一年度の「トランスジェンダーと社会」の講義の後、一人の女子学生が質問に来た。

「私、鹿児島の出水《いずみ》という所の出身なのですが、江戸時代に地元出身のお相撲さんがいて……」

「関脇出水川ですか？」

「はい、そうです。どうしてご存知なのですか?」

「まあ、ちょっと……、それで出水川がどうしました?」

彼女が教えてくれたのは、こんな話だった。江戸時代に出水川という強い力士がいた。ところが伊達ヶ関《だてせき》という力士にどうしても勝てない。なんとかして勝ちたいと思い神仏に祈ると、夢の中に観音さまが出てきて「伊達ヶ関は実は女である。だから前みつ(相手の前まわし)を強く引きつければ勝てるだろう」と教えてくれた。次の場所、出水川が教えられた通りにすると、初めて伊達ヶ関に勝てた。

「そのお礼に奉納した石燈籠が今も地元の神社にあるのです。これもトランスジェンダーと関係する話でしょうか?」

「トランスジェンダーの要素だけでなく、いろいろな意味で興味深い説話ですね。できれば、なにか文字になったものがあるといいのですが?」

「はい、探してみます」

全国から学生が集まる都留文科大学で講義をしていて楽しかった(二〇二一年度で退任)のは、こうして日本各地の話がいろいろ聞けることである。以下に述べることはそうした学生さんが提供してくれた情報に考察を加えたものである。

1　出水市加紫久利神社の石燈籠をめぐる説話

翌週の講義の後、彼女は出水郷土誌編集委員会編『出水の歴史と物語』（一九六七年）という分厚い本を貸してくれた。もしかすると郷里から取り寄せてくれたのかもしれない。ありがたいことである。

そこに記されている力士出水川の説話を、少し長くなるが要約しながら引用してみよう。

（出水川が）江戸相撲でも人気力士として鳴らしているころ、忽然《こつぜん》と出水川の前に立ちふさがり、その優勝をはばんだ力士があった。奥州から出てきた伊達ヶ関と名のる巨漢である。（中略）さすがの出水川も全く歯がたたず、伊達ヶ関の前には出水川の名も段々影がうすれはじめた。出水川は残念でたまらず、何とかして伊達ヶ関を破り名誉を挽回せんものと稽古に励んだが如何《いか》にせん。伊達ヶ関の体力、技量の前にはてんで問題にならないのであった。

ある年の冬、故郷米之津《こめのつ》に帰った出水川は神にすがってでも伊達ヶ関を破らねばと、近くの加紫久利《かしくり》神社に参籠し、二十一日間の断食をして祈願した。（中略）満願の夜が来た。出水川は精も魂も尽き果てたように目を閉じ、両手を合わせて下を向いていた。そのとき、目の前がぼんやりと金色に変った。と思う間もなくその真中が明るくなり、中から首に大蛇を巻いた神様が現われた。じっと彼の顔を見ていたが、やがてひびくような声で、「伊達ヶ関は男装するといえども、その実は女なり。立ち上るとき相手の前褌《まえみつ》をとるときは怯《ひる》むべし。その機をのがさず技をほどこすときは勝利疑いなかるべし」と申すのでハッと我に返って顔を上げ、目を開けば、今の明りも、大蛇を首に巻いた神の姿もなく、あたりは真暗でしんと静まり返っている。出水川は思うのだった。「これは単なる夢や迷いごとではない。必ず神さまが教えて下さったのだ。よしこれから江戸に乗り込み神さまのみ教えを守って必ず勝って見せる」と今までの心身の苦悩はどこかに吹き飛び、勇気凛々と湧き出してきた。そして御堂の前に両手をつき、「有難うございました。み教えに従い必ず伊達ヶ関を破り、ご恩に報います」と平伏した。

それから家に帰り、はじめ重湯から粥と、あと二十一日の食養生を守り、一ヶ月後には以前よりも丈夫な身体になって江戸に上った。明けて四月の本場所には伊達ヶ関と立ち合い、加紫久利神社のみ教えどおり立ち上るやいなや、相手の前褌をジッと取ったところ、そこは女体の悲しさ、腰をうしろに引いたので、ここぞと素早く踏み込み出水川流の早業で、ものの見事に投げ飛ばしたのである。溢れるばかりの観衆が一度にドッと拍手喝采、しばらくはそのどよめきで場内は崩れんばかりであった。それから出水川の名は再度盛り返し、日本六十余州に鳴り渡った。

文字（文献）に固定された説話ではなく、おそらく地元で語り伝えられた話なので、やや脚色が過ぎる部分もあるが、大筋は、強豪伊達ヶ関にどうしても勝てない出水川が加紫久利神社に参籠し、実は伊達ヶ関は女であることを神に教えられ、その弱点を衝いて見事に勝利するという話で、出水川が寄進した石燈籠の由来譚（縁起）になっている（以下、『出水の歴史と物語』に記録されている出水川寄進の石燈籠の由来譚を「説話」と記す）。ちなみにこの「説話」は、出水市教育委員会社会教育課編『出水の昔ばなし』（出水市教員委員会、一九八九年）、同『出水の文化財』（出水市教員委員会、一九九四年）などにも載っているが、いずれも、出水郷土誌編集委員会編『出水の歴史と物語』に拠っていると思われる。

出水川が参籠し伊達ヶ関の秘密と弱点を教えられた加紫久利神社は、鹿児島県出水市下鯖町に鎮座する古社で、主祭神は天照大神。奈良時代の創建と伝える。史料的には平安時代前期、『日本文徳天皇実録』仁寿元年（八五一）六月に「薩摩国賀紫久利神を官社に預らしむ」と見えるのが初見で、さらに『日本三代実録』貞観二年（八六〇）三月に「薩摩国従五位下加柴久利神に従五位上を加う」と見える。『延喜式』の神名帳に記された薩摩国の神社は二社だけで、穎娃《えい》郡の枚聞《ひらきき》神社と並んで「出水郡　加紫久利神社」と記されている、以後、前者が薩摩国一の宮、加紫久利神社が二の宮として歴代国司の奉幣を受けた。島津氏の治世になってからは薩摩の総社として尊ばれ、二一代（薩摩藩四代藩主）島津吉貴（一六七五〜一七四七）は社殿を改築して寺領六〇石を与えている。明治六年（一八七三）に県社となったが、同一〇年（一八七七）六月の「西南の役」で兵火にかかり社殿、神宝、古文書など灰燼《かいじん》に帰してしまった。その後、衰退・荒廃した時期もあったが、地元の人の手で再興され、現在の社殿は、昭和三六年（一九六一）の再建である。

ひとつ気になるのは、女子学生が教えてくれた話では、出水川に伊達ヶ関の秘密を告げたのは「観音さま」だった。それが「説話」では「首に大蛇を巻いた」神様になっている。これは、明治初年の神仏分離令の影響だろう。おそらく観音菩薩が「説話」の古い形で、それが神仏分離・廃仏毀釈の際に仏から神（加紫久利神社の主祭神である天照大神）へ書き換えられたのではないだろうか。観世音菩薩が天照大神の本地であるという本地垂迹説があるので両者の移行に問題はない。

神様が「首に大蛇を巻いた」姿であることについては、現代でこそ女神として認識されているアマテラスだが、中世以降、蛇身の男神とする説もかなり広まっていたことが影響していると思われる。たとえば、鎌倉時代後期に京の醍醐寺の僧、通海が著した『通海参詣記』（弘安九年〜正応元年〔一二八六〜八八〕頃の著述）には、伊勢の神官の言葉として「サテモ斎宮ハ皇太神宮ノ后宮ニ准給テ夜々御カヨヒ有ニ、斎宮ノ御衾ノ下へ、朝毎ニ蛇《クチナハ》ノイロコ（鱗）落侍ヘリナン」と、夜ごと斎宮のもとに通う皇大神が蛇身であることが示唆されている。

二〇一九年一〇月、鹿児島市で開催された「第三九回日本性科学会学術集会」に招かれた機会を

図6-1　出水川が寄進した石燈籠（2019年）

図6-2　出水川寄進の石燈籠の刻銘

利用して、加紫久利神社を訪れた。長い参道を進むと、神体山である加紫久利山を背にして社殿があり、その傍らに出水市の史跡に指定されている石燈籠が七基並んでいる。その中の一基(左端)が「説話」に関わる出水川が寄進した石燈籠(図6―1)で、竿石に「安永三年甲午八月吉日」「出水川定右衛門」と刻まれている(図6―2)。

ただ、石の質や全体のバランスからして、各部分(笠、火袋、中台、竿など)が本来の組み合わせでないことが素人目にも見て取れた(実は、私、素人ではないのだが)。他にも部位が足りない燈籠が四基ある。社務所でその疑問を尋ねると、宮司さんを呼んでくださり、幸いにも直接お話をうかがうことができた。

お話によると、鹿児島では明治初年の廃仏毀釈がことのほか激しく、加紫久利神社の参道に立ち並んでいた石燈籠のほとんどが(出水川が寄進したものも含め)打ち壊され埋められてしまった。後に発見された石燈籠の部材を、適宜組み合わせて復原したものが現状であると。ただ、出水川の名と「安永三年」(一七七四)の年紀が刻まれた竿石は間違いなく本物ということだった。

2　説話の検証

ここでは「説話」がどれほどの事実性をもっているのか、検証してみたい。まず、「説話」の主人公である力士出水川について確認しておこう。それには相撲史に踏み込まなければならない。

出水川《いずみがわ》貞《さだ》(定)右衛門《えもん》は、薩摩国出水郡米ノ津元町(現：鹿児島県出水市)の旅籠「絵島」に生まれた。

生年は不詳だが寛延年間(一七四八〜五一)頃と思われる。大阪相撲に入り飛火野のしこ名で関脇まで進み、ついで江戸相撲に移り、明和二年(一七六五)三月場所、東小結で初めて江戸の番付に載った。この場所、八戦七勝一分の好成績で江戸デビューを飾り、以来、明和から安永年間の長きにわたって、関脇、小結を務め、安永六年(一七七七)四月場所からは久留米藩(有馬氏)の抱えとなり、天津風定右衛門(もしくは雲右衛門)と名乗った。最後の番付は安永九年(一七八〇)三月場所(東前頭二枚目)だった。

最高位は東関脇、生涯成績は二一場所八三勝二二敗一九引分一〇預り四無勝負三三休で、幕内最高成績三回、生涯勝率は七割九分だった。全盛期は江戸に下った直後の明和二〜四年で、この間の六場所は三〇勝二敗七引分三預り二無勝負、勝率九割三分八厘という抜群の成績で、三回の幕内最高成績もこの期間だった(明和二年三月、三年三月、四年一〇月場所)。全盛期の強さ、通算勝率の高さ、活躍期間の長さから十分に第一級(準大関クラス)の強豪関脇の評価に値する。

全盛期の体格は一七七センチメートル、一三五キログラム、堂々たる体格を生かし、力に任せて相手を抱え込み、片方の差手を両腕で極めて出る撓《た》め出しを得意とした。出水川のこの取り口から、後に相撲四十八手の一つである撓め出しを別名「泉川《いずみがわ》」と称するようになった。

引退後は郷里に戻り、家業の旅籠を継ぎながら、地元の青年たちに相撲を教えていたらしい。諸国を遊歴して勤皇論を説いた尊皇思想家高山彦九郎が寛政四年(一七九二)に米ノ津に滞在したとき、出水川の給仕を受けたことを日記(『筑紫日記』)に記している。出水川は寛政六年(一七九四)に逝去した。墓は出水市下鯖町の善光寺に接する壺坂墓地にあり、墓石の正面に「大力秀泉信士」と戒名が、側面に「出水川定右衛門　寛政六年六月二十九日」と刻まれている。また、丸に十字の島津家の紋を描いた出水川の化粧まわしが現存している。

次に、「説話」の敵役伊達ヶ関である。明和六年(一七六九)四月場所の番付に西大関として「伊達関森右エ門《もりえもん》」の名が見える。出水川はその場所東小結で、同時代性からこの力士が説話の敵役伊達ヶ関に相当すると考えてよいだろう。

伊達関森右エ門は、その名の通り仙台藩(伊達氏)領の陸奥国宮城郡霞目村(現:宮城県仙台市若林区霞目)に寛延三年(一七五〇)に生まれた。おそらく出水川より若干年少と思われ、江戸相撲での初土俵も四年遅い。伊達関森右エ門は最初に番付に載ったのは大関としてだった。これは俗に「看板大関」と言われるもので、体格に優れていたり、美男だったり、要は土俵入り姿が絵になる、客が呼べる興行的な「看板」で、力士として大関の実力があるわけではなかった。取組は数番だけ、あるいは一番も取らず土俵入りのみという例が多かった。そして、たいていは一場所、せいぜい数場所で番付から消えてしまう。

ところが、伊達関は「看板大関」で終わるのをよしとせず、達ヶ関と改名して、明和七年(一七七〇)一一月場所、前頭筆頭から再スタートを切る。そして、徐々に地力を増し、安永五年(一七七六)一〇月場所で二代目谷風梶之助を襲名し、安永七年(一七七八)三月場所初日から天明二年(一七八二)二月場所七日目に小野川に破れるまで、引き分け・預り・休場を挟みながら江戸本場所で土付かずの六三連勝を達成する。この間、安永一〇年(一七八一)二月場所には実力で大関となり、寛政元年(一七八九)一一月には吉田司家《よしだつかさけ》から最初の横綱免許を授与され実質的に初代横綱となった(現在の相撲協会の歴代では第四代)。

全盛期の身長一八九センチメートル、体重一六九キログラム、江戸時代の力士としては抜群の体格で、同時に横綱となった小野川と競い合って寛政の相撲黄金時代を築いた。寛政七年(一七九五)一月に流行性感冒のため現役で逝去するまで、生涯成績は四九場所二五八勝一四敗一六引分一六預り五無勝負一一二休、勝率九割四分九厘、幕内最高成績二一回。技量・成績抜群であるだけでなく人格・品格にも優れた大横綱だった。

つまり、「説話」で出水川が加紫久利神社の神から「実は女である」と教えられ、女の弱点を衝いて勝利した宿敵伊達ヶ関とは、大関雷電為右衛門(一七六七〜一八二五)と並ぶ江戸相撲の最強力士であり、現代に至る大相撲の歴史の中でも双葉山、大鵬などと並ぶ屈指の大横綱である谷風梶之助その人だったのだ。

さて、次に検証すべき問題は、出水川(天津風)と伊達関(達ヶ関、谷風)との対戦である。現在、記録に残っている限り、江戸本場所での両者の対戦は一〇回を数える(△は預り、×は引き分け)。

出水川と伊達関の両者が揃って番付に載ったのは明和六年(一七六九)四月場所だが、伊達関が「看板大関」であったため対戦はなく、最初の対戦は二年半後の明和八年(一七七一)一〇月場所だった。この場所、両者は東西の小結同士、三日目の取組は勝負がつかず預り、七日目に再戦したがや

表6-1　出水川と達ヶ関の対戦成績

明和8年(1771) 10月場所(深川八幡宮社地) 3日目	出水川(東小結) △　達ヶ関(西小結) △
明和8年(1771) 10月場所(深川八幡宮社地) 7日目	出水川(東小結) ×　達ヶ関(西小結) ×
安永2年(1773) 閏3月場所(深川八幡宮社地) 7日目	出水川(東前頭2枚目) ○　達ヶ関(西前頭筆頭) ●
安永2年(1773) 10月場所(本所一ツ目八幡宮御旅所) 6日目	出水川(東前頭筆頭) △　達ヶ関(西前頭筆頭) △
安永3年(1774) 4月場所(深川八幡宮境内) 6日目	出水川(東小結) ●　達ヶ関(西前頭筆頭) ○
安永3年(1774) 10月場所(深川八幡宮境内) 7日目	出水川(東小結) ●　達ヶ関(西小結) ○
安永5年(1776) 1月場所(深川八幡宮境内) 7日目	出水川(東小結) ●　谷風(西小結) ○
安永6年(1777) 10月場所(深川八幡宮境内) 8日目	天津風(東小結) ×　谷風(西小結) ×
安永7年(1778) 3月場所(深川八幡宮境内) 9日目	天津風(東小結) ●　谷風(西関脇) ○
安永9年(1780) 3月場所(深川三十三間堂境内) 3日目	天津風(東前頭2枚目) ●　谷風(西関脇) ○

はり勝負がつかず引き分けに終わっている。翌安永元年（一七七二）一一月場所は出水川の名が番付になく対戦はなかった。

そして、安永二年（一七七三）閏三月、深川八幡で行われた春場所を迎える。この場所、出水川は東前頭二枚目で初日に敗れたものの、その後は五連勝と好調だった。一方、達ヶ関は西前頭筆頭で六日目まで五勝一預りの土付かず。両者は七日目に対戦し出水川が勝っている。残念ながらどんな相撲だったか伝わっていない。ただ、一年半前に二番も取りながら雌雄を決せなかった相手に勝って出水川が喜んだことは想像に難くない。結局、出水川はこの場所を六勝一敗の好成績で終えた（達ヶ関は

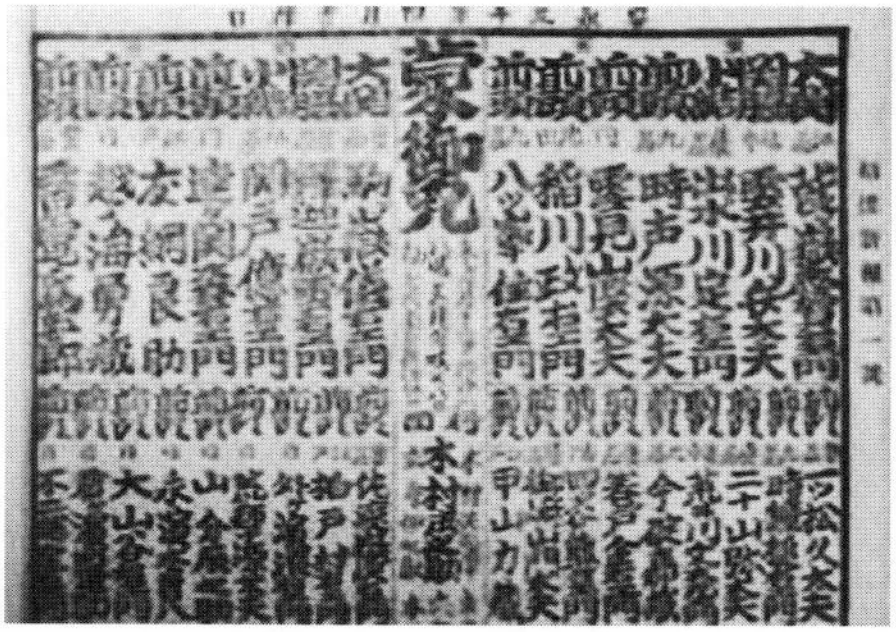

図6-3　石燈籠が寄進された直前の安永3年(1774)春場所の番付．上段右側の東小結に出水川，左側の西前頭筆頭に達ヶ関の名が見える．

五勝一敗一引分一預り）。

次の安永二年一〇月場所は前頭筆頭同士で六日目に対戦したが勝負がつかず預り、その次の安永三年四月場所は西前頭筆頭の達ヶ関が東小結の出水川に勝ち、雪辱を果たしている。

つまり、安永三年八月に出水川が加紫久利神社に石燈籠を建立した時点では、両者の対戦は五戦一勝一敗一引分二預りでまったく互角だった。

ところが、その後は五回戦って一引分四敗と、出水川は達ヶ関（谷風）にまったく勝てなくなる。全盛期を過ぎた出水川と上り坂の達ヶ関（谷風）の実力差がはっきりしていく。結局、両者の対戦成績は出水川の一〇戦一勝五敗二引分二預りで、出水川が達ヶ関（谷風）に勝ったのは安永二年閏三月場所だけ、生涯一度だった。

実は、「説話」には後日談がある。伊達ヶ関は出水川の奇策に敗れて以来、その不覚を忘れることができず、雪辱の機会を狙っていたが、出水川が引退して郷里に帰ってしまい機会を失ってしまった。どうしてももう一度立ち合いたく、はるばる薩摩国米ノ津までやってきた。ところが出水川はすでに亡くなっていた。出水川のお墓に案内された伊達ヶ関は悔しさと悲しさで思わず墓石に噛みついた。その歯型が今も墓石に残っているという。

こちらは出水川の墓石の縁起譚になっているが、まったく事実に反する。達ヶ関はなにも薩摩まで行かずとも、江戸の本場所の土俵で徹底的に出水川を打ち負かしているのだから。ということで、「説話」が語る、出水川が新鋭の伊達ヶ関（達ヶ関）に「全く歯がたたず」という設定は事実に反する。出水川は勝てないまでも負けてはいなかった。出水川が達ヶ関（谷風）に歯がたたなくなるのは、むしろ石燈籠が建立された後のことである。しかし、あくまで結果的にだが、安永二年閏三月場所の勝利が出水川が達ヶ関（谷風）から上げた生涯唯一の白星になったのは確かである。

こうした事実関係を踏まえると、石燈籠が建立される前の時点で、出水川が伊達ヶ関打倒のために断食までして神に祈ったという状況はちょっと考えにくい。また、安永二年閏三月の勝利から三年八月の石燈籠建立まで約一年半も開いている。安永二年閏三月の達ヶ関戦の勝利を石燈籠の建立と直接結び付けることにはためらいを覚える。

出水川が伊達ヶ関と初めて対戦した後の安永元年頃、江戸を離れていたのは、この年の番付に出水川の名がないことからしてどうも確かなようだ。その間、郷里に帰り、加紫久利神社に参拝し、なんらかの願をかけたことはあったろう。しかし、それが伊達ヶ関打倒だったのか、それともやや下降気味の自身の成績と人気の再上昇にあったのか、明らかではない。

出水川は安永二年閏三月場所六勝一敗、同一〇月場所三勝一敗三預り、三年四月場所五勝一敗と好成績が続く。安永三年八月の石燈籠建立が、そうした好成績を背景にした「願解《ほど》き」だったことは十分にあり得ると思う。*

相撲史にいささか深入りしてしまったが、「説話」の事実性を一応検証できたと思う。「説話」の核となる出水川と伊達ヶ関（達ヶ関）の対戦、そして出水川の一度だけの勝利は歴史事実である。しかし、それを取り巻く状況は、「説話」と現実とはかなり異なっていることがわかった。

結論的に言えば、安永二年閏三月の達ヶ関戦の勝利を石燈籠の建立に直結させることには無理があり、谷風（達ヶ関）の大横綱としての名声が確立した後、そして安永二年春場所の勝利が出水川にとっての対谷風戦唯一の勝利であることが確定した後、さらに言えば、寛政六年（一七九四）に出水川が、翌七年に谷風がこの世を去った後に、地元の出水川贔屓の人によって「説話」は作られ語り継がれてきたのだと思う。とすると、「説話」の成立時期は一八世紀末〜一九世紀初頭と押さえてよいだろう。

3　「説話」に見る双性原理

この「説話」は、神仏に熱心に祈願してその教えを受け、それによって所願を成就するという点ではありふれた話であるとも言える。ただ一点を除いて。

ただ一点というのは、神様が出水川に告げた伊達ヶ関（達ヶ関・谷風）が女であるという秘密である。もちろん歴史上の人物である伊達ヶ関（達ヶ関・谷風）が女性だったということは有り得ない。谷風は「看板大関」でデビューしたことからもわかるように、色白・切れ長の目、やや女性的な柔和な顔貌の美男力士ではあったが、妻ひでは医官として知られた太田資広の三女で、子孫も残しているので性別の疑惑は起こりようがない。ということで、ここでは歴史事実から離れて「説話」世界の伊達ヶ関が女であることについて考えてみたい。

泉川という力技を得意とする怪力の出水川ですら歯がたたないほどの体格と力を持っていた強豪力士伊達ヶ関が女性であるという「説話」の設定は、なんとも意表を衝かれる話である。

たとえば、とても立派な体格で力が抜群に強い女子レスラーがいたとする。それを観る現代の人たちの間に「あれだけ強いのは、もしかして男なのではないか?」という疑いが生じるのは、しばしばあることだと思う(当人にとっては失礼極まりない話だが)。しかし体格・力量抜群の男子レスラーを観て「あれほど強いのは、実は女なのではないか?」と疑う現代人は誰もいないだろう。

それは、女性より男性の方が(あくまで平均的にだが)体格(骨量・筋肉量)が大きく、そこから生み出されるパワーが強いことが科学的な知識としてあり、身体が大きく力の強い男性、身体が小さく力の弱い女性という性差が、ジェンダー(社会的な性の在り様)として現代人の意識にしっかり刷り込まれているからだ。

もちろん、「説話」を作った江戸時代人も、常識として、男は身体が大きく力が強く、女はそれに比べて小柄で力が弱いということは知っていたはずだ。しかし、同時にそうした常識とはまったく別の認識、すなわち、伊達ヶ関があれほど体格・力量抜群なのは男装した女だからだという発想を生む認識が存在したのだと思う。

少し砕いて言えば、神様から「伊達ヶ関は実は女だ」と告げられた時、現代人だったら「え〜？神様、いくらなんでも、そりゃあないでしょう。あれだけ強い力士が女なんて」と神の言葉を疑ってしまうだろう。ところが、出水川は、そして「説話」を聞く薩摩の人たちも「ああ、そうだったのか、男装した女だからあんなに強いのか」と納得してしまう。これは単に神様の言葉を素直に信じるかどうかという信心の問題ではなく、現代の私たちとは異なる論理が背後にあるのだと思う。

ところで、出水市出身の女子学生がこの「説話」を私に教えてくれた「トランスジェンダーと社会」の講義では、まず世界各地のサード・ジェンダーの存在を紹介し、次に日本の過去から現在までの性別越境者を職能という視点で解説し、最後にまとめとして「双性原理」について説明している（第11章参照）。

「双性原理」とは、性別越境者がジェンダー的に男でもあり女でもあること、すなわち双性（Double-Gender）的特性をもつことが、前近代の社会では通常の人間とは異なる特異な能力をもつ原泉と理解され、通常の人間ではないことから神により近い人として「神性」を帯び聖視される、という考え方である。

「双性原理」に基づけば、人は女装・男装して双性的な存在になることによって、通常の人とは異なる存在「異人」になり、通常の人が持たない力「異能」さらには「神性」を身に帯びることができると考えられる。つまり、女装・男装することは、双性性を帯びることで「異能」を獲得する手段だったのだ（第2章参照）。

講義では「双性原理」の事例を、画像を使って紹介していく。そして、学生さんの地元に女装・男装を伴う祭礼や伝承はないかを尋ねている。この「説話」を教えてくれた女子学生も、講義を聞いて故郷に伝わる「説話」を思い出したのだと思う。

そろそろ結論を述べよう。私は、力自慢の出水川ですら歯が立たない強豪力士伊達ヶ関が男装した女性であるという「説話」の設定には、男性と女性を重ねた双性的存在に超絶的なパワーなどの異能を見る日本古来からの「双性原理」の伝統が存在すると考える。しかも、男性の女装に比べれば数少ない女性の男装による貴重な事例である。

ところで、この「説話」が伝えられた出水はいわゆる「出水兵児」の里である。薩摩藩には、江戸時代「兵児二才《へこにせ》」制と呼ばれる青年教育訓練システムがあった。出水の兵児二才の組は一人の「執持稚児様」を頂く。「稚児様」になるのは名門の長男の一〇歳前後の美少年で、薄化粧をして美麗な衣装をまとった。兵児二才の組は「稚児様」を守護し忠誠を尽くす形で運営された〔三品 1943〕。これもまた性を重ねた双性的存在にある種の「聖性」や特別なパワーを見る「双性原理」に基づくものだと思う（第5章参照）。

強豪力士伊達ヶ関が男装した女性であるという「説話」が語り伝えられた地域は、そうした「双性原理」が根強く残る地域だったのだ。

おわりに

女子学生がこの話を教えてくれたとき、私は「トランスジェンダーの要素だけでなく、いろいろな意味で興味深い説話ですね」と答えた。「いろいろな意味で」のひとつとして、伊達ヶ関が女性であると考えた場合、いわゆる「大力女」の系譜でとらえることも可能だと思った〔宮田 1987〕。

日本の古代・中世の説話には、男勝りの、いや男性とは比べものにならない超絶的な力をもつ女性が何人も登場する。

たとえば、聖武天皇の頃の尾張国中島郡の大領久坂利《くさかり》の妻。妻が夫のために織った麻の着物を国守が気に入って取り上げてしまった。女はそれを取り返しに行ったが、国守は従者に追い払えと命じる。しかし動かない。逆に女は二つの指で国守が坐る床の端を取ると門外に引っ張っていき、衣を返すよう要求した。国守は恐れおののき衣を返した。この女は、鐘楼の鬼と力比べをして勝ったと伝えられる飛鳥寺の僧道場法師の孫娘だった(『日本霊異記』中巻二七話)。

また甲斐国の力士大井《おおい》光遠《みつとお》の妹は、人に追われた男に人質に取られたが、太い矢の幹の節を、指先で朽木のように砕いているのに驚いた悪人が解放した。妹は力士である兄の二人分の大力で、大きな鹿の角を膝に当て、腕で枯れ木を折るように打ち砕いたという(『今昔物語集』二三巻二四話)。

平安時代末期、源平争乱期の武将源義仲に従った女武者巴御前《ともえごぜん》は、大力・強弓で知られ、やはり大力で知られた恩田師重という武者に馬を寄せ、組みついて引き落とし、自分の馬に押しつけ、その頸をねじ切って捨てたと伝えられている(『平家物語(覚一本)』「木曽最期」)。「説話」と同時期の安永五年(一七七六)には、柳川ともよという女性が、大八車に五斗俵五つを載せたものを頭上に持ち上げたり、碁盤を振って百目蝋燭の火を消したりする大力芸の見世者が評判になった。

こうした女性が示す超越的な力の事例に「説話」の伊達ヶ関を加えてよいように思うが、これらの「大力女」たちはジェンダー的には女性である。それに対して伊達ヶ関は男装し、ジェンダー的には男性として力を発揮していたという点で、系譜がやや異なる。

「大力女」の民話を数多く採集した柳田國男は「妹の力」という概念を提唱した〔柳田 1940〕。しかし、柳田の「妹の力」は女性が持つ精神的な力、ある種の霊的な力を重視しながら、女性が時に示す物理的な力を軽視している。そうした方向性は、柳田だけでなく近代以降の日本社会の一貫した流れであり、女性が持つ力はせいぜい男性への精神的な助力に限られ、女性は力弱き者、か弱き者というイメージが強調され、そうあることを求められていった。

江戸時代後期、現実に存在した「大力女」たちが、活躍の場としたのが女相撲の世界だった〔亀井 2012〕。そこに男装して力士として活躍した「説話」の伊達ヶ関との接点がまた見えて来るのだが、いずれまた機会を得て考えてみたいと思う。

＊ 江戸相撲の「星取り」(勝負記録)については、gans 氏作成の「大相撲星取表」を参照させていただいた(http:

//sumo-hositori.com/index.html)。

謝辞　この興味深いテーマを提供してくださった岩榮恵理沙さんに、心から感謝申し上げる。

第7章

「文明開化」は抑圧の始まり
――異性装禁止とその拡大

はじめに

例年正月松の内、追羽突の遊戯するに各々時流の染模様の衣服に幅広の帯を纏《まと》ひ、髪は島田に結ひ、面に紅粉を施し、総じて良家の処女《むすめ》の如く扮装し、振袖を春風に翻し、腰肢《ようし》細軟《さいなん》、嬋娟《せんけん》窈窕《ようちょう》たる風姿は、所謂《いわゆる》美女花の如くとは是等をやいふべし（笹の家「男色」『風俗画報』六六、一八九四年二月）。

これはある大名の本郷の屋敷で奥女中勤めをしていた女性が、文政（一八一八～三〇）から天保（一八三〇～四四）の頃に、湯島天神社内で陰間（江戸時代の職業的な女装少年）を見た思い出を甥に語ったものので、天保の改革（一八四一～四三）以前の江戸の陰間の姿を伝える貴重な証言である。正月、流行の染模様の振袖に幅広の女帯を締め、髪を島田に結い、紅・白粉で粧《よそお》った娘姿で羽根突きに興じる少年たちの優美な姿を眺める視線に批判的な要素はまったくない。

こうした風景が江戸のどこでも見られたわけではないだろうが、陰間茶屋が存在した湯島天神門前町、芝七軒町・浜松町、堀江六軒町（芳町）、あるいは「平生《へいせい》を、をなごにてくら」す（『あやめ草』）という意識をもって生活していた歌舞伎の女形たちが居住していた日本橋葺屋町・堺町などの芝居町周辺では、異性装（女装）者の姿は、それほど珍しいことではなかったと思われる。

厳格な身分制社会であった江戸時代に異性装者に対する偏見や差別がなかったわけではない。しかし、重要なことは、女形や陰間という限定された形ではあっても、異性装者が特定の職業を基軸にして社会の中で生きていくシステムが存在したということだ。

それどころか、二世瀬川菊之丞（俳号＝路考　一七四一〜七三）の「路考茶」（黄茶の黒みがかった色）や五世岩井半四郎（一七七六〜一八四七）の「岩井茶」（葡萄鼠《ぶどうねずみ》のやや茶がかった色）のように、異性装の芸能者である女形は、流行の起点、女性のファッション・リーダーだった。こうした在り様は、同時期の西欧キリスト教世界には、まったく見られない形態である。

陰間茶屋を拠点とする異性装（女装）文化は、老中水野忠邦の天保の改革（一八四一〜四三）で大打撃を被るが、それすらも、厳格な儒教規範に基づいて奢侈・遊興全般を禁制した一環で、異性装者のみを標的にしたものではなかった〔加藤 2003〕。天保の改革の前後も、幕府が異性装者の存在を厳しく取り締まったような形跡はない。

しかし、そうした異性装者に対する比較的寛容な姿勢は、明治維新以後、一変する。その転機となったのは、一八七二〜七三年（明治五〜六）に公布された違式詿違条例である。

違式詿違条例は、現在の軽犯罪法の源流であり、馬車の往来など文明開化にともなう新風俗への対処を定めると同時に、欧米人に対して恥ずかしくない形に民衆の風俗を矯正しようという意図をもっていた〔徳永 1984〕。

一八七三年(明治六)七月一九日の太政官布告によって全国に発布された「各地方違式詿違条例」の第五二条には次のように見える。*

男にして女粧《おんななり》し、女にして男粧《おとこなり》し、或は奇怪の粉飾をなして醜体を露はす者。但、俳優、舞妓等は勿論、女の着袴する類は此限にあらず。

「俳優、舞妓等」と「女の着袴」は除外されるものの、この条項によって異性装は法的に禁止され、違反者は警官に拘引され罰金(一〇銭)が科されることになった。異性装の風習は、男女混浴や立ち小便、あるいは裸体往来や刺青などと同様に、明治の為政者たちが外国人の目に触れさせたくない恥ずべき風習のひとつだったのである。

また、同年に定められた「改定律例」には、男色行為の抑圧を意図して鶏姦(肛門性交)処罰規定が設けられ、違反者は懲役九〇日と規定された(第5章参照)。

日本の歴史上、はじめて異性装そのものを犯罪化した違式詿違条例が施行された明治の文明開化期は、異性装者にとって厳しい社会的抑圧の始まりだった。この点については、拙著『女装と日本人』でも述べたが、当時の新聞には、そうした前近代から近代へ急速に転換していく社会ならではの記事が数多くみられる。この章ではそうした記事を主な資料に、さらに詳しく異性装者にとっての「近代」を解明していきたい〔三橋 2008a，2019a〕。

1 「とりかえ児育」

乳幼児の死亡率が高かった前近代においては、子供の無事な生育を祈るための様々な習俗が存在した。その中の一つに、男児を女児として、女児を男児として養育する「とりかえ児育《こそだて》」ともいうべき習俗があった。有名なところでは、滝沢馬琴『南総里見八犬伝』の八犬士の一人犬塚信乃は、その名前が示す通り、幼少時は女児として育てられている。小説の世界だけでなく現実にも、子育てが難しい男児を、姿だけでなく名前（幼名）も女名前で育てることは、かなり行われていたようだ。子供の社会的性別（ジェンダー）を転換することにより幼い男児の命を狙う邪悪な存在の目をごまかす方策（呪術）だった。

こうして女児として育てられたケースでも、ほとんどの場合は、七歳の節目、遅くても元服（一五歳前後）までに、本来の（身体的な）性別に戻すことが一般的だった。しかし、何らかの事情でジェンダーの再移行が為されなかったり、うまくいかなかったりするケースが存在した。

そうしたケースのひとつが、『東京日日新聞』明治七年（一八七四）一〇月三日号（八一三号：文字紙面と錦絵版で記事がやや異なる）に報じられた塗師《ぬりし》早蔵の「妻」お乙（乙吉）の事例である〔高橋 1992〕。

お乙(乙吉)は、一二代将軍徳川家慶の治世の嘉永三年(一八五〇)、讃岐国香川郡東上村《ひがしかみ》(現:香川県高松市)のある夫婦の男児として生まれた。それまで何度も男児を夭逝させていた夫婦は、「男子には女子の名を付け育てよ」という風習に従って、「お乙」と名付けて女児として養育した。

幸い、お乙は無事に生育したが、衣類、髪形、化粧だけでなく、縫い物など娘としての素養もしっかり身につけ、「姿形《なりかたち》粧容《たちふるまひ》止も憎《にく》からぬ」娘に成長してしまった。一八歳になると高松藩の武家の屋敷に女中として奉公に上がったが、近隣の娘たちと戯れても誰も疑わないほどだった。お乙が二一歳になったころ(明治三年〔一八七〇〕)、同国三木郡保元《やすもと》村で塗師を稼業とする早蔵という男が、お乙を見初めて求婚する。困ったお乙は、自分は女子ではないと告白(カミングアウト)するが、早蔵はお乙が男子であることを承知した上で「夫婦」になった(お乙・早蔵夫婦のその後については第14章)。

お乙のような生育環境で、女性的資質を身につけ「娘」として育ち、定常的な(フルタイムの)異性装(女装)者になった男性は、他にもいた。

『読売新聞』明治一七年(一八八四)六月一三～一五日号は、「奇縁」という題で、三日連載、総字数三五〇〇字に及ぶ異例の長文記事を掲載している。長文だけあってかなり複雑な話なのだが、粗筋を紹介してみよう。

埼玉県秩父郡の岩殿山観音(秩父札所三四ヵ所霊場三一番・観音院)の縁日(三月一八日。明治一三年〔一八八〇〕か?)にやってきた小学校の助教岡田(二一～二二歳)は、観音詣の近在の若い娘が村の若者たちに囲まれて難渋しているのを見て、若者たちを追い払ってやった。岡田はその村娘に一目惚れしてしまい、身元を調べると、薄《すすき》村(現:秩父郡小鹿野《おがの》町大字薄)の豪農の娘お亀(一九歳)とわかった。しばらく後、岡田は偶然にもお亀と出会った。お亀は先日の礼を言い、岡田を自宅に招いた。岡田はお亀の両親に東京から赴任して来た小学校の助教である旨を自己紹介し、お亀との交際を申し出た。お亀の両親は、先日の岡田の行為に対して懇切に礼を言うとともに、「うちの娘は理由があって、男性と交際できないので困る」と言った。

お亀との交際が許されない理由を追求する岡田に対し、父親は、お亀の二人の兄が早世したため、三男が生まれた際に、男の児は女の姿で養育すれば息災と育つという話を信じて、女児として養育したところ無事に育ち、母親が喜び成長の後も女の姿のままにしているという事情で、お亀は「実は男である」と告白する。それを聞いた岡田がお亀の容貌を観察すると、鼻の下や顎に薄っすら髭が有り、喉仏も高く胸の膨らみは小さく、確かに男の身体のようだった。呆れた岡田は交際話を世間話に紛らわせて退散した。

秩父郡飯田村(現:秩父郡小鹿野町大字飯田)に岩見仲次郎という二二歳になる評判の良い青年がいた。岩殿山観音の縁日で見た娘に一目惚れしてあちこち聞きまわったところ、薄村のお亀という誰が見ても女に見えるが実は男であり、先日の岡田某の失敗談も聞こえてきた。落胆すると思われた仲次郎は、「いくら美人でも男では仕方がないだろう」と言う友人たちの忠告も顧みず、ますますお亀への恋情を募らせていったが、内気なため行動を起こせなかった。

翌年（明治一四年?）の岩殿山観音の縁日、仲次郎は境内でお亀が現れるのを待ち続けた。夕方まで待ったが、お亀は現れなかった。あきらめて帰る途中で立ち寄った茶店の前を通りかかった旅役者風の一行の中にいた美少年がお亀であることに気がついた。お亀が世間の噂どおり男であったことを知った仲次郎は、家に帰り両親にお亀との結婚を懇願する。両親も納得して人を立ててお亀の家に結婚を申し入れた。お亀の両親は「またか……」と当惑したが、「お亀は女ではなく、戸籍上は亀太郎という男子である」ことを説明した。仲人は「あちらの息子がいろいろ調べて男子であることを知った上でのご相談です」と言う。お亀の両親は驚いて「そちらの息子さんはなかなかの利発者と聞いておりますに、お亀を男と知って嫁にくれと言うのは合点がいきません」と問いかける。仲人は「ご不審はごもっとも。仲次郎はこちらと同様の事情で男子として育てましたが、実は女でありまず」と言う。お亀の両親は驚きながらも納得し、結局、一人息子である亀太郎（お亀）の元に三つ歳上のお仲（仲次郎）を嫁に迎える形で両家の相談がまとまった。大急ぎでお仲は男髷に入毛《いれげ》をして島田に結い女粧《おんなづくり》にし、亀太郎は髪を切り着物の袖を詰め、脇の明《あ》き（み八つ口）を縫い塞いで男粧《おとこづくり》にして、明治一四年五月に婚礼となった。

その後は、二人とも普通の男女と変わりなかったが、一六年秋にお仲が死産したため、亀太郎の両親が落胆し、そのため一七年五月に不縁になったが、この度、間に人が立って再縁の運びとなった。めでたし、めでたし。

女児として養育された娘姿の男性「お亀（亀太郎）」を、男児として養育された青年姿の女性「仲次郎（お仲）」が、観音の縁日で見初めて、それぞれの両親の合意の上で、ジェンダーを戻して結婚するという話である。「とりかえ児育」された同士が出会い結ばれるという、まさに「奇縁」というべきだろう。

お亀は慶応二年（一八六六）、仲次郎は文久三年（一八六三）、江戸時代末期の生まれと推測されるが、その頃でも子供の生育を願うため、男児を女児、女児を男児として養育する風習はかなり広範に存在したこと、また、そうした中には、生育後も様々な事情からジェンダーの復帰を行わないケースがあったことがわかる。

興味深いのは、次々に青年に見初められるほどの美貌であったお亀（亀太郎）が男子であることを、村人たちが周知していたことである。それに対して、有為の青年として期待されていた仲次郎（お仲）が女子であることは、周囲の人々に知られていなかった（隠されていた）。前近代社会における異性装（女装）の社会的許容が見て取れると同時に、同じ異性装でも男装の場合は許容度が低かったのかもしれない。

また、一つの疑問として、結婚を機会とする急激なジェンダーの転換に、亀太郎とお仲はスムーズに適応できたのだろうか？　ということがある。二人が一時、離縁となった真の事情がそこらへんに潜んでいるのかもしれない。そのままの（ジェンダーの転換をしない）方がうまくいったのではないかとも思うが、二人が結婚した明治一四年は異性装を禁じる違式詿違条例の施行下であり、社会状況的にも難しかったのだろう（結婚の翌年、明治一五年に失効）。

この話の発端は観音詣であり、観音の結んだ「奇縁」という筋立ては、まったく前近代的である。ちなみに、観世音菩薩は男性であるが三三の化身のうち六つは女身で双性的な要素をもつ（だから、「双性原理」が生きる日本で篤く信仰された）。お亀と仲次郎の縁を結ぶにふさわしい存在だった。

ところで、秩父地方は村芝居が盛んな地域であり、現在でも行われている「小鹿野歌舞伎」は埼玉県の無形民俗文化財に指定されている。そうした地域では美しい女形をつとめることができる若者は重宝される。お亀（亀次郎）が「旅役者風の一行の中」にいたのもそんな背景があるのではないだろうか。

ちなみに、戦後混乱期（一九四〇年代後半）、東京上野に集まった「ノガミの男娼」きっての美貌をうたわれた「人形のお時」は、お亀と同じく秩父郡小鹿野町の出身である（そして、私は小鹿野町の隣の秩父市出身）。

それはともかく、「とりかえ児育」のような前近代の異性装習俗が消えていくのは時間の問題だった。違式詿違条例だけでなく、戸籍制度の確立や初等教育の普及などの近代社会システムが、娘姿の男児や、男の子姿の女児の存在を不可能にしていったのである。

2　花見・盆踊りにともなう異性装

かつて春の花見や、夏の盆踊りの際に、仮装が盛んに行われ、男性の女装、女性の男装がしばしば見られた。江戸時代後期には遊宴の余興的な意味が強くなったが、本来は、祭礼時における女装習俗と同様、祝祭空間における異性装には宗教的な意味合いがあったと思われる（第2章参照）。

違式詿違条例の異性装の禁止条項は、東京などの大都市部ではかなり厳格に適用されたようで、こうした花見や盆踊などの余興としての女装・男装も摘発の対象になった。

一八七六年（明治九）四月五日、東京向島（現：墨田区）で女の鬘をかぶった花見客の男が逮捕された。その翌日には、淡路町（現：千代田区）の往来で根岸（現：台東区）の安間亀吉という男が女の衣装で歩いていて、巡査に拘引されている。「大かた花見の催ほしでも有りましたか」と述べられているように、花見帰りだったのだろう（『読売新聞』明治九年四月五日、六日号）。

その前年、一八七五年（明治八）七月の新聞は、「佃島の盆踊りは、江戸の名物の内だと聞きましたが、今年も相替らず大勢踊って歩行《あるき》、男が女の形《な》りをいたすも有り、女が男の形りを致すも有り（中略）、大騒ぎで有るといった人が有るゆゑ、男女が形を替るのは、よく無い」と、江戸時代以来の伝統習俗である佃島（現：中央区）の盆踊の女装・男装を問題視している（『読売新聞』明治八年七月二八日号）。

この記事に続けて、横浜で「松影町辺の男が女の姿をして麦湯を素見《ひやかし》に出かけ巡査に見咎められて罰金を取られた」ことが記されている。詳細は不明だが、時期的にみてやはり夏祭り（盆踊り）にかかわるものだろうか。ちなみに、盆踊りに女装した青年が参加する習俗は、昭和の末くらいまで残存していた。

こうした祝祭空間での異性装については、少し時期が下るが、一八九九年(明治三二)の新潟県佐渡・小木町の高等小学校開校式をめぐる騒動が興味深い。高等小学校の開校を喜ぶ住民たちは「去月廿三、廿四、廿五の三日間、昼夜の別無く男は女装し、女は男装し、三味線太鼓にて町内を練り廻り」したという(『読売新聞』明治三二年七月三日号)。新聞はこの状況を「風俗壊乱」「最も淫風の甚しき地」「淫奔不埒」「如何にも醜体の極」などの言葉を連ねて批判し、「校長、町長、分署長の不取締」を問題視する(これほど強い批判姿勢は、開校式が「御真影奉戴」を伴っていたからである)。逆に、この記事から地方において、祝祭時の異性装(女装・男装)習俗が明治後期になっても根強く存在したことが見て取れる。

先に紹介した花見の記事(『読売新聞』明治九年四月五日号)で、法令を盾に庶民の娯楽にまで介入する警察の無粋さに対し、記者は「殺風景は御免を蒙りたいものだ」と批判的姿勢を取っている。しかし、そうした庶民の娯楽的な風俗にまで介入し「矯正」することこそが、違式詿違条例の目指したものだった。

3　異性装の物売り

江戸時代には、顧客の目を引くため様々な異態・異装の物売りがいた。その中には、三〇歳ほどの男が黒い着物に黄色の帯を前に結び、桃色木綿の前垂をかけ、赤い鼻緒の草履を履いて、赤い口紅をつけた女姿で売り歩く「お万が飴売り」のような異性装の物売りもいた。天保一〇年(一八三九)には、四世中村歌右衛門(一七九八〜一八五二)がこの姿を真似て常盤津で踊り、大評判になっている〔三谷 1966〕。

一八七九年(明治一二)年三月、深川仲町(現:江東区富岡一丁目)の六八歳の老人が、豊年おこしの売れるのを「見て羨ましく思ひ何がな変った事で一儲けしやうと考へ」、「女房の着物を一枚着て、茜木綿の手拭で姉さん冠《かぶり》にして、緋金巾《ひがねきん》の女帯に赤い鼻緒の草履をはき、疱瘡神という紛打《いでたち》で、目籠に入れた菓子を担《かつ》ぎ、女の身振りで「イッチクタッチク太衛門どんの乙姫様は」と売り歩」いたが、たちまち巡査に見とがめられ拘引され、「違式に照されて罰金十銭申し付けられた」(『読売新聞』明治一二年三月二七日号)。

この老人は、その年齢からして「お万が飴売り」を実際に見聞きしていたのかもしれない。しかし、江戸の社会で黙認された異性装の物売りも、文明開化の明治の世では許されなかった。

4　演劇(女形)の女装

違式詿違条例の異性装禁止条項では、「俳優、舞妓等」は「此限にあらず」と適用除外とされていたが、異性装への抑圧が強まるにつれて、その影響を免れなくなっていく。

最も直接的な影響を受けたのは、江戸歌舞伎の女形の元祖とも言うべき芳沢あやめ(初世一六七三〜一七二九)の「平生を、をなごにてくらさねば、上手の女形とはいはれがたし」(『あやめ草』)という訓戒を守って、日常も「女子」として生活していた女形たちである。

『読売新聞』明治八年(一八七五)年五月二九日号は、「中橋和泉町の某」という人物の「寄書」(投書)を掲載している。テーマは女形の女姿での往来である。

まず「男が女の形《なり》を仕《し》たり、女が男の形をすると違式とかの罪に行はれるといふ事でありますが、俳優《やくしや》の女形《おんながた》は平常《ふだん》でも女の形をして、頭は楽屋いてうとかいふ髷に結ひ、巾広の帯を〆《しめ》(甚だしいのは振袖を着)往来」と、異性装が禁止されたにもかかわらず、女形が女装で往来していることを指摘する。そして「是は罰の外かと或人に聞ますと、職業だから栓方《しかた》がないと申されました」と処罰の除外対象であることを承知した上で、「若《もし》職業にて差構《さしかま》ひなくば、角力取《すもう》は土俵の上で裸体御免だと云って往来を裸体で歩行ても叱られぬといふか矢張《やはり》叱られます」と相撲の力士の裸体姿と対比して、「俳優もどふかせねば片落の御政事と思ひます」と、女形の女装での往来を処罰の対象外とするのは不公平として、暗に処罰の適用を求めている。

こうした意見がはたしてどれほどの影響力をもったのかわからないが、女形の女装容認は舞台だけに限定されるもので、往来での女装は認めないという考え方(法文の拡大解釈)は次第に広まったようだ。

投書から三年後の一八七八年(明治一一)には、「女にまぎらはしい形《なり》をして往来」した男を巡査が拘引したところ、男は「私は女形の旅役者でございますよ」と申し立てた(処罰されたかどうかは不明)。それに対して記者は「舞台と往来と同じに思って居るとは、迂闊な男で有ました」とコメントしていて、女形であっても女装は舞台に限定されるという意識が形成されつつあることがわかる

さらに翌一八七九年(明治一二)七月には、「髪は鴨脚《いちょう》返しに結ひ、黒ずんだ顔や襟へ白粉をこてこて塗り立て、友禅の中形《ちゅうがた》の単衣」という「一八、九の新造」姿で、「本郷春木町辺をぶらぶら涼み歩いて」いた女形の市川小瀧(故市川門之助の門弟)が、巡査に見とがめられ拘引され、「女の形容《なり》をした廉《かど》で違式に照されて罰金を申し付」られるという事件が起こる(『読売新聞』明治一二年〔一八七九〕七月九日号)。

　また、一八八一(明治一四)年四月には、横浜羽衣町(現：横浜市中区羽衣町)の下田座に出演していた女形の坂東音蔵が、「島田の鬘を冠り女の振をして」、恋愛関係にあった女性と「岡田屋といふ曖昧屋へ泊り込み」「女二人で一つ夜着抱き付て臥したる」ところを巡査に踏み込まれ拘引され、厳重に説諭の上、師匠の坂東彦十郎に引き渡されている(『読売新聞』明治一四年〔一八八一〕四月一九日号)。

　このように、たとえ女形であっても、舞台以外の場での女装は、違式詿違条例の異性装禁止条項に抵触し、処罰の対象になるという解釈が現実化していった。

　一方、歌舞伎界においては、新政府の旧風俗矯正の方向に同調した九世市川団十郎(一八三八〜一九〇三)に主導された革新運動が始まる。彼は一八七八年(明治一一)、ガス灯照明など最新機器を備えた新富座の開場式で、居並ぶ政府高官を前に演劇改良の宣言文を読み上げた。この「演劇改良運動」によって、江戸歌舞伎が持っていた「性的ないかがわしい部分」は切り捨てられていく。具体的には、若手女形と色子(女装のセックスワーカー)との人的交流を断ち、歌舞伎世界と陰間茶屋的な男色世界との分離がなされていく。

こうした「改良運動」が、女形の女装に対する取締りが強化される時期に起こったことは、当然、無関係ではない。江戸時代的な性別越境の要素が濃厚な芸能である歌舞伎は、異性装という要素をできるだけ薄め限定することで、新しい時代の演劇として生き延びようとしたのだ。

その結果、女性的に生まれついた男子が、色子を経て歌舞伎の女形になって身を立てていく道は断たれ、女形が「女」を演じるのは舞台の上だけのこととされ、日常的には立派な「男子」であることが求められるようになる。芳沢あやめの教えを守り、日常生活を「女子」として暮らしていた女形も、八世岩井半四郎(一八二九〜八二)あたりを最後に姿を消していった。以後、歌舞伎は伝統芸能として純化されていくが、江戸歌舞伎が持っていた庶民的で猥雑なエネルギーを失うことになる。

5 定常的な異性装者たち

違式詿違条例によって、異性装が禁止された時代であっても、先に「とりかえ児育」の節で述べた、お乙やお亀、仲次郎のような定常的な(フルタイムの)異性装者は、各地にいたと思われる。ここではそうした人たちの姿をもう少し追ってみたい。

一八七六年(明治九)頃の発行と推測される『大阪錦画新話』五号(原文は『報知新聞』六〇九号)には、栃木県舞雀村(現在地不詳)の百姓の息子力造が、東京伝馬町(現:中央区)の旅籠屋に女姿で泊まっていたところを巡査に拘引されたことが報じられている。続いて同じ栃木県の魚屋の息子豊吉(三四歳)は、若い頃から女姿で女髪結いをしているのに「違式」に問われないのはおかしいと述べている〔土屋 1995〕。

錦絵(第1章、図1—7)は、藍地に格子の柄の着物に薄緑色の幅広帯を結んだ島田髷の女姿の力造が巡査に拘引される場面を描いている。力造の職業はわからないが、豊吉はその暮らしぶりから定常的な異性装者だったと思われる。

『読売新聞』明治九年(一八七六)八月七日号には、「女で男の風をするものもあり、男で女の風をするものも有りますが、何れも御法度なれど」という前置きで、下谷通り新町(現:荒川区南千住一丁目)の魚屋萬蔵の倅《せがれ》清吉(一七歳)のことが紹介されている。清吉は「小さい時から誰も「女だ、女だ」といって居たくらゐ」で「近所の娘たちも「お清《せい》さん、お清さん」といひ、平常《ふだん》、羽根、手まり、お手玉などをして女と一所に遊び、男と一所に成らないから男女《おとこおんな》(東京で俗にカゲマ抔《など》をさして云)」だった。周囲の人たちは「「なに、あれは女だが男作りにして居るのだ」といって」いた。ところが「いつか同町の深井栄蔵の娘お米と妙な中になり」、それで「人々が始めて「成ほど、あれは男であったか」と知った」という。

女姿で女友達と羽根突きをする清吉を、周囲の人々が「カゲマ」にたとえたのは、冒頭に紹介したような江戸時代の陰間の姿の記憶がまだ残っていたからだろう。

記者は「男女の別をたてずに平気で居たのは、親が悪いからで有りましやう」と結んでいるが、現代的に言えば、ジェンダー・ロール(性役割)やジェンダー・エスプレッション(性別表現)と、セクシュアル・オリエンテーション（性的指向）は連動しない好例である。

わかりやすく言えば、姿やしぐさは女性そのものでも、性的指向は女性に向いている女装者は、かなりの比率でいる。「とりかえ児育」のところで紹介したお乙も、早蔵と「結婚」する前に、奉公先の同僚（娘）と密通事件を起こしている。

また、『読売新聞』明治一三年（一八八〇）三月二五日号には、小石川下富坂町（現：文京区小石川一・二丁目）の建具職小沢由太郎（四五歳）のことが記されている。由太郎は「唖にて口は利《き》けないが仕事は人並に出来てよく稼ぐゆゑ、相応の手間賃を取」っていたが、「若い時分より女の風をするのが何よりの道楽にて、昨今でも其道楽が止まず、黒ずんだ髭だらけの顔へ薄化粧をして口臙《くちべに》をさし、胡麻塩頭を白髪染で塗り隠した上、髢《かもじ》を入れて立派な丸髷に結ひ、帯も巾広にして、衣類も女の風に仕立て緋《ひ》金巾《がねきん》の蹴出をチラ附せて得意顔」という具合だった。

結局、由太郎は、警察に拘引され、説諭されることになるが、「「譬《たと》へ何方《どなた》の御意見でも是ばかりは止められませぬ」と書面にて申立た」という。記者は「厄介な道楽が有れば有るものです」と結んでいるが、まさに確信者、あっぱれ筋金入りの女装者というべきだろう。

このように、違式詿違条例によって、異性装が禁止された時代であっても、自らの在りたい性別《ジェンダー》に忠実に生きようとした異性装者がいたことが知られる。いくら法律で禁止しても、その人のジェンダー・アイデンティティの発露まで変えることはできないのである。

6　鶏姦罪の適用例

一八七三年（明治六）六月一三日に布告された「改定律例」（七月一〇日施行）には、男色行為の抑圧を意図して鶏姦（肛門性交）処罰規定が設けられ、違反者は懲役九〇日と規定された〔瀧川 1943，霞 1985，古川 1997〕。

「改定律例」第二六六条
凡、鶏姦スル者ハ各懲役九十日。華士族ハ破廉恥甚ヲ以テ論ス。其姦セラルル幼童十五歳以下ノ者ハ坐セス。若シ強姦スル者ハ懲役十年。未タ成ラサル者ハ一等ヲ減ス。

鶏姦律は、一八八二年（明治一五）の明治刑法の発布によって失効した。現行法として機能したのはわずか九年であり、適用例は多くなかったと思われる。また、刑務所内での男性囚人同士の男色行為など女装を伴わない事例も多かった。

しかし、一八八一年（明治一四）四月、元女形が鶏姦罪で懲役九〇日に処せられた事例は、女装が重要な要素になっているので、少し長くなるが触れておきたい。

「下谷箕輪町の東京府《とうけいふ》士族稲葉藤四郎の弟小登次《ことじ》（二十六年）は幼少のとき両親を失ひ」、「同町の矢島久蔵方へ引取られ」、さらに「十二才のとき、大坂俳優の姫松という者に貰はれて同地へ赴き」、女形の芸を仕込まれて俳優になった。「一昨年の八月ごろ東京へ帰」った際に病気になり、その薬代などのため衣装を売り払い、舞台への復帰ができなくなってしまった。そこで「女形にて髪形から衣類も総て女仕立てなるを幸ひ、女と偽って田舎の茶屋稼ぎに出る」ことにし、「昨年九月十五日に東京を出立して茨城県下常陸国筑波郡金村の萬屋を始め、同郡小張村の湊屋其外の料理茶屋を二、三月づつ渡り歩」き、「此二月十八日より同国北相馬郡大鹿《おおしか》村の料理渡世蛯原倉吉方へ住み込み、紅白粉にて朋輩の女より一層身奇麗に化粧をして居るので、家の者は勿論、入り来る客も皆女とのみ心得て」いた。ところが「同月二十一日に或る客に連れられて同郡取手駅の劇場《しばい》を見物に行き、其夜、深谷富次といふ車夫の人力に乗て主人方へ立ち戻た」。「頃は十一時過にて最《も》はや深更《よふけ》なれば」、「車夫の富次も同家へ一宿して小登次の側に打ち臥」した。「小登次は密《そっ》と車夫の夜着の中へ潜り込み、小声で密と言寄」り、「道すがら小登次の艶《あだ》なる姿をチラと見て心を悩して」いた富次は「渡りに船の心地して怪しい夢を結」んだ。ところが、富次の口から「小登次は女で無いといふ事が其筋へ漏れ」、「小登次は一夜の情が仇となり、終に取手警察分署へ拘引され、同署より土浦区裁判所へ送られ」「お調の上、去る六日に同所にて鶏姦律に照され、懲役九十日の御處分に成た」
（『読売新聞』明治一四年四月三〇日号）。

この記事から、女形が日常的に「髪形から衣類も総て女仕立」であり、したがってその気になつて身ごしらえすれば、田舎の茶屋女くらいなら露見せずに勤められたことがわかる。また、行為的には鶏姦された(受動)側の小登次が処罰されていることも注目される。

鶏姦罪は懲役刑であり、違式詿違条例の異性装禁止違反が罰金刑(一〇銭)の微罪であるのに対して、はるかに重い。小登次のような「女」としての性行動をもつ定常的な女装者にとって、鶏姦罪の存在は違式詿違条例とともに二重の強い抑圧だった。

おわりに

読売新聞を調査すると、違式詿違条例により異性装が禁止されていた一八七五〜八一年(明治八〜一五)七年間に二五件(女装一三件、男装一二件)、年平均三・五件の異性装関係の記事がある。新聞の紙面自体が少ない(当初は二面、後に四面)ことを考慮すれば、当時の新聞、そして社会が、異性装に対して高い関心をもっていたことがわかる。それは、前近代と近代の相克の一つの側面の表れだった。

これまで見てきたように、違式詿違条例による異性装の禁止の影響は多方面に及んだ。定常的な女装・男装者はもちろん、条文が拡大解釈されて、演劇の女形の女装や娘義太夫の男装、あるいは「しゃれ」的な仮装までが禁止対象になった。

それは、異性装の当事者に対する弾圧であっただけでなく、異性装者にある種の神性を見、異性装の要素をもつ歌舞や演劇を楽しみ、「とりかえ児育」のような異性装習俗を伝えてきた庶民、ひいては異性装者の社会的役割を認めて、その存在を容認(黙認)してきた前近代の社会意識そのものへの抑圧だった。

西欧化、不平等条約改正をめざして外国人の視線を過剰に意識した政府の姿勢、天保の改革に象徴される禁欲的な儒教モラリズム、そして新たに輸入されたキリスト教モラリズムが合成された「近代」による、伝統的な日本の習俗の「矯正」の一環だったのである。

＊ 違式詿違条例は、各府県によって若干の相違がある。全国公布に先立って一八七二年(明治五)一一月八日に東京府管内に出された「東京違式詿違条例」(東京府達第七三六号)には異性装を禁じる条項はなく、一八七三年(明治六)八月一二日の司法省布達第一三一号で追加され、同八月二七日司法省布達第一三八号で正誤が加えられて、「東京違式詿違条例」第六二条として同文が規定された(『日本近代思想大系二三 風俗 性』岩波書店、一九九〇年)。条文は今江五郎『違式詿違図解』(名古屋慶雲堂、一八七八年。『明治文化全集 九(法律篇)』日本評論社、一九二九年初版、一九九二年復刻版)に依る。

第８章 近代社会と男装者
――女性という社会的制約の中で

はじめに

拙著『女装と日本人』では、本のテーマ上、男装についてはほとんど触れることができず、その点について「女装中心主義だ！」というご批判をいただいた。新書という限られたスペースでテーマの範囲を越えて、なにもかもが記せるわけはないのだが、けっこう身にこたえた。ここでは、その際に使うことができなかった資料を用いて、近代の男装の諸相を分析してみよう。

1　芸者の男装

江戸後期、江戸深川の「巽《たつみ》芸者」は、薄化粧で、鼠色など地味な長着に羽織を着ていることから「羽織芸者」と呼ばれた。羽織は、現代の和装では男女ともに用いるが、本来は男性のみが着用する衣料である。また、○吉、○助、○太郎のように男名前（権兵衛名）を名乗り、しゃべり方も男っぽく威勢よく、気立ても「意気」と「張り」を看板にしていた。

図8-1　逮捕される男装の芸者（『東京日日新聞』1875年3月26日号）

今でこそ、芸者といえば古風な「女らしさ」の体現者としてイメージされるが、江戸の深川芸者は、羽織、男名前、男言葉、気風《きっぷ》のよさという男振（男らしさ）を売りにしていた。そして、江戸の裕福な男たちは、そうした男っぽい女を好んで座敷に呼び、舟遊びなどの遊興の供とした。実は、深川芸者は、女身にして男ぶりという性が重なった、かなり双性に寄った存在なのだ。

そうした傾向を受けてか、明治期になり違式詿違条例による異性装禁止の時代になると、芸者の男装が摘発される事例がいくつか見られる。

『東京日日新聞』明治八年（一八七五）三月二六日号（九六九号、文字紙面と錦絵版）には、一四日の日本橋「小舟町の火事の時に、紺木綿《めくらじま》の股引、はらかけにて、猫頭巾を冠り、麻うら草履をはき、差し子の半天を着」た「美しき男が彼地《あちこち》火事見舞ひにあるき廻る様子が何《ど》うも女らしき物腰ゆゑ」不審に思った巡査が呼び止めたところ、中村清助（芝居関係者らしい）の養女で「おやま」という名の芸者であったことがわかり拘引された。記事は「定めし罰金だらう」と結ばれていて、違式詿違条例の異性装禁止条項が適用されたと推定される。

錦絵には、いなせな差し子半纏を着た、火消し人足姿の島田髷の女性が、巡査に拘引される姿が描かれている〔高橋 1992, 木下・吉見 1999〕。

彼女は男装していた以外、何も悪事を働いていない。むしろ進んで危険がある火事場に出て、近火の迷惑にあった人たちを見舞っているのだから善行と言ってもいい。江戸っ子の気風からして、こうした威勢のよい娘は、それほど珍しくなかったのではないだろうか。少なくとも数年前までは、逮捕されるとは誰も思ってもいなかったはずだ。

また、江戸唯一の遊廓である新吉原では、毎年八月に「俄《にわか》」(仁和賀)と称して、芸者衆や幇間《ほうかん》が廓内の路上に設けられた特設舞台で、即興の芝居(狂言)や歌舞を披露する行事があった。その際に、芸者が男髷を結い男装することがしばしばあり、それがまた人気を呼んでいた。しかし、明治八年(一八七五)には違式詿違条例の異性装(男装)禁止を受けて、以後、島田髷のまま裁付《たっつけ》だけを履くというなんとも中途半端な男装で手古舞を踊るよう対策がとられた(『読売新聞』明治八年一〇月五日)。これもまた一つの「近代化」だった。

違式詿違条例の異性装禁止は「男にして女粧《おんななり》し、女にして男粧《おとこなり》し」と女装・男装のどちらも禁じている。また新聞記事に見える摘発例もほぼ女装・男装が拮抗《きっこう》している。ただ女性については「女の着袴する類は此限にあらず」という例外規定があり、新吉原の「俄」行事の裁付袴の着用という対応策は、この規定に則ったものと思われる。

2　男装で写真を撮る

幕末に西洋から移入された写真術は、徐々に広まり、一八七〇年代になると、東京神田、浅草、銀座などに写真館が開設されるようになる。流行りに敏感な江戸っ子の中には、さっそく自分の姿を撮ってもらおうという人が現れる。

『読売新聞』明治九年(一八七六)七月二〇日号には、今紫という名の(おそらく、新吉原遊廓の)娼妓《おいらん》が西洋風の男装で銀座の写真館で撮影をしてもらおうとして断られる場面に遭遇した人物からの投書が載っている。投書者は「兼て男が女の形をしたり女が男の形をする事はならぬとお布令《ふれ》にも出て有りますから、写真なども異風な形は決してならぬ事になればいい」と異性装の禁止を写真にまで及ぼすべきことを主張している。

この投書主は「西派老人」と名乗っていることから、保守派ではなく西欧的な「文明開化」に賛同している人らしい。写真ですら異性装を禁じよう、それが「近代」だった。

どうも、男装して写真を撮ることは、当時の玄人《くろうと》女性を中心に流行っていたようで、一八八〇年(明治一三)三月には、元柳橋芸者のおしまという二〇歳の女性が、高袴、書生羽織、高帽子という男装で、恋人の東京帝国大学生と写真を撮りに行くところを巡査に見とがめられ拘引され、違式詿違条例違反で罰金一〇銭に処されている(『読売新聞』明治一三年三月一八日号)。

また素人《しろうと》女性でも、一八七九年(明治一二)四月一四日、東京飯倉町(現：港区麻布地区の東部)の道具屋の女房お里が「印半纏を借り込み股引腹掛の勇みな形《な》りで近所の娘と合乗り」して芝神明前（現：港区大門一丁目）に写真を撮りに行っている（『読売新聞』明治一二年四月一七日号）。

道具屋の女房お里は、日頃から散髪《ざんぎり》にしていたようなので男装傾向があったのかもしれないが、今紫にしても、おしまにしても、日頃から男装していたわけではなく、一種の「しゃれ」としての仮装だったと思われる。しかし、それもまた異性装禁止の対象にされてしまった。なお、東京違式詿違条例三九条には「婦人ニテ謂レナク断髪スル者」とあり、女性の男装はこの条項からも規制される可能性があった。

異性装をして写真を撮るのは男装に限らなかったようだ。少し時期が下るが、一八九四年（明治二七）、取材のために自由党の論客の邸宅を訪ねた新聞記者が、邸内に飾ってある美しい女性の写真に目を止めた。眺めているうちに、その正体に気づき……（その邸宅の主人の女装写真だった）という記事がある（『読売新聞』明治二七年八月一四日号）。また、実際に、明治初期に撮影された女装写真が現存している。日本人のコスプレ写真好きは、かなり根が深いのだ。

3　男装の芸能

異性装への厳しい視線は、男装の芸能にも及んだ。

『読売新聞』明治八年（一八七五）一〇月九日号には、当時、復興期にあった女浄瑠璃語りが「かみ（髪）を男髷に結、男の衣服を着て」男装で高座に上がっていることを告発する投書が掲載されてい

図8-2　豊竹昇菊（左）・昇之助姉妹（『報知新聞』1901年9月22日号）

る。そこでは「平常も其形で居ますが彼《あ》れは違式とやらの罪では有りませんか」と違法性を指摘した上で、「まして此節は日本人ばかりでなく外国人にも笑れますから」と外国人の視線が強く意識されている。

少し時代が下り、違式詿違条例の時代ではなくなったが、一八八八年（明治二一）に大人気となった竹本綾之助の五分刈りの坊主頭、裃、袴という男姿の写真が残っている〔水野 2003〕。

また、夏目漱石の小説『三四郎』に「三四郎は何だか寄席へ行つて昇之助が見度くなつた」と出てくる「昇之助」は、一九〇一年（明治三四）に大阪から上京して人気者になった豊竹昇菊・昇之助姉妹で、姉の昇菊（一六歳）は娘姿だったが、妹の昇之助（一二歳）はその名のように、散切髪の男姿だった（『報知新聞』一九〇一年（明治三四）九月二二日号）。

女浄瑠璃（娘義太夫）もまた性別越境の要素をもった芸能であり、そこに人気の要素があった。法令でどれだけ男装の芸能者を規制しても、双性的な男装者を好む民衆の嗜好は変わらなかった。

4　定常的な男装者

目を定常的な男装者に転じよう。一八七五年（明治八）五月一八日、東京芝西応寺町（現：港区芝二丁目）で堀に身投げしようとした男が巡査に助けられるという出来事があった。この人物は車夫の時次郎という男で、借りた布団の損料が払えず親方に殴られて首になったことを面目ないとしての投身だった。ところが、取り調べの結果、時次郎は実は女性で、甲府から一〇歳の時に上京して以来、男姿で厩《うまや》の飼丁《しちょう》、芸妓の箱回し、人力車夫など仕事を転々として男装生活は七年間に及んでいたという。色男だが、喧嘩の先だちをするなど、かなり男らしく振る舞っていて、周囲は気づかなかったらしい。記事は「男が女の形りをしたり、女が男の形りをすると、外に悪いことがなくとも巡査につれてゆかれますぞ」と結ばれている(『読売新聞』明治八年五月二三日号)。

なお、この話は、『大阪錦画日々新聞』明治八年五月二六日号(二四号)にも転載され、若い男姿の女が親方に殴打されている場面が描かれている。

また、『読売新聞』明治一三年(一八八〇)三月一八日号には、東京府下用賀村(現：世田谷区用賀)の農家の娘和田ゆき(一八歳)の話が載っている。おゆきは「女らしい処は少しもなく、男の様な性質にて、平生股引腹掛で村の若い者と一途に遊び歩き、博奕《ばくち》を打つやら大酒を飲んで喧嘩をはじめ手荒なことをして親に迷惑をかける事が度々」なので、昨年、父親が願って「懲治檻《ちょうじかん》」に入れたが、願い下げて家に戻すと「改心どころか矢張元の通り男の形で諸方を押し歩き、三、四日前にも若者連中と共に品川へ娼妓買ひに行って喧嘩」をする始末だった。

「懲治檻」とは一八七二年(明治五)に制定された「監獄則」で監獄構内に設けられ、二〇歳以下で懲役刑を満期終了したものの更生不十分な者、貧しく生計の道がない者、さらに、父兄等の情願によって不良子弟を懲らしめるため(情願懲治)に収容する施設である。

記事は「何の因果でこんな娘を持ったか」と父親の涙ながらの嘆きを記しながら、記者が「世間には男で女の様に意気地の無い者が多いのに、是はまた変はった娘であります」と、それほど批判的でないところがおもしろい。男の「女らしさ」は常に否定され、「男らしさ」はこういう場合でも肯定的に扱われるのだろうか。

それにしても、男装の娘と知りつつ、連れ立って遊び歩き、遊廓にまで同行した村の若者の心理はどのようなものだったのか興味深い。

もう一例挙げておこう。本芝二丁目（現：港区本芝）の魚屋内田徳蔵の娘お秀という女性は、一八八一年（明治一四）当時、かなり知られた存在だった。お秀は「女の業を嫌ひ男の業を好」み、「近頃は髪を刈て散髪となり、大紋附の半纏に目くら縞の股引を履て、三尺帯を腰に締め、言葉つきさへ男の真似をし」ているので「近所の者は名は呼ばで「男女」と評判」していた。そのことが当局の耳に入り警察署に呼び出され説諭されたが、お秀は「尚も懲りずまた男作りに身を拵《こし》らへ、諸方を遊び歩行く内」、芝神明社内の水茶屋の「雇女おこま（一八歳）といふに見初められ別《わ》りなき中と成た」。そしてついに「先月の下旬、お駒を連れて欠落《かけおち》し」てしまった。

記者は「女が女に惚るといふは余りをかしい話だと、内々聞き糺して見ると、お秀には陰嚢はないが男の何も女の何も持て居るとの事なれど、記者はまだまだ信用が出来ない」と、お秀＝「ふたなり（半陰陽）」説があることを半信半疑で紹介している（『読売新聞』明治一四年四月一三日号）。

本来の性別は男性であるが性器の外観が女性的であるため、出生時に女性と判定され女性として養育された者が、思春期になって男性性を発揮すること（男性仮性半陰陽）は、当時も知られていた。記者が疑うように、お秀は男女どちらとも非典型な身体形質をもつインターセックス（性分化疾患）だったのかもしれない。

一方、お秀とお駒の関係については、「女が女に惚るといふは余りをかしい話」として、ほとんど取り合っていない。それは、この時期、まだ女性同性愛が「発見」されていない（認識されていない）からである（第10章参照）。

5　男装と犯罪

違式詿違条例の条項の多くは、一八八二年（明治一五）の明治刑法の実施に際して違警罪（明治一三年七月一七日太政官布告第三七号）に継受された。しかし、異性装禁止の条項は違警罪の罪目中には見えない〔亀山 1898〕。

異性装禁止条項は違警罪に継受されず、その結果、少なくとも全国一律の法律的には異性装の禁止が解かれた可能性が高い。その推定を裏付けるように、一八八二年（明治一五）以降、他に犯罪要素がなく異性装そのものを犯罪として逮捕されたと思われる事例は、新聞記事からほとんど見られなくなる。

ただ、結果的に犯罪要素はなかったが異性装者が拘引された事例は、いくつか見られる。それらは、盗犯などの嫌疑に基づく、予防拘束的な拘引と思われ、嫌疑が晴れれば釈放されている。

こうした異性装に対する法適用と警察の姿勢については、主に女装の事例に基づき、『女装と日本人』、および別稿で詳しく論じた〔三橋 2008a, 2019a〕。ここでは、男装と犯罪について見てみよう。異性装と犯罪の関係は、次の四つに分類できる。

① 異性装そのものが犯罪とされたケース。
② 主に定常的な異性装者が(①以外の)犯罪を行ったケース。
③ 女性(男性)の衣類を入手し、それを身につけることを目的に犯罪を行ったケース。
④ 異性装を犯罪に利用したケース。

これらの四つは、それぞれ犯罪としての本質を異にするものであり、可能な限り分別して考えなければならない。しかし、現在に至ってもなお、これらを混同した報道がときどき行われている。①は、違式詿違条例の異性装禁止条項の適用によるケースで、すでに事例を紹介してきた。ここで事例としてあげるのは、予防拘引と②③④のケースということになる。

明治二〇年(一八八七)一二月七日の深夜、京橋区南伝馬町(現:中央区京橋一丁目)の路地に「大紋附の半纏に盲縞の股引を穿た怪しげな」三〇歳くらいの男がうろついているのを近所の者が不審に思い巡査に連絡して、京橋警察署に拘引となった。その場の調べで男は小川兼吉(三一歳)と名乗った。ところが翌朝、詳しく取り調べたところ「男に非ず誠は女」であることがわかった。この女性は、平常は土方の手伝いや荷車引きをしていたが「女と云っては仲間の者も取用ひねば、ワザと男姿に身を窶《やつ》し」ていた。他に犯罪を疑わせるものはなく、「以後を戒め放免」となった（『読売新聞』明治二〇年一二月七日号）。

挙動不審の男を予防的に拘束したところ、女性だったという事例だが、翌朝になるまで女性だとわからなかったくらいだから、かなり堂に入った男装だったのだろう。

明治二一年（一八八八）一〇月五日、小川町（現：千代田区神田小川町）あたりを「富貴豆、富貴豆」と呼び歩く者がいた。その姿は「印半天にメクの股引、白足袋に突掛草履といふ一六、七の意気な男」だったが「何処やら優し過る顔と愛らしい呼声」を不審に思った巡査が小川町警察署に引致して取り調べたところ、神田多町一丁目の豆屋中條平次郎の妻の姪で小林おこと（一六歳）という少女であることが判明した。火事で類焼した伯母の家計を助けようと富貴豆を売り歩くことにしたが、「若い者に嬲《なぶ》られるのが辛いゆゑ」男の姿をしたと申し述べた。警官は「その志しは嘉《よ》みすべきも、その所為は違警罪に触れるゆゑ、以後を戒めて」釈放された（『読売新聞』明治二一年一〇月五日号）。

この事例は、異性装が違警罪に抵触することを記した唯一の記事である。しかし、結果的に釈放されており、「違警罪に触れる」は警察の脅しだったのではないだろうか。

明治三五年（一九〇二）三月一二日の夜、牛込区市ケ谷仲の町（現：新宿区市谷仲之町）の左官酒井善吉（二二歳）の妻マサ（一九歳）が男装して、夫と共に新宿署の前を歩いているところを怪しまれ拘引された。夫の外遊びに嫉妬した妻が同行を求め、夫がやむを得ず「自分の外套、山高帽子をマサに着て」、新宿遊廓を素見《ひやかし》歩き、さらに汽車に乗って板橋遊廓に行こうとしたところだった。記事の見出しは「世界一の嫉妬《やきもち》女――女房も女房、亭主も亭主」となっている（『読売新聞』明治三五年三月一四日号）。

これらは、いずれも男装を伴う挙動不審者に対する予防拘束の事例と考えられる。

次に男装の盗犯だが、散発的だがいくつか見られる。

早い時期の事例としては、『東京日日新聞』明治七年（一八七四）一〇月一二日号（八二二号、文字紙面と錦絵版）に、栃木県で夫と盗みの共稼ぎをして逮捕された男装の妻、ことが報じられている。

この妻は、夫と子供と共に昼間は飴売りの行商をしながら手頃な家を物色し、夜になると男装して人家に忍び入り盗みを働いていた。犯行の時、夫は門口で子供をあやしながら見張り、盗んだものを背負う従犯で、盗みの主犯は男装の妻だった。錦絵新聞には、手ぬぐいを被り、太い格子柄の男着物を着て腰に刀を差した男装の妻と、子供を背負い、盗品を包んだ風呂敷とカンテラを持った夫の姿が描かれている〔高橋 1992, 木下・吉見 1999〕。

女の姿では、盗みが見つかった時に侮られ威嚇が効かないので男装したものかと思われ、④の異性装を犯罪に利用したケースと考えられる。

また、『読売新聞』明治一二年（一八七九）二月七日には、大阪難波村の中宮きくという七六歳の老婆が孫子《まごこ》の生活苦を救おうと「男の形《なり》に扮打《いでた》ち抜刀《ぬきみ》を引揚げ」て近辺の家々に押し入るという強盗事件が報道されている。

罪を犯して処罰されるなら老い先短い自分が、という覚悟の犯行であったが、老婆の押込みでは侮られるので一時的に男装したのだろう。やはり④の異性装を犯罪に利用したケースと考えられる。

老齢の男装者もいれば逆に若年の男装者もいた。『読売新聞』明治一四年（一八八一）一二月一日には、四谷尾張町（現：新宿区四谷一丁目）の士族の娘飯島みよという一三歳の少女が「自身に髪を切て男の姿に成り袴を履て、諸方を遊び歩行き」、一一月一五日には芝居茶屋に上がり亭主をだまして一宿を願い、家内が寝静まったところで箪笥から羽織と紙幣を盗んで立ち去り、また新富座の客席で隣客の紙入財布を掏摸《す》り、さらに芝居茶屋で「官員の長男と偽り例の通り一宿を頼んで」家内の衣類を奪うなど犯行を重ねた末、牛込署に逮捕されたことが報じられている。

娘姿では諸方を遊び歩くのに不便であるし、娘から良家の跡取り息子になりすますことによって社会的信用を得て、それを犯行に巧みに利用している。やはり④の異性装を犯罪に利用したケースかもしれないが、一三歳の少女にしては男装が堂に入っており、定常的な男装者の資質が感じられる。

もっと本格的な男装の盗賊もいた。明治二五年（一八九二）一一月二日、愛媛県の宇和島で「異人のお鉄」の二つ名をもつ男装の女盗賊が逮捕された。お鉄は高知近辺で犯行を重ねた前科者で、この時も高知監獄を出所したばかりだった。宇和島でも「男の装ほひをし鼻の下へは舶来の仮髭を附け八字を画きて紳士と化け」、「旅亭に宿を取り日々宿の女等を連れ諸所遊歩をなし」という見事な男ぶりだった。ところが、同宿の客の金四〇〇円がなくなるという事件が起こり、手口からお鉄の犯行と推測して捜査していたところ、お鉄が「紳士の姿に打扮《いでた》ち近辺の湯屋に往きて衣物を脱ぐ際、ツイ注意を怠り」、「犢鼻褌《ふんどし》を解くと仕掛の偽睾丸《きんたま》がバッタリ板の間に落ち」るという事態になった。それを入湯の客に不審がられ、通報されて逮捕された。記事の見出しは「睾丸板の間に落つ」になっている（『読売新聞』明治二五年一一月一一日号）。

精巧な付け髭だけでなく、股間にまで細工を施す徹底ぶりである。現在でもTrans-man（女性から男性へのトランスジェンダー）の中には、ペニスと陰嚢（睾丸）を象《かたど》った縫いぐるみ状のもの（「ペニぐるみ」と言う）を股間に付ける人がいるが、そうした入念さや男装のまま湯屋（男湯）に入るという行動パターンからして、お鉄は定常的な男装者だったかと思われる。しかし、男装を犯罪に利用していることは明らかなので、②の定常的な異性装者が犯罪を行ったケースと、④の異性装が犯罪に利用されたケースの合併的な事例と考えるべきだろう。

明治三二年（一八九九）五月二二日夜、北埼玉郡三俣村（現：埼玉県加須市）の家に小刀をもった男装の女強盗が押し入り、戸主に軽症を負わせたが取り押さえられるという事件が起こった。犯人は同村の藤蔵くま（一九歳）で静岡にいる情夫の元へ行く旅費を捻出しようとしての犯行だった（『読売新聞』明治三二年五月二四日号）。これも、女強盗では威嚇が効かないので一時的に男装した、④の異性装が犯罪に利用されたケースと思われる。

暴力沙汰で逮捕された例もある。明治三七年（一九〇四）五月一五日、浅草区金龍山北河原町（現：台東区浅草七丁目）在住で「散髪《ざんぎり》お粂」という二つ名をもつ掏摸《すり》常習の戸沢粂（一八歳）が、監獄を出所以来の散髪頭に銘仙の袷《あわせ》に同じ羽織、麦藁帽子を阿弥陀に被って男の姿に扮し、「予《か》ねて怪しき仲なる」髪結の保坂長吉（二七歳）と吉原に繰り込み、京町二丁目の千稲弁楼に登楼しようとした。しかし、同楼の者が「女といふ事を発見し、女は客に取れぬ規則なりとて拒絶」したところ、「お条は大に立腹し長吉共々乱暴を働き皿鉢を叩き壊すやら妓夫《ぎふ》の横面を擲《なぐ》り飛すなど」暴れ、浅草署に逮捕されるという事件が起きた（『読売新聞』明治三七年五月一五日号）。

計画的なものではなく偶発的な犯行であるので、④の異性装が犯罪に利用されたケースには当たらない。長吉との関係が不明確だが、髪を散髪にしていることや、遊廓に登楼しようとした行動パターンからして、お条は定常的な男装者だったのではなかろうか。②の定常的な異性装者が犯罪を行ったケースと考えておきたい。

男装が関係する犯罪で特徴的なものに密航がある。明治三〇年（一八九七）八月五日午前二時頃、小泉小三郎（三三歳）が、横浜港に停泊中のアメリカ船カプチック号の小使と共謀して、薄井すず（一七歳）と高橋はる（二四歳）の二人に男装させて船内に乗り込ませ、アメリカに密航させようとし、露見して逮捕された（『読売新聞』明治三〇年八月七日号）。「醜婦」という見出しからして、この二人の女性は娼婦であった可能性が高く、彼女らを密かに輸出するために男装させたと思われる。

また明治三三年（一九〇〇）二月七日午後三時、横浜を出港した東洋汽船の亜米利加丸で、男装してアメリカに密航しようとした女性が発見された。彼女は「一見火夫とも見るべき浅黄の洋服を着し頭は束髪として深く帽子を冠」るという姿で石炭置場に潜伏していた（『読売新聞』明治三三年二月九日号)。

これらは、いずれも男装が密航という犯罪に利用された④のケースと考えられる。

男装に関係した犯罪事例は、定常的な男装者の犯罪(②)がある一方で、娘姿では不自由とか、女姿では侮られるなどの理由での男装(④)がかなり見られること、逆に衣服を入手し、それを身につけることを目的にした犯罪が見られないことが、女装の犯罪に比べて特徴的である。

6　女性の社会的制約を超える

異性装する理由を社会的に見た場合、女装と男装の最も大きな違いは、男装には、男尊女卑社会において女性に課された様々な社会的制約を超えるという理由(機能)があったことだ。具体的には、女性には許されない政治活動に参加するため、女性ではなれない職業に就くため、男性並みの行動の自由を得るため、さらには男性からの性暴力を回避するための手段として男装が用いられた。

ヨーロッパでは、女性が生活のために男装して兵士や水夫になる例がいくつも知られている。一七世紀後半のイギリスで、行方不明の夫を探すために男装して軍隊に入ったクリスチャン・デイヴィス、一八世紀中頃のイギリスで、やはり夫を探すために夫の弟に成りすまして海軍の水夫になったハンナ・スネル、イギリス人女性で、一九一四年にセルビア軍に看護婦として入隊しながら、いつのまにか兵士になり、最後は大尉にまで昇進したフローラ・サンディーズなどである〔石井 1994,

新實2010〕。

言動の制約を男装で超えようとした事例としては、フランスの作家ジョルジュ・サンド(一八〇四～七六)の男装が知られる。きわめて非活動的な当時の女性ファッションを脱し、職業作家として社交界で男性と同様の活動性を求めたものと思われる。

日本に目を転じると、女性が従軍して戦った例は、一二世紀、木曽義仲軍の女武者・巴(史料的確証なし)、一三世紀初頭、越後国の有力武士団・城氏一族の女武者・板額《はんがく》、戦国時代、夫の不在を守って戦った城主の妻や娘たち、一八六八年、戊辰戦争の会津城包囲戦における会津婦女隊、同じく男装して得意のスペンサー銃で戦った山本八重などがある。しかし、江戸時代、武士の娘が武芸(薙刀や小太刀)を習うことは珍しいことではなく、従軍に際して男装することは必ずしもなかった。また近代以降の徴兵制下では、身体検査が厳格で、女性が入り込む余地はなかった。

明治期の比較的早い例として、明治二三年(一八九〇)頃、女子事業学校設立運動を主導した女権拡張家の河口雲井は男装で有名だった(『読売新聞』明治二三年八月一六日号)。これは、男性並みの言動の自由を得るための手段としての男装だった。

職業的な制約を超えようとしたものとしては、明治三二年(一八九九)一二月、男装の女美術家・月谷はつが東京根津で警官に不審尋問された際に、「職業上の都合もあり、旁《かたわら》、男の風をしてゐる」と弁明している(『読売新聞』明治三二年一二月一七日号)。

また、西洋画家の渡辺幽香(一八五六～一九四二)も「女などですと、いろいろ邪魔をされますので」一三歳から十五、六歳まで男装して写生に出掛けていたことを語っている(『婦人世界』明治四三年〔一九一〇〕八月号)。記述からして明治初年のことだろう。

小松原英太郎文部大臣(一八五二～一九一九)の姪の春子が、洋行を志した際に「女姿では万事都合が悪からうと思ひ」「黒髪をぶつりと切ってしまひ、衣服も男の衣服に着かへました」と述べているのは、性暴力を回避する意図もあったかもしれない(『婦人世界』明治四四年〔一九一一〕五月号)。

このように明治期には、女性に課せられていたさまざまな社会的制約を脱するために、日本でも男装という方法がとられることがあった。

最後に、「男装の麗人」として昭和戦前期の有名人だった川島芳子(一九〇七～四八)の事例を挙げておこう。芳子は、清朝皇族・第一〇代粛親王善耆《ぜんき》の第一四王女で、本名を愛新覚羅《あいしんかくら》顕玗《けんし》という。八歳のとき、粛親王の顧問だった川島浪速《なにわ》の養女となり日本で教育を受け、松本高等女学校に進んだ。しかし、一七歳で自殺未遂事件を起こし、その後、断髪して男装するようになる。一九三〇年代になると、中国大陸進出を画策する日本軍部に協力して諜報活動に従事する。一九三二年、小説家の村松梢風《しょうふう》が芳子をモデルにした『男装の麗人』を発表すると、当時、人気だった松竹歌劇団の男役スター・ターキー(水の江瀧子、一九一五～二〇〇九)と並んで「男装の麗人」として人気を博す。一九三三年、関東軍の熱河省進出のため熱河自警団が組織され、芳子は総司令に就任し、満州国陸軍上将の軍服姿の写真が残っている。

川島芳子の男装のきっかけは、義父の性暴力から逃れるためだったという説もある〔上坂 1984〕。

そうであるなら、性暴力を回避するための男装の事例となる。また男装することで、女性としての社会的制約を脱し、諜報活動や軍事行動をすることが可能になったと考えられる。日本軍部の大陸侵略の協力者（最後は「漢奸」として銃殺刑）であり、現代における評価は低いが、男装によって女性としての社会的制約を超えた典型的な人物として評価できると思う。

おわりに

大学で「ファッションとジェンダー」の講義をすると、毎期必ず「なぜ女性のファッションにはスカート型とズボン型の両方があるのに、男性はズボン型だけでスカート型は駄目なのですか？」という質問がある。「それは、女性たちが長い間かけて女性ファッションの領域を拡張する努力を重ねてきたのに対し、男性はファッションに対してきわめて保守的で、拡張の努力をしてこなかった結果です」と答えている。

戦後、女性たちは「男みたいな恰好しやがって」とか「女ならスカートを履け！」というような言葉を浴びせられながら、ファッションの領域をズボン型まで拡張してきた。それは、女性ファッション史において、コルセットからの解放と並ぶ偉大な成果だと思う。

しかし、それは一方で「男装の困難」という事態を引き起こした。つまり、男物のアイテムを使って男っぽく装っても、拡張された女性ファッションの範囲を脱することができないという困難だ。また、かなりマニッシュに装っても、男性の性的視線を免れることがなかなかできないという現象もある（これは「男装の麗人」の時代から変わらない）。

女性に課せられた様々な制約を男装することで乗り越えようとした男装の先人たちが、多くの女性たちが当たり前のようにズボン型衣服を着こなす現代の状況を見たら、どう思うだろうか？

第9章 女装世界の二〇世紀
――トランスジェンダー・カルチャーの構造

はじめに

二〇世紀の日本、元号で言えば明治末期・大正・昭和・平成前期の女装文化については、第7章でも述べたように、拙著『女装と日本人』や個別の論考でいろいろ書いてきた〔三橋 2008a, 2015 ほか〕。ここでは、それらを踏まえながら、二〇世紀における男性から女性への性別越境の在り様を、少し視点を変えながら構造的に考えてみたい。そして二一世紀の状況と展望も。

1　二つの着目点――プロとアマ、女装と女体化

二〇世紀の男性から女性への性別越境の在り様を考える上で、重要な着目点が二つある。

一つは、性別越境を生業《なりわい》としているか、していないかという点である。なんらかの形で性別越境していることを職業上のセールスポイントにしている人は、昭和戦前期以前にもいた。たとえば、芝居の女形とか、女装の芸者とか、女装男娼などである。二〇世紀末の段階でいえば、「ニューハ

ーフ」と呼ばれる人たちがそれに当たる。江戸時代の陰間以来の伝統を受け継ぐ性別越境のプロフェッショナルたちだ。

それに対して、昭和戦後期になると、女装を生業としない人たちが出てくる。つまり、女装を生業とするプロフェッショナルと、女装を生業とせず「趣味」で女装するアマチュアという形に分化する。

昭和戦前期以前は、ほとんどプロしかいなかった。趣味で女装しているという人は、まずいない。それは趣味というものが経済の発展、生活の余裕がなければ成立しないものだからだ。逆に言うと、「趣味」の女装が成立してくるということは、日本がそれだけ経済的に豊かになり、生活に余裕が持てる時代になったということだ。

現在でも発展途上国では、「趣味」の女装はほとんど成立していない。女装する人はいても、それは生業になっている。かなり経済力をつけてきているタイやフィリピンでも、純粋な趣味の女装はまだ無理で、女装する人のほとんどは程度の差はあれ、それを生活の糧にしている。

アマチュアの女装は、日本社会が高度経済成長に入る一九五〇年代後半（昭和三〇年代）に出現するが、それは性別越境者の歴史の中で大きな変化であり、昭和戦後期の特徴である〔三橋 2006a〕。

もう一つの着目点は、性別越境の手段である。髪型や服装などを女性のそれに変えることで性別越境をするか、単に装いを女性に変えるだけでなく、外科的な手術などによって身体を女性に近づけるか。つまり女装か女体化かということである。

女装の歴史はきわめて古いと思われる。おそらく、人類が衣服を着始め、衣服に男女の差異が生まれた時から、女装(男装も)という行為は存在しただろう。あるいは、衣服以前にも、タトゥー(刺青)などの身体加工に男女差があり、それを越境することがあったかもしれない。

それに対して女体化(男体化も)が可能になったのは比較的最近、戦後一九五〇年代のことである。これには二つの医学的な要素が関係する。まず、第二次世界大戦で負傷した人を治療し傷を整復する技術、いわゆる形成外科が進歩したこと。それと、戦前から開発されていた性ホルモンの人工合成が安価にできるようになったこと。この二つが相まってだいたい一九五〇年代ぐらいから「性転換手術」と呼ばれる身体を女性化する手術が可能になった(身体を男性に近づける手術はやや遅れる)。つまり、一九五〇年頃から女になることに女装と女体化という二つの路線ができてくる。

そこで、これら二つの着目点、生業の視点と女装/女体化の視点を組み合わせると、四つに類型化できる。

Ⅰ　生業&女装
Ⅱ　生業&女体化
Ⅲ　非生業&女装
Ⅳ　非生業&女体化

Ⅰは最も古い形態で、前近代はもちろん、昭和戦前期以前はこれしかなかった。ⅡとⅢは昭和戦後期の一九五〇年代に出現して現代に至る。Ⅳは二〇世紀にはほとんど稀で、二一世紀になって顕在化する。

次節からは、これら四類型(二〇世紀に限れば三類型)がどのように展開していったのか、その流れをたどってみたい。

2　昭和・戦前期

文明開化の始まりとともに、性別越境者への抑圧が始まり、男として生まれながらも女として生きたい人々は、社会の表面に居られなくなり、明治から大正時代にかけて、ほとんどアンダーグラウンド化してしまう。

ところが、こうしたアンダーグラウンド化した状況が、昭和に入ると少し様相が変わってくる。昭和戦前期には、女装した男娼がしばしば新聞に登場する。場所は、東京では、まず浅草、そして新興の盛り場の銀座、大阪では釜ヶ崎(現：西成区)から天王寺の界隈である。

図9―1は、一九三七年(昭和一二)の春、銀座で私服警官に誘いをかけてしまい、「密売淫」(無許可売春)の罪で逮捕された、福島ゆみ子と名乗る人だ。ところが、築地署に連行して取り調べたところ男性であることが判明する。現在の「売春防止法」もそうだが、戦前の売春関係法規も、売春の主体は女性であるという前提で法律ができているので、男性だとわかった途端に罪状が消えてし

図9-1　女装男娼・福島ゆみ子（『東京日日新聞』昭和12年（1937）3月31日特報）

まった〔三橋 2019a〕。だから、「彼女」は余裕の表情で、集まった新聞のカメラの前でポーズを決めている。

　このような人が昭和初期にどのくらいいたのか、はっきりとはわからないが、昭和戦前期に撮影されたと思われる女装男娼たちの集合写真が二枚残っている。それぞれに八人、一〇人の女装男娼が写っているが、八人の方は一九三四年（昭和九）頃に大阪で撮られたもの（第3章の図3―1）で、背景などからして、ちゃんとした料理屋で宴会をした後に撮っているように思う。

　一〇人の方（図9―2）は、撮影場所は不明だが（東京浅草か?）、ファッションなどから、やはり一九三〇年代と推測している。

　こうした集合写真があるということは、それなりの人数の女装男娼がいて、組織というまでには至らないまでも、横のつながり（グループ化）があったということだ。そして、女装男娼の営業が成り立つということは、それだけのお客さん（男性）がいたということで、これもまた重要なことである。

「文明開化」の後、困難な状況下で、女装の人たちが生きていく術（生業）はきわめて限られ、ほぼ三つしかなかった。

　一つは、新派などの芝居の女形である。江戸時代の歌舞伎の女形は、「平生《へいせい》を、をなごにてくら」すという江

図9-2　女装男娼の集合写真（井上泰宏『性の誘惑と犯罪』あまとりあ社，1951年）

戸歌舞伎の女形を確立した芳沢あやめの言葉どおり、日常から女性として暮らすフルタイムの性別越境者だった。歌舞伎世界は女になりたい人たちが生きていく場として機能していた。ところが、明治の文明開化期になると市川団十郎（九世）の歌舞伎近代化によって「女をするのは舞台の上でだけ」という形になり、女形は適性ではなく門閥化していき、歌舞伎（旧派）には、もう、女になりたい人たちが居られる場所がなくなってしまう。女になりたい人たちがなんとか生きていける芝居の世界がいわゆる新派だった。

中でも曽我廼家《そがのや》五郎劇団は女優を使わない「女形天国」で、曽我廼家桃蝶《ももちょう》をはじめとする多くの女形を輩出した、桃蝶は和装・洋装ともに見事な女っぷりで、戦前に婦人雑誌の表紙やモデルになっている。一九六六年（昭和四一）に舞台から引退するとき、自伝『芸に生き、愛に生き』（六芸書房）を出版したが、これは男が好きな男で、男らしさがまったくない女性的な性格であることを告白（カミングアウト）した最初の本となった。

二つは、芸事を生かした芸者である。女装の人の仕事は女性の仕事のコピーという形態が多い。芸者が栄えた時代には女装の芸者がいるし、ホステスが栄えている時代には女装のホステスがいる。

ただし、戦前の芸者は、鑑札制(届出登録制)なので女性しかなれない。したがって、女装芸者は厳密には「芸者もどき」である。

栃木県の塩原温泉に「花魁の清《せい》ちゃん」という「芸者もどき」の人がいた。かなりの有名人で、一九二九年(昭和四)元日の『読売新聞』にインタビューが載っている。なぜ、そこまで注目されたかといえば、当時の「エロ・グロ」(エロティズム&グロテスク)ブームをまさに体現する存在だったからだと思う。それにしても「なにも元日から……」と思うが、どうも年の初めに不思議(奇妙な)なものを見ると縁起が良いという考え方があったらしい。

こうした女装芸者は、昭和の戦前・戦後期、一九七〇年代ぐらいまでは、けっこうあちこちの温泉地にいて、それなりに人気者で営業が成り立っていた。しかし、芸者遊びの衰退とともに数が減り、現在は、東京大井海岸のまつ乃家栄太朗さん、ただ一人になってしまった。

女形にしろ、芸者にしろ、それなりの美貌に恵まれ、かつ演劇なり芸事なりの技能を身につけていなければ務まらない。そういう才に恵まれない女装の人の生きる術は、すでに紹介したような女装男娼、セックスワークしかなかった。これが三つ目になる。

いずれにしても、昭和戦前期までの男性から女性への越境手段は女装のみで、それは生業と密着していた。そして、その生業の形態は、芸能とセックスワークだった。四類型の「I　生業&女装」ということになる。

図9-3　ノガミの男娼「人形のお時」（『文芸読物』1949年2月号）

3　昭和・戦後混乱期（一九四五〜五五年）

敗戦直後、アメリカ軍の空襲で焼け野原になった東京の北の玄関口として人や物資の集散が活発で、上野公園という野外性交渉に絶好の広大な空間を抱えていた上野駅周辺に、多くの街娼（女性）に交じって数十人の男娼が集っていた。「彼女」たちこそ、まさに「廃墟の中のフロントランナー」であり、戦後のトランスジェンダー・カルチャーの原風景である。

夕闇が濃くなる頃、下谷万年町（現：台東区東上野四丁目付近）などのアパートから出勤し、上野の西郷さんの銅像の下あたり（山下）や不忍池の畔（池之端）に立ち、道行く男を誘い、上野の森の暗がりで性的サービスを行っていた。その出身はさまざまで、戦前から浅草辺りで薄化粧して客を引いていた「男色者」、戦災で活躍舞台を失った「女形崩れ」、軍隊生活で受け身の同性愛を体験した「兵隊崩れ」などが中核だった。

上野のことをスラングでは逆さ読みして「ノガミ」と言うが、上野《ノガミ》の男娼世界の有様をリアルに描いた小説、角達也『男娼の森』（日比谷出版社、一九四九年）はベストセラーになった。

しかし、一九四八年（昭和二三）一一月二二日夜、上野の森で行われた大規模な風紀取締り（狩込み）

を視察中の田中栄一警視総監（後に衆議院議員）が男娼たちに殴打される「警視総監殴打事件」が起こる。トラブルの原因は総監に随行していたカメラマンが街娼たちを無断撮影したことに男娼たちが怒り、もみ合いの中で男娼の腕が総監にぶつかった程度だったらしい。

この事件が新聞に大きく報道されたことにより、「ノガミの男娼」の名は一躍広まったが、警察はメンツにかけて上野の森の取締りを強化し、一二月九日には上野公園は夜間立ち入り禁止になってしまう。仕事の場所を追われた男娼たちの多くは、新橋や新宿など都内各地の盛り場に分散していった〔三橋 2008b〕。

この事件は、後に唐十郎の「下谷万年町物語」などで演劇化されて、ずいぶん話が変わっていくが、おもしろいことに「私が殴った」と言っている男娼が同時代の文献に三人くらい出てくる。警視総監を殴ったことが権力に抗した武勇伝として説話化していくのだが、いちばん殴った可能性が高いのは「鉄拳のお清」という、まったく女らしくない二つ名のノガミの男娼のボスだった人で、猫を抱いた穏やかなおばさん風の晩年の写真が残っている（図9—4）〔三橋 2008a, 2008b〕。

図9-4　鉄拳のお清姐さん（広岡敬一『戦後性風俗大系 わが女神たち』朝日出版社, 2000年）

「ノガミの男娼」に比べたらほとんど知られていないが、いわゆる「進駐軍慰問団」、アメリカを中心とする進駐軍の兵士に芸能を見せて楽しませる人

図9-5　ジュリー・アリンダ（桑原稲敏『戦後史の生き証人たち』伝統と現代社，1982年）

たちの中に、女装ダンサーが何人かいた。一番有名なのがジュリー・アリンダという「娘」で、アルゼンチン日系三世を名乗っていた（図9－5）。村上文子も日本人女性離れしたスタイルの良さで人気だった。また、メアリー園川のように進駐軍将校の「オンリー」（契約愛人）になった人もいた。進駐軍が日本のゲイ&トランスジェンダー・カルチャーに大きな影響を及ぼしたことは間違いないが、進駐軍関係の情報はある種のブラック・ボックスで、資料的によくわからないのが残念だ。

この時期の性別越境者の在り様は、戦中期を挟みながらも、昭和戦前期の形態を踏襲していて、その生業はセックスワークと芸能が中心だった。四類型のうちの「I 生業&女装」ということになる。

しかし、変化もあった。それは性別越境の方法として、女装に加えて女体化が実現したことである。日本で最初の性転換手術は一九五一年（昭和二六）春に永井明（女性名：明子）に対して行われたもので、造膣手術の執刀は石川正臣日本医科大学教授だった。これは性転換手術としては一九五一年五月一五日に行われたイギリスのロバート・コーウェル（女性名：ロベルタ）に対する手術よりわずかに早く、戦後世界初であった可能性が高い。日本の形成外科の技術は、それだけ優秀だったということだ。

永井(図9－6)は、一九五二年六月に戸籍も男性から女性へ変えて、シャンソン歌手になったが、あまり売れなかったようだ。その後も、椎名敏子、吉本一二三、銀座ローズ(武藤真理子)、そして一九七三年にモロッコ・カサブランカで性転換手術を受けて帰国したカルーセル麻紀など、外科的手術によって女体化した「性転換女性」がショービジネスで活躍するようになる〔三橋 2006c, 2006d, 2012〕。ここに四類型のうちの「Ⅱ 生業・女体化」が出現した。

この時代のもう一つの変化は、女装した店主や従業員が接客する酒場が出現したことだ。戦後の東京で最初のゲイバーは、一九五〇年(昭和二五)に新橋・烏森神社参道脇に開店した「やなぎ」である。店主のお島ママは千葉県銚子の網元の息子で、地元の魚を干物にして食糧難の東京に運んで行商し、開業資金を作ったという。その翌々年の一九五二年、湯島天神の男坂下に女装バー「湯島」が開店する。店主の曽我廼家市蝶《しちょう》は、戦前は曽我廼家五郎一座の女形で、戦後はノガミで男娼稼ぎをしていた。戦後混乱期、行商や街娼で稼いだ人たちが酒場という形態で定着していく様子が見て取れる〔三橋 2006g〕。

図9-6　日本初の「性転換女性」・永井明子(『日本週報』1954年11月5日号)

それまで、芸能とセックスワークが中心だった「Ⅰ 生業&女装」に飲食接客(酒場)という業態が出現した。

図 9-7 『演劇評論』21 号(1957 年)の口絵「夏化粧」

4 昭和・経済成長期（一九五五〜八〇年）

一九五八年前後、雑誌メディアがゲイバーを盛んに取り上げ「第一次ゲイ・ブーム」ともいうべき現象が起こる。当時のゲイバーには、女装系と美青年系のゲイボーイが混在していたが、本人たちの意識も客の好みも異なるので、徐々に分離していく。

一九六三〜六五年、フランス・パリの「カルーゼル」の「ブルーボーイ」（身体を女性化した男性の意味、語源不詳）が東京赤坂のキャバレー「ゴールデン赤坂」に来日公演し、見事に女性化した容姿と華麗なショーで大きな話題となった。「カルーゼル」公演の大成功は、日本の性別越境芸能にとって「黒船来航」にもたとえられる衝撃であり、一九六〇年代後半には、銀座ローズ、カルーセル麻紀などの「和製ブルーボーイ」が活躍するようになる〔三橋 2004c, 2005〕。

また、それまでゲイバーでは店内のフロアーでママが自慢の日本舞踊を披露するような「フロアーショー」が行われていたが、一九六〇年代後半になると、専用の舞台と照明設備をもつショーに特化した店が出現する。大阪・ミナミの「なるしす」（一九六五年移転）、東京・西麻布の「プティ・シャトー」（一九七〇年）などがその嚆矢《こうし》となる。そのショーの形態には、宝塚歌劇団のレビューショーがかなり影響していると思われる〔三橋 2005〕。

こうしたショービジネス化の過程で、より女性化した身体(とくに乳房)が求められるようになり、「I 生業&女装」から「II 生業&女体化」への変化が加速していった。

ところで、一九五〇年代後半(昭和三〇年代)になると、生業ではなく「趣味」で女装する人が現れる。最初のアマチュア女装のグループは一九五五年(昭和三〇)に結成された「演劇研究会」(主宰:滋賀雄二)である。『演劇評論』というガリ版刷りの会誌を発行していたが、内容は演劇の評論などはほとんどなく、女装告白記のようなものばかりだった。つまり、演劇(女形)の研究を女装活動の隠れ蓑にしていたのだ。

『演劇評論』にはほぼ毎号、ガリ版刷りの挿絵が載っていた。図9-7のように、まだ水白粉を塗る和化粧、日本髪の和髷、着物の和装が中心だった。女装の世界が和装中心から洋装中心に転換していくのは、だいたい一九六〇年代後半(昭和四〇年代)に入るころからで、女性のそれより若干遅れる。

図9-8 新宿駅東口で記念写真を撮る女装者(1964年6月)

アマチュア女装者の出現は、女装して身体で稼ぐしかなかった食うや食わずの戦後混乱期が終わり、戦後一〇年が経って日本社会が安定を取り戻し、生活にいくらか余裕が出てきたことを意味している。

図9-9　加茂こずゑ（『女性自身』1969年9月6日号）

ここに「Ⅲ　非生業&女装」という類型が成立した。

高度経済成長真っ盛りの一九六〇年代になると、アマチュア女装の世界も発展していく。一九五九年頃に結成された「富貴クラブ」は、一九六〇年代半ばには女装指導員を置いた会員の部屋をかまえ、変態性風俗総合雑誌『風俗奇譚』を広報媒体にする本格的なアマチュア女装の秘密結社に成長していく。秘密結社というと大袈裟に聞こえるかもしれないが、実際、かなり秘密性の強い会だった〔三橋2006a, 2006b, 2017a〕。

図9―8は一九六四年（昭和三九）六月、東京オリンピック開催に合わせて新装オープンした新宿駅東口駅ビルの前で撮影されたもので、写っている三人は「富貴クラブ」の女装会員である。日本の高度経済成長と時を同じくしてアマチュア女装者が社会的に顕在化していったことがよくわかる。

一九六七年（昭和四二）、「富貴クラブ」の有力会員だった加茂こずゑ（図9―9）が、新宿の花園神社の裏手の花園五番街に「ふき」という女装バーを開店する。それまでのプロの女装者が男性客を接客するゲイバーと異なり、アマチュア女装者と女装者が好きな男性（女装者愛好男性）が、いっしょに飲み楽しむ場（出会いの場）としての店というスタイルを作っていく。後に「富貴クラブ」から離れて、一九六九年には「梢」と改称し、独自の立場で女装者の育成に取り組むようになり、新宿の女装コミュニティの原点となった〔三橋 2006e〕。

5 昭和末期(一九八〇～八九年)

一九七九年(昭和五四)、日本初の本格的な商業女装クラブ「エリザベス会館」が東京神田にオープンする。商業女装クラブとは、簡単に言えば男性客がお金を払って女装させてもらう場所である。規模の小さなものは以前からあったが、「エリザベス会館」はビル全体が女装関係の設備で、女装用品のショップ、専門のメイキャッパーや美容師が常駐するメイク室、女装姿でくつろげる談話室、プロ仕様の機材を揃えた撮影スタジオを完備した大規模なものだった。

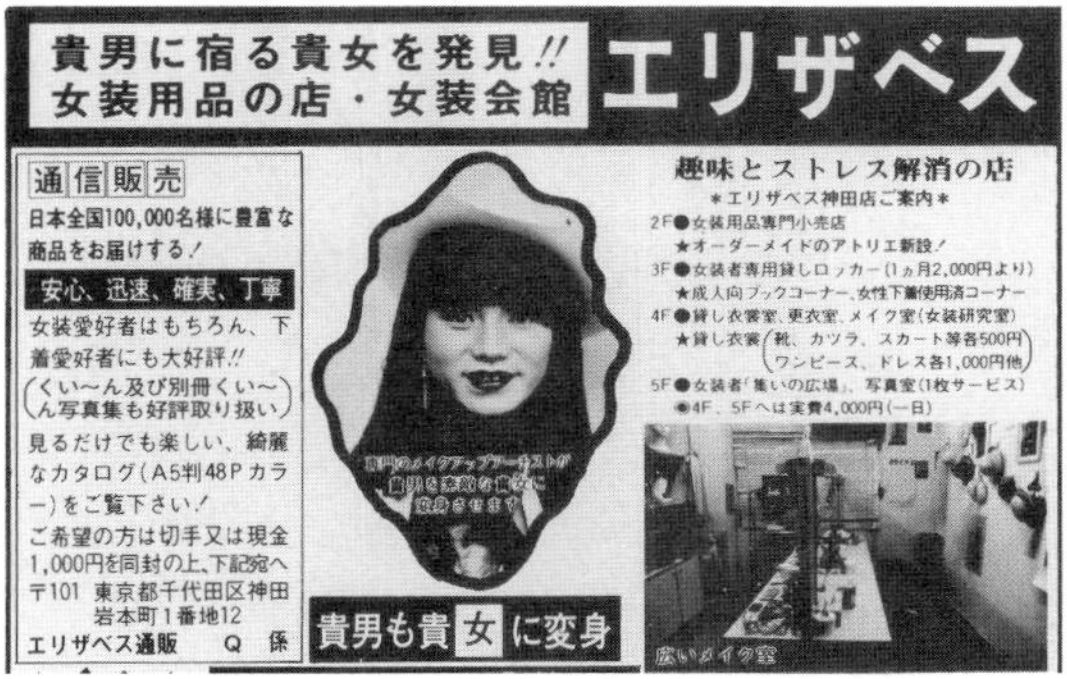

図9-10 「エリザベス会館」広告(1985年頃)

図9—10は一九八五年頃の「エリザベス会館」の広告だが、「エリザベス」という文字の下に「趣味とストレス解消の店」と書いてあることに注目してほしい。一九八〇年代は、日本経済が「ジャパン・アズ・ナンバーワン」の掛け声とともにバブル経済の上り坂を駆けのぼっていく時期である。その時代を担った「二四時間戦えますか」(ドリンク剤「リゲイン」のCMソング)というコピーに象徴される、猛烈サラリーマンのストレス解消のための女

図9-11　『くいーん』49号（1988年）モデルは相沢一子.

装趣味という路線をはっきり打ち出し、それがマスコミに取り上げられ知名度を上げていった。

実際、私のエリザベス時代の先輩には、ミニワンピースの女装姿で、最初期の肩掛け式の大きな携帯電話を使って部下にてきぱき指示を出している一流企業のエリート・ビジネスマンがいた。

「エリザベス会館」のシステムの特色は、外出の制限と非女装の男性客を排除したことである。それによって安全な女装環境が提供され、気軽に楽しめる趣味・娯楽としての女装という形態が確立された。また、非女装の男性を排除したことで、アマチュア女装者は、それまで表裏一体の関係にあった男性との性愛関係から切り離されたことも大きな変化だった。

一九八〇年（昭和五五）、「エリザベス会館」の母体である「アント商事」から最初の女装専門誌『くいーん』が創刊される（図9—11）。女装専門の雑誌媒体によって全国に散在していた女装趣味の人たちがつながり、女装趣味の普及に大きな役割を果たした。一九八三年に『くいーん』主催の「全日本女装写真コンテスト」が始まると、全国の女装者が女装技術を磨き、グランプリや入賞を目指して女装写真の出来栄えを競うようになる。それはまさに「競技」であり、こうした女装者のミスコンを私は「競技女装」と名づけた。

ところで、一九七八年（昭和五三）、新宿花園五番街（「梢」の隣）に開店した女装スナック「ジュネ」

（一九九四年、区役所通りに移転）は、一九八四年に中村薫がママになると新宿の女装世界の中核に成長していく。「ジュネ」は「梢」の伝統を引き継ぎ、アマチュア女装者と女装者愛好の男性客とが空間を共にする男「女」の出会いの場を提供するという営業スタイルを確立した。加えて女装会員制度を設けて店付属の支度部屋を使用する便宜をはかることで、一九九〇年代前半にかけて宮沢万紀子や中山麻衣子など数多くのハイレベルな女装者を育成した。

また、一九八六年（昭和六一）に女装スナック「嬢」を新宿三丁目に開店した愛沢有紀をはじめ、一九九〇年代にかけて「ジュネ」出身者やその営業スタイルに倣《なら》った者が新宿歌舞伎町から新宿三丁目のエリアに次々とスナックやバーを開店し、女装酒場を拠点とするセミプロ的な色彩をもつトランスジェンダー世界、新宿女装コミュニティが形成されていった〔三橋2006e〕。

こうして、東京の「Ⅲ 非生業&女装」類型は、男性とのセクシュアリティを排除した「エリザベス会館」と、それを前提とする新宿コミュニティの二派に分かれることになった。同時期、大阪や名古屋にも独自のアマチュア女装コミュニティが形成されていった。

一方、「Ⅱ 生業&女体化」の世界は、一九八〇年代前半に「ニューハーフ」の名称でリニューアルされ〔三橋2004a〕、一九八〇年代後半の空前の好景気（バブル経済）の中で全盛期を迎える。八〇年代後半から九〇年代前半、東京・西麻布の「プティ・シャトー」、六本木の「ラキラキ」、大阪・ミナミの「なるしす」、キタの「エル・ド・マン」など、ビジネス接待に使える高級店や、大阪の「ベティのマヨネーズ」、東京の夜の観光名所として「はとバス」のコースに組み込まれた「金魚」

（六本木）、「黒鳥の湖」（西新宿）、「アルカザール」（新宿歌舞伎町）などのニューハーフ・ショーパブが綺羅を競った〔三橋 2021〕。

また、東京や大阪の大都市だけでなく、札幌、仙台、名古屋、福岡、関東圏では土浦（茨城県）や甲府（山梨県）などの地方都市にもニューハーフ・ショーパブが進出する。これだけ店が増えるとニューハーフの人材が足りなくなるのは当然で、フィリピンやタイからの出稼ぎLady-Boyが増えたのもこの頃である。

6　平成前期・世紀末（一九九〇〜二〇〇〇年）

一九八八年一〇月、お昼の人気番組「森田一義アワー　笑っていいとも！」（フジテレビ系）のコーナーとして「Mｒレディー Mｒタモキンの輪」が設けられ、翌一九八九年九月にかけて全五〇回二八名のニューハーフが登場する。そのうちの一人、矢木沢まりが映画『Mｒ．レディー　夜明けのシンデレラ』（東宝、一九九〇年一月）の「ヒロイン」（準主役）に抜擢されるなど、一九八九年から九〇年にかけて「Mｒ．レディ」ブームが起こる〔三橋 2004b〕。

さらに、一九九二年一〇月、上岡龍太郎司会の「ムーブ」（TBSテレビ系）が「Mｒ．レディ五〇人が大集合」を放送し、以後、一九九五年頃まで番組改編期を中心にニューハーフを出演者とする特番が数多く放送され、「ナニワ（大阪）のニューハーフ」ブーム（ベティ春山、春野桃子、奥田菜津子、春菜愛など）が起こる。こうして、「II　生業&女体化」の類型の人々（呼称はMｒ．レディもしくはニューハーフ）の社会的認知は飛躍的に拡大・向上した。

世紀末における「Ⅱ 生業＆女体化」の類型の業態は、ショービジネス（ダンサー）、飲食接客業（ホステス）、セックスワーク（ヘルス嬢）の三つであり、私はこれを「ニューハーフ三業種」と呼んでいる。この範囲でなら社会的に許容される一方で、他の職業に就くことはほとんど許されなかった。それは、昭和初期以来の性別越境者の生業の枠組みが、二〇世紀末まで基本的に継続していたということである。

一方、「Ⅲ 非生業＆女装」の類型では、一九九〇年代になると、パソコン通信が普及し女装者たちがパソコンを通じて連絡を取り合い活動するようになっていく。一九九〇年代半ばには東京拠点の「ＥＯＮ」（主宰：神名龍子）と大阪拠点の「スワンの夢」（主宰：白鳥美香）の東西二大ネットが並び立つ。これらをベースに女装に関する情報（ノウハウ）が広く共有化され、孤立していた女装者や潜在していた女装願望者がネットワーク化されていった。そして、相互刺激的に個々の女装活動が活性化され、その総体として「電脳女装世界」というまったく新しいトランスジェンダー世界が構築された。

図9-12 「クラブ・フェイクレディ」の温泉旅行(1997年・那須温泉)

パソコン通信には「オフ会」というものがあった。電脳空間で知り合った人たちが現実に会う集会のことだが、その「オフ会」の会場に新宿の女装酒場が使われるようになる。「電脳女装世界」の現実世界の受け皿となる形で、「III　非生業&女装」類型の一つである新宿女装コミュニティは再活性化され、九〇年代半ばに全盛期を迎える。一方、雑誌媒体にこだわり電脳化に乗り遅れた「エリザベス会館」は徐々に衰退していった。

九〇年代後半になると、女装者による自由で社会性のある自主企画イベントが活発化する。私が主宰した「クラブ・フェイクレディ(CFL)」は、春のお花見や夏の屋形船、年一～二度の女装温泉旅行を企画して、女装者の社会進出をリードした。

ということで、二〇世紀の男性から女性への性別越境文化の展開を整理すると、次のようになる。

I　生業&女装　　昭和戦前期の主流
　　セックスワークと芸能(女装男娼、女装芸者、女形)

II　生業&女体化　　一九五〇年代に出現、一九八〇～九〇年代に全盛
　　「ニューハーフ三業種」ショービジネス(ダンサー)、飲食接客(ホステス)
　　セックスワーク(ヘルス嬢)

III　非生業&女装　　一九五〇年代後半に出現
　　一九六〇～七〇年代「秘密結社」、八〇～九〇年代、二つの路線

Ⅳ　非生業&女体化　二一世紀に顕在化（後述）

さて、一九九〇年代の出来事として、その後に大きな影響を与えたという点で、忘れてはいけないことがある。それは、トランスジェンダーという言葉（概念）の導入である。

トランスジェンダーという言葉は、一九七〇年代末に、アメリカの女装雑誌『Transvestia』の創刊者であり、自身Cross-dresserであるヴァージニア・プリンス（Virginia Prince, 一九一二〜二〇〇九）が「Transgenderist」と名乗ったことから、世の中に広まった。その意味は「フルタイムで女性として生活をしながらも、性器の手術を望まない人々」というものだった。

その概念が日本に入ってきたのは一九八〇年代末のことで、トランスジェンダーを書名にした最初の本は渡辺恒夫『トランス・ジェンダーの文化――異世界へ越境する知』（勁草書房、一九八九年）、次いで、蔦森樹編『トランス・ジェンダー現象』（至文堂、一九九〇年）が刊行された。これらは「トランス・ジェンダー」と「・」が入っていて、性別を越境するという行為・現象を意味する使い方だった。

ヴァージニア・プリンスの使い方、すなわちジェンダーは移行するが性器の手術はしない人という意味の使用法が日本の当事者の間で知られるようになるのは、もう少し遅く一九九〇年代前半、一九九三年頃だった。その結果、服装だけを一時的に移行するＴＶ（Transvestite）、フルタイムで性別移行するが性器の手術はしないＴＧ（Transgender）、性器の手術までするＴＳ（Transsexual）という三分法が行われるようになる。

九〇年代後半になると、こうした三分法の問題点が指摘され、次第にＴＶ、ＴＧ、ＴＳを包括する概念としてのトランスジェンダーが使われるようになる〔三橋 1997〕。一九九六年に畑野とまとが開設したインターネット・サイト「トランスジェンダーカフェ」や、一九九七年に刊行された松尾寿子『トランスジェンダリズム　性別の彼岸』（世織書房）などは、そうした包括的な使い方である。

これまで述べてきたように二〇世紀の性別越境者の歩みは、カテゴリーの分化の歴史だった。「Ⅰ　生業＆女装」から「Ⅱ　生業＆女体化」や「Ⅲ　非生業＆女装」が生じ、それぞれの類型の中でも、業態や形態が分化していった。その結果、世界でもっとも発達・分化した性別越境の文化が形成された。その二〇世紀の最末期に至って、分化したカテゴリーを包摂する概念が出現したことは、重要である。

こうして一九九〇年代末には、性別移行の包括概念としてのトランスジェンダーの活動は、マス・メディアにも取り上げられるようになり、一定の社会的認識を得たかのように思われた。しかし、そこに「大嵐」がやってくる。

7　そして二一世紀

一九九〇年代末、日本では性別を移行しようとすることを病理（精神疾患）とする「性同一性障害」概念が、一部の医師とマス・メディアによって急速に流布されていく。「性同一性障害ブーム」は二〇〇〇年代に入ってますます大きな流行になり、日本は世界でも稀なほど性別移行の病理化が進んだ「性同一性障害大国」になっていった。

その過程で、一九九八年一〇月に埼玉医科大学で、日本精神神経学会が策定した「性同一性障害に関する診断と治療のガイドライン」に基づいたものとしては初めての性転換手術(現：性別適合手術)が行われた。また、二〇〇三年七月には、一定の要件を満たした「性同一性障害者」だけに戸籍の性別(続柄)の変更を認める「性同一性障害者の性別の取扱いの特例に関する法律」が成立した(二〇〇四年七月施行)。

「治療」や法整備・適用が性同一性障害者のQOL(Quality of Life, 生活の質)向上に資したことは間違いないが、一方で、性同一性障害という精神疾患であることが前提化され、そこに医療による選別と排除が行われるようになってしまった。実際、一九九七年制定の「ガイドライン」は「職業約利得を得るために反対の性別を求めるものではないこと」という条項によって、商業的トランスジェンダーである「ニューハーフ」、つまり「Ⅱ　生業&女体化」類型の人々を診断と治療の対象外とした。職業によって診断・治療の対象から排除することは、医療倫理の根本に反し、重大な差別行為である(二〇〇二年の第二版から、わざわざ「なお、このことは特定の職業を排除する意図をもつものではない」と付記して是正)。

逆に言えば、性同一性障害者として診断と治療を受けられる人は、性別の移行と生業が直接的に関わらない人たちということになり、ここに「Ⅳ　非生業&女体化」という新類型が出現した。

「性同一性障害ブーム」がもたらした重要なことは、従来ほとんど稀だった女性から男性への性別移行者の顕在化である。そもそも日本における性同一性障害治療は、埼玉医大の第一号手術がそうであったように、女性から男性への移行の需要から始まっている。現状、戸籍の性別変更をした人は、男性から女性への人より、女性から男性への人の方がかなり（一・二〜三）多いと推定される〔三橋 2016〕。

こうした「性同一性障害ブーム」の中で、非病理概念であるトランスジェンダーという言葉が顧みられることは少なくなり、性別を越えて生きることは病ではないと考える人々への抑圧が強まった〔三橋 2003, 2006f, 2010〕。

「性同一性障害ブーム」は既存の「II 生業&女体化」「III 非生業&女装」のカテゴリーにも影響を与えた。早い話、これまでニューハーフ系の店や新宿コミュニティの酒場のドアを叩いていた「女になりたい男」たちが、ジェンダー・クリニックの扉を開けるようになってしまった。この時期がまさに「平成大不況」の真っただ中ということもあり、II・IIIの世界はかつての輝きを失っていった。

ところで、トランスジェンダーが遊びの場で社会に出ていったのが一九九〇年代だとすれば、仕事、職業的にも社会進出していくのが二〇〇〇年代である。

二〇〇〇年（平成一二）度に蔦森樹が琉球大学の、三橋が中央大学の非常勤講師に任用され、日本最初のトランスジェンダーの大学教員となった。今でこそ、トランスジェンダーが大学の教壇に立っても学内新聞すら取材に来ないが、当時は写真週刊誌の見開き頁になるほどの衝撃的な出来事だった。中央大学の場合、大学への抗議の声も多数あった。それは、「ニューハーフ三業種」として社会常識化していた就労の枠組みを打ち破ったからである。

二〇〇〇年春には、トランスジェンダーの藤野千夜《ちや》が「夏の約束」で第一二二回芥川賞を受賞。二〇〇三年(平成一五)春の統一地方議会選挙では性同一性障害であることを公表した上川あやが世田谷区議会議員に当選し、日本初のトランスジェンダー議員となった(以後五選)。二〇〇七年大晦日には歌手の中村中《あたる》が第五八回「NHK紅白歌合戦」に戸籍的には男性のソロシンガーとして初めて紅組で出場を果たした。掛けている看板は「性同一性障害」だったり「トランスジェンダー」だったりするが、性別を越えて生きる人であることに変わりはない。

二〇〇〇年代末になると、さすがの「性同一性障害ブーム」も陰りが見えはじめ、二〇〇八年(平成二〇)には、はるな愛が大ブレイクし、二〇〇九年、Trans-woman の世界的「ミスコン」である「ミス・インターナショナル・クイーン」(タイ・パタヤ)でグランプリに輝くなど、ニューハーフ・タレントの地位を確立していく。二〇〇九年頃に始まる「男の娘《こ》」ブームは、二一世紀的なリニューアルされた女装文化として、男性だけでなく女性からも支持を集めた。私は「転換点として の二〇〇八年」と言っているが、こうした新しい動きによって、トランスジェンダー文化が再び活性化していく〔三橋 2009, 2013〕。「大嵐」のもとだった性同一性障害概念は二〇二一年限りで消滅した(第3章参照)。今にして思うと「病理化」の「大嵐」は、トランスジェンダーをよりたくましく鍛えたのかもしれない。

二〇一〇年代になると、世界的な性別移行の脱病理化の潮流が、ようやく日本にも及び、精神疾患を前提化すること、公的書類の性別変更と生殖権をバーターすること、過剰な性器外形至上主義など「性同一性障害」体制に対する批判が国内外で強まっていった〔三橋 2006f, 2019c〕。

トランスジェンダーの復権が決定的になったのは、二〇一二年に始まり、二〇一五年頃から急速に盛り上がった「LGBTブーム」だ。ここで、トランスジェンダーは、L（レズビアン）、G（ゲイ）、B（バイセクシュアル）と並ぶTとして、その一翼を担うようになり、社会的な認知も大きく高まった。

現在、トランスジェンダーは、会社員、公務員はもちろん、企業経営者、NPO代表、作家、俳優、モデル、建築家、アーティスト、映画監督、大学の常勤教員、医師、看護師、弁護士、そして政治家など、様々な業種に就いている。

その結果、二〇世紀的な生業か非生業かという枠組みが意味を持たなくなった。また、女装か女体化という区分も以前のような絶対性を失い、自分が望ましい身体とファッションを自己決定で選べるようになった。性別越境に大きな構造変化が起こったのだ。

たとえば、私は「Ⅲ　非生業&女装」の類型から出発し、現在はTrans-womanとして大学講師兼著述・講演業を生業としているが、自分がTrans-womanであることと（本書のように）関わることもあれば、（着物文化論のように）関わらないこともある。また社会の中でフルタイム女性として活動していると「女装している」という意識はほとんど希薄になるし、女性として社会生活するのに不便がない程度の女体化は達成している。つまり、二〇世紀的な四類型に当てはまらない自分がいる。

二一世紀になり、長い間、職業を制約され社会の底辺に押し込められてきた性別越境者たちが、それぞれの才能によって活躍し、社会に貢献できる時代がようやく実現したのだ。

二〇二一年、トランスジェンダー女優をトランスジェンダー女性役に起用した（当たり前のことなのだが）ことで話題になった東海林《しょうじ》毅《つよし》監督・イシヅカユウ主演の短編映画『片袖の魚』は、新宿の街をまっすぐ前を向き、さっそうと歩いてゆく主人公の姿で終わる。これこそ、二一世紀のTrans-womanを象徴する姿である。

おわりに

二〇一〇年（平成二二）、NHK国際放送から「現代日本のトランスジェンダー文化を海外に発信したいので、コメントをお願いします」という依頼があった。早稲田大学の男子学生が卒業記念に女装写真を撮るというコンセプトだった。「こんなこと、海外に放送しちゃっていいんですか？」と確認したところ、「いえ、むしろ海外で、日本のトランスジェンダー文化は注目されています。これからますます……」というディレクターの返事だったが、その後の展開はまさにその通りになった。

欧米キリスト教世界では、土着的なトランスジェンダー文化をほとんどすべて潰してしまったので残っていない。アジア・パシフィックでは、多くの国に土着的なトランスジェンダーの文化が残っているが、経済的事情で生業と密着していることが多い。伝統的なトランスジェンダー文化の基盤の上に、生業と「趣味」の両方でトランスジェンダー文化が発達しているのは、世界でも日本だけである。日本のトランスジェンダー文化が、特色あるサブカルチャーとして、世界的に注目されているのは、そうした理由からだ。

トランスジェンダー・カルチャーは、「双性原理」が生きる日本の文化伝統に根差し、日本人のある種の嗜好（異性装好き）に支えられた文化である。だから、とても根強いし、今までもそうだったように、これからも何度もブームが反復されるだろう。拙著『女装と日本人』の帯に、「〝女装〟を抜きに日本文化は語れない！」と書いてもらったのは、そういう意味なのだ。

第10章 レズビアンの隠蔽
――概念の欠落とロールモデルの不在

はじめに

「日本にもレズビアンがいると知って驚きました。テレビなどに出てこないのでいないものだと思っていました」

「今までレズビアンは性同一性障害の一種だと思っていましたが、今日の講義でレズビアンと性同一性障害は違うものだとわかりました」

二〇一四年頃、いずれも、私の「ジェンダー論」の受講生のリアクション・コメントの記述である。読んで私は愕然《がくぜん》とした。レズビアンへの認識不足は実感していたが、まさかこれほどとは……。しかし、学生の無知と笑って済ますことはできない。前者は教員養成で長い実績がある公立大学、後者は日本有数の私立大学の学生だ。つまり、レズビアンへの同様の認識不足は若者たち、いや世間に広く存在することを示しているからだ。

現代日本におけるレズビアン(女性同性愛者)への認識と理解は、同じ同性愛であるゲイ(男性同性愛者)やトランスジェンダーに比べてかなり低い。

その原因としては、学生が「テレビなどに出てこないので」と言っているように、一般の人が目にするところにレズビアンが存在しない(ように見える)ことが大きい。もちろん、現実には日本社会にはたくさんのレズビアンが生活している。その数は男性同性愛者とそれほど大きくは変わらないだろうし、トランスジェンダーよりずっと(おそらく一桁以上)多いはずだ。概数的に言えば、女性一〇〇人に二人くらいいてもおかしくない。であるのに、なぜ、目に見えないのか? それは隠されているからにほかならない。

日本におけるレズビアン差別については、杉浦郁子「レズビアンの欲望/主体/排除を不可視にする社会について——現代日本におけるレズビアン差別の特徴と現状」という優れた研究がある。男性ホモソーシャル体制を堅持するために、ホモフォビアを伴う異性愛主義を浸透させた、「女同士の絆」が未分化で曖昧なものとして構築されている現代日本社会の中で「男を望まない欲望」「男に望まれたくない欲望」を表出することは困難であり、それがレズビアンの不可視化、差別を招いているという杉浦の社会構造的な分析にほとんど異論はない〔杉浦 2010b〕。

しかし、杉浦はレズビアンが隠蔽されてきた個々の事例についてはあまり触れていない。そこで、不十分ながらレズビアンが隠蔽されてきた歴史をトピック的にたどり、それが現代日本社会にどのような影響を与えているかを考えてみたい。

1　レズビアンの前史——先行概念がない

実態として、平安時代の後宮、江戸時代の将軍家大奥や大名家の奥向き、遊廓の妓楼など、女性が多く集まり暮らす場で、女性同士の性愛はあったと思われる。しかし、文献的に明確な例としては、鎌倉時代中期の物語『我身にたどる姫君』（一二五九〜七八年頃）第六巻の主人公「前斎宮」（嵯峨院上皇の娘）が周囲の女性たちと次々に関係をもつ話があるくらいで数少ない。あるいは、江戸時代の性具の中に「互形《たがいがた》」と呼ばれた双頭の張形が残っていること〔田中 2004〕や、同時期の春画の中にわずかながら女性同士の性愛を描いたものがあることなどからうかがえるに過ぎない。

このように女性同士の性愛を示す資料は、男と女の関係はもちろん、男と男（正確には男と稚児、男と若衆）の関係に比べても圧倒的に少ない。そもそも、女性同士の性愛を示す言葉（概念）がなかった。「互形」を用いた女性同士の擬似性交を「互先《たがいせん》」と言い〔田中 2004〕、女性同士の性愛を示す「貝合せ」とか「合淫《ともぐい》」という言葉があった〔白倉 2002〕。あるいは、「といちはいち（ト一ハ一？）」という語源・意味不詳（「上」「下」の意か？）の呼び方もあった。これらは、いずれも卑語、隠語の類であり、世間に広く通用した言葉ではなかった。

これは江戸時代の「色」の概念が、男性から遊女に向かうものを「女色」、男性から若衆に向かうものを「男色」と言い、「色」の発信は常に男性が主体であるとされていたことと関係が深い（第1章参照）。つまり、女性が発信主体となることは想定されていないので、女と女の性的関係は概念として存在しないのだ。さらに、当時の著述・出版事業は圧倒的に男性によって担われており、女性が自らの性愛を記録し刊行すること、あるいはその読者になることが困難な事情もあった。

ところで、同性間の性愛、あるいは性的指向が同性に向いていることを意味するhomosexuali-tyという概念は、明治時代の末、一九一〇年頃にドイツの精神医学者リヒャルト・フォン・クラフト＝エビングの学説が日本に輸入され、「同性的情欲」「顚倒的同性間性欲」などの訳語で、精神疾患である「変態性欲」のひとつとして概念化された〔古川 1994〕。日本において最初に「女性間の顚倒性欲」が「発見」されたのもこの時期だった〔肥留間 2003〕。その後、訳語は「同性愛」に定着するが、同性愛という言葉が新聞・雑誌などで使用され、「倒錯的な」性愛として一般に広く知られるようになるのは、一九二〇年代、大正末期から昭和初期のことである。

同性愛概念が導入される以前（明治時代以前）の日本では、同性愛という概念は存在しない。男性同士の性愛は「男色」として概念化されていたが、それは成人した男性と元服前の少年、あるいは年長の少年と年少の少年との関係に限定されていて、成人男性同士の性愛を含む「男性同性愛」とはかなり異なる（第1章・第3章参照）。とはいえ、それでも類似の先行概念があるだけ男性同性愛という概念を受容しやすかっただろう。

これに対して、女性同士の性愛は、同性愛概念が導入される以前には概念化されていなかった。つまり、女性同性愛は類似の先行概念がなく、（前近代）「男色」→（近代）「男性同性愛」のような概念の継承、読み替えが成り立たず、大正〜昭和初期にいきなり世の中に出てくることになる。

つまり「女性同性愛」は「発見」されたのだ。それに対して「男性同性愛」は「発見」ではなく、「男色」概念がなし崩し的に（やや時間がかかって）変容・継承されていった。

このことが、日本近代における女性同性愛の受容に大きく影響しているように思う。大衆は、よくわからないものには警戒的になる。女性同性愛が男性同性愛よりもさらに社会的に警戒されたのは、基本的には男尊女卑の社会構造が大きいが、先行概念の欠落にも理由があったのではないだろうか。

2　「富美子・エリ子事件」——「同性心中」と女性同性愛の危険視

日本で女性同性愛が注目されたきっかけは、一九一一年（明治四四）七月に新潟で起こった「令嬢風の二美人」の入水心中事件だった〔菅 2006〕。東京の第二高等女学校（都立竹早高校の前身）の同級生だった二人は在学中から「非常の仲よし」だったが、卒業後は交際を控えるよう父親から注意されたのを悲観しての自殺だった。この事件に注目して日本最初の女性同性愛に関する論文、桑谷定逸「戦慄す可き女性間の顚倒性慾」が書かれる〔桑谷 1911〕。日本における女性同性愛は最初から「戦慄すべき」ものだったのだ。

これ以降、昭和戦前期の新聞では女性同士の「同性心中」がしばしば報道されるようになり、女性同性愛のイメージを「危険」なものにしていった。「同性心中」なのだから男性同士の心中（自殺）もあるはずだが、実際に報道されたほとんどは女性同士の心中だった。また、女性同士の自殺だからといって、その二人が同性愛関係だったとは限らないのだが、イメージとして同性心中と女性同性愛が結び付けられ、ことさらに危険視されたことは間違いない。

現代の私たちにとって、男性同性愛と女性同性愛は並置される概念だが、同性愛概念が導入された昭和初期には、どうもそうではなく、同性愛＝女性同性愛という感覚だったようだ〔古川 1995〕。「同性心中」への注目と問題視は戦後期まで継続し、「危険な女性同性愛」のイメージを再生産していくことになる〔小峰・南 1985〕。

ところで、日本で女学校が開設され、女学生が増えるとともに、女学生同士の親密な関係が社会的に浮上してくる。こうした一種の疑似恋愛関係は「エス」(Sister の頭文字)と呼ばれ、一九二〇年代には女学校文化として定着するようになった〔赤枝 2011〕。それを危険視する見解がある一方で、親にしてみれば女学生の娘が男性と恋愛関係におちいるより、女学生同士の疑似恋愛に没頭している方が安全であり、「エス」の関係は卒業とともに終え、男性と結婚し良妻賢母になってくれればそれでいいという容認的な考えもあったようだ。

もちろん、親の思惑通りに行かない場合もあり、先の新潟の入水心中事件はその典型である。「エス」と女性同性愛の間に明確な線引きができるわけではないにもかかわらず、女学生同士の親密な関係である「エス」は許容され、女性同性愛は危険視されるというダブルスタンダードが生じていく。

一方、一九三三年(昭和八)に清朝皇室の粛親王善耆の第一四王女である川島芳子(愛新覚羅顕玗)をモデルにした小説、村松梢風『男装の麗人』が出版されたことをきっかけに「男装の麗人」ブームが起こる。その中心は、川島芳子と松竹少女歌劇団の男役スター「ターキー」こと水の江瀧子だった。当時の新聞は、川島とターキーの動静をしばしば伝えている。

そんな時代を背景に、一九三五年（昭和一〇）一月、「富美子・エリ子事件」が起こる。増田富美子は大阪の銀行頭取令嬢ながら増田夷希《やすまれ》と名乗る「男装の麗人」で当時二八歳、その恋人西條エリ子は松竹少女歌劇の女役トップスター出身の人気映画女優で当時二三歳。その二人の「女性同士の愛の逃避行」が新聞で大きく報道された。二人は「逃避行」の末に一月二八日夜、東京麴町区平河町の「萬平ホテル」に同宿する。その夜、富美子はエリ子への遺書を残して睡眠薬自殺をはかり昏睡状態になってしまう。

まるで犯罪者を追うかのように富美子たちの動向を追跡していた『読売新聞』は「「男装の麗人」富美子さん　萬平ホテルで服毒す　西條エリ子と共に投宿　遂に「死」への逃避行」という大見出しのもとに、男姿の富美子の写真と「本当いへば一緒に死んでほしかった」と記された遺書を掲載するなど、連日のようにセンセーショナルに伝えた。

結局、富美子は一命をとりとめ、エリ子との関係を解消して大阪に帰り一件落着となった。この事件は「同性心中」としては不完全なものだったが、登場人物が著名人だっただけに大きな評判になり、「危険な女性同性愛」を世間にいっそう印象づける「事件」になってしまった。

「富美子・エリ子事件」が印象づけた女性同性愛の危険性とはなんだろう。それは第一に、本来、男性の性愛の対象になるべき女性が（富美子のように）「男を望まない欲望」「男に望まれたくない欲望」を抱くことで、男性の性愛対象から離脱してしまうことである。第二に「男を望まない欲望」が「女を望む欲望」に転化することで、男性の性愛の対象になるべき女性が（エリ子のように）女性同性愛者に奪われてしまうことである。そして、第三はそれらによって男性を主体として築かれた異性愛秩序が崩されかねない危険性を男性たちが感じるからである。

男性たちの女性同性愛への危険視には、本来自分たちのものであるべき女性が奪われることへの怒りが裏打ちされていると思う。

3　「佐良直美事件」——芸能界におけるレズビアン追放

敗戦（一九四五年八月）後、旧来の社会体制と倫理観が崩壊し、それまでアンダーグラウンド化していた多様なセクシュアリティが社会の表層に浮上し、百花繚乱的に展開していく。中でも男性同性愛（ゲイ）の顕在化は目覚しく、一九五〇年代後半にはシスターボーイやゲイバーが話題になり、「第一次ゲイブーム」というべき現象が起こる。しかし、そうした社会状況の中でも、レズビアンの顕在化はなかなか進まなかった。

この時期の性風俗雑誌には、レズビアンについての記事が散見されるが、男性の興味本位の視点からのものがほとんどで、当事者性のある「語り」はきわめて少ない。そして、「男を望まない」「男に望まれたくない」はずのレズビアンに対して、男性の性的欲望の視線が向けられるようになる。こうして一九五〇年代から六〇年代にかけて「危険な女性同性愛」は「ポルノグラフィーとしてのレズビアン」へと変化していく。

なぜ、男性の性的欲望を拒絶しているレズビアンに男性の性的視線が向けられるのだろうか。それはレズビアンが「性的快楽を貪欲に追求する」「性的に奔放な」女性としてイメージされたからである〔杉浦 2010b〕。先に述べたように江戸時代において性的欲望の発信は男性に限定されてきた。近代以降の性欲学でも、性的欲望を抱き、性的快楽を追求する女性は「色情狂」であり、変態性欲のカテゴリーだった。同性愛の女性は、単に性愛対象が同性に向いているだけでなく、性的欲望を発信することにおいても変態とされたのだった。

こうした誤った認識がベースになり、性的に奔放な女性なら、男性の性的欲望にも応じるだろう、「レズビアンなんて俺(のペニス)が直(治)してやる」というようなまったくお門違いの妄想がはびこることになる。そこまで愚かでなくても「レズビアン・ポルノビデオは、女性が二人出てくるので二倍おいしい」と言う男性は数多く実在した。

そうした性的奔放というイメージを付与されたレズビアンをめぐって、芸能界の大スキャンダルが勃発する。一九八〇年(昭和五五)五月一九日、テレビ朝日のワイドショー番組「アフタヌーンショー」が「キャッシー涙の告白!! 佐良直美との愛の破局」と題して、女性歌手佐良直美と女性タレント、キャッシーとのレズビアン関係を暴露した。「佐良直美事件」である。

佐良直美は一九六七年、デビュー曲「世界は二人のために」が一二〇万枚の大ヒットとなり第九回日本レコード大賞の新人賞を受賞し、NHK紅白歌合戦に初出場を果たし、一九六九年には「いいじゃないの幸せならば」で第一一回日本レコード大賞を受賞した。ショートヘアでスカートよりもパンタロンなどのスラックス姿を好み、若い女性にしては低音のハスキーボイスというマニッシュなイメージで、テレビのホームドラマ「ありがとう」（TBS系列、一九七〇～七五年）に出演するなど、歌手だけでなく女優や司会者など多方面で活躍する押しも押されもせぬ一流タレントで、事件当時三五歳だった。

それに対して、キャッシーは大阪弁でまくしたてる「ハーフ」のタレントとして注目され、テレビドラマに傍役で出演していた。佐良より六歳年下で事件当時は二九歳だった。

佐良は、一九七二年、一九七四～七七年とNHK紅白歌合戦の紅組司会を五回も担当しているように、NHK好みの「お茶の間」好感度が高い、スキャンダルとは縁遠い人物と思われていた。それだけにキャッシーの告発は衝撃的だった。

キャッシーの告白は、二人の馴れ初めから佐良家の「嫁」としての同居生活、「姑」（佐良の母）との関係の拗《こじ》れが原因となった破局まで、三年間の愛情生活を詳細に語った上に、十数通の佐良からの手紙を証拠として添えたものだった（『週刊現代』一九八〇年六月五日号）。

これに対して佐良は同性愛関係を全面否定し、手紙も偽造と決めつけた。両者それぞれ弁護士を立てての泥沼的な訴訟合戦になるかと思われたが、一転して五月末に和解となった。佐良本人は現在に至るまでレズビアン関係を完全に否定しているが、真相は「藪の中」である。

性的スキャンダル、しかもレズビアン・スキャンダルの影響は、両者の芸能界におけるポジションに格段の差があった分、佐良の方がずっと大きかった。それまでの優等生的なタレント・イメージは大きく損なわれてしまった。その年の暮、佐良はデビュー以来一三回連続出場を続けていた紅白歌合戦に落選してしまう。確かにヒット曲には恵まれていなかったが、それまでの功績を考えれば唐突な感は否めず、やはりスキャンダルが理由と受け取る人が多かった。それ以降、佐良は徐々に芸能活動から遠ざかりテレビから消えていった。

後年になって、佐良は芸能界から引退した理由を（レズビアン・スキャンダルではなく）恩師・水島早苗の死（一九七八年）や声帯ポリープの手術（一九八七年）であると語っている（『東京スポーツ』二〇一〇年一一月七日号「佐良直美が三〇年前のレズ騒動を語る」http://www.tokyo-sports.co.jp/entame/2238/）。おそらく事実はそうなのだろう。

しかし、同時代の多くの人は、私も含めそうは受け取らなかった。佐良直美ほどの一流歌手であってもレズビアンであることが世間に知られたら、芸能界から追放されてしまうのだ、と思った。レズビアンの社会的隠蔽という現象を考える時、事実関係よりも、そうしたイメージが視聴者やテレビ業界に広まってしまったことの方が重大である。「佐良直美事件」によって、日本の芸能界においてレズビアンは絶対的なタブー（禁忌）と認識され、その後のテレビ業界のレズビアン忌避・隠蔽姿勢が決定づけられてしまった。

なお、一九七〇～八〇年代は、日本でレズビアン・コミュニティが形成されていく時代である。

その主体的な歴史については、杉浦郁子の一連の研究を参照されたい〔杉浦 2006, 2008, 2010a〕。

4　「ラスト・フレンズ」問題——なぜレズビアンではいけないのか

「ラスト・フレンズ」は、二〇〇八年（平成二〇）四月一〇日から六月一九日まで全一一回、毎週木曜二二時台にフジテレビ系列で放送されたテレビドラマである。

あらすじは、児童虐待（ネグレクト、性的虐待）のトラウマに由来する自我の未確立が影響して、家や職場でも居場所が得られず、区役所の児童福祉課で働く恋人宗佑（錦戸亮）からドメスティック・ヴァイオレンス（DV）を受けている藍田美知留（長澤まさみ）、モトクロス選手として全日本選手権優勝を目指す一方、自分の性別に悩みを抱える岸本瑠可（上野樹里）、女性たちの良き相談相手でありながら、過去のトラウマからセックス恐怖症に悩む水島タケル（瑛太）、恋多き女性である滝川エリ（水川あさみ）の四人が、シェアハウスで共同生活を始めることで人と人との関わりの大切さを知り、前向きに生きようとする、というものだった。

DV、性同一性障害、セックス恐怖症など当時の若者たちの間で社会問題化しつつあったテーマを取り入れ、主要キャストに旬な若手俳優を起用したこともあって若者たちの間で話題を呼び、高視聴率を記録した（最終回二二・八％）。私が二〇一一年に、放送当時一五〜一九歳だった大学の受講生を対象に調査したところでは、その世代に限定すれば、視聴率は五〇％に迫っていたと思われる。また「第五七回（二〇〇八年春クール）ドラマアカデミー賞」（テレビ雑誌『ザテレビジョン』主催）において、作品賞・助演男優賞（錦戸亮）・助演女優賞（上野樹里）など六冠を達成し、テレビ業界では高く評価された。その一方で、ＤＶ男性の美化、レズビアン（女性同性愛）と性同一性障害の混乱などをめぐって、放送時から批判も多かった。

世間的にはハードなＤＶシーンが注目を集めたが、ここで問題にしたいのは、岸本瑠可の描かれ方である。瑠可は中学・高校の同級生だった美知留にずっと思いを寄せている。第一回のラスト、美知留が初めてシェアハウスに泊まった翌朝、ソファーで眠っている美知留の唇に瑠可がそっと唇を寄せるシーンは、瑠可がレズビアンである可能性を想起させるものだった。しかし、ドラマの中では、「レズビアン」という言葉は一度も使われない。さらに瑠可の性的指向は「男性を好きになれない」という形で表現され、より積極的な「女性が好き」という表現は意識して避けられている。このドラマでは女性が好きな女性を描きながら、レズビアン的なものが隠蔽されているのは明らかだろう。なぜ瑠可はレズビアンではいけないのだろうか。そこに「佐良直美事件」以来のテレビ業界のレズビアン忌避が影を落としているように思われる。

レズビアンが隠蔽される一方で、瑠可がインターネットで病院のサイトを密かに見ているシーンが伏線として描かれ、少し時を置いて瑠可が性同一性障害（gender identity disorder）の診断を求めてメンタルクリニックを受診するシーンが出てくる。その場面にかぶせられた瑠可のモノローグは典型的な性同一性障害の語りであり、ここに至って、瑠可がＦｔＭ（Female to Male）の性同一性障害者である可能性が視聴者に強く示唆される。

しかし、瑠可の場合、ジェンダー・アイデンティティ(性同一性)と深く結びついている自称(第一人称)は、ほぼ一貫して「私《わたし》」であり、時に「あたし」と聞こえる箇所もある。ＦｔＭは、女性性と関連づけられる「私」を自称として使うことを避ける傾向があり、まして女性性が明確な「あたし」と称することはまずない。ＦｔＭの自称としては「自分」「僕」「俺」が用いられることが多いが、瑠可はそうではない。

また、映像表現では、瑠可が女性的なジェンダー表現を好まないこと、男性を愛せないことは強調されているが、ＦｔＭに特徴的な女性としての身体に対する違和感は、メンタルクリニックのシーンで語りとして表現されるだけで、映像ではあまり表現されていない。

「ラスト・フレンズ」の脚本家、浅野妙子は、脚本をＦｔＭの当事者にみせたところ、「これってレズビアンじゃん(笑)。レズビアンだと何でいけないの?」と即答されたことを語っている(Yuki Keiser 2008)。まさにその通りで、ＦｔＭの性同一性障害者をよく知る者からしたら、瑠可がＦｔＭであることはかなり疑問で、ボーイッシュなレズビアンにしか見えない。

ボーイッシュなレズビアンを思わせる瑠可に対して、性同一性障害のレッテルを無理やり貼り付けているのではないか、という視聴者の疑問に答える場面がやってくる。それは瑠可の父親に対するカミングアウト・シーンだ。瑠可は「私は男の人を好きにならない。なれないんだ」と父親に告白する。ここで問題にされているのは性的指向であり、これは典型的なレズビアンのカミングアウトである。ＦｔＭのカミングアウトなら「自分(の心)は男なんだ。女じゃないんだ」というようにジェンダー・アイデンティティが問題にされるはずだからだ。

ところが、瑠可のレズビアン的なカミングアウトに対する父親の述懐シーンでは、男の子に混じって活発に遊んでいた瑠可の子供時代が語られる。これは、ＦｔＭの子供時代の典型的な語りである。

ここに至って、重大なことに気づく。脚本家が性的指向の問題であるレズビアンとジェンダー・アイデンティティの問題である性同一性障害（ＦｔＭ）とを混同している、あるいは意図的に混乱させていることに。

実際、脚本家の浅野妙子は、「性同一性障害という設定が最初に決まっていた」こと、その上で「ＦｔＭとレズビアンの間」の「グレーゾーン」として瑠可を設定したこと、「どっちともはっきりは言えないけれど」「性同一性障害のほうがレズビアンよりそういった面（「悩み」を連想するという点）で共感を得やすい」と思い、「まずは「性同一性障害」にしておこう」と考えたことを語っている（Yuki Keiser 2008）。レズビアンが悩まないとでも思っているのだろうか。性的マイノリティに対する歪んだ思い込みに基づく安易なドラマ設定があったことがわかる。

「ＦｔＭとレズビアンの間」の「グレーゾーン」を描こうとした脚本家の意図が視聴者に伝わったとは思えない。むしろ、瑠可のような、女の子が好きな男っぽい女性は、性同一性障害（ＦｔＭ）という病気で、メンタルクリニックに通院する必要がある、という誤った情報が視聴者に与えられた可能性が高いと思う。

そうであるならば、このドラマはレズビアンを隠蔽しただけでなく、ＦｔＭの性同一性障害のイメージをも歪めて流布し、現実世界に誤った印象・知識を与えたミスリードの事例ということになる。

実際、「ラスト・フレンズ」の放送があった二〇〇八年以降、全国のジェンダー・クリニックで一〇～二〇代の若い女性の受診者が急増したことが報告されている。そこに「ラスフレを見て、自分も性同一性障害だと確信しました」というようなミスリードが作用している可能性は十分に考えられる。

5　一九九〇年代以降のレズビアンをめぐる動向

一九九〇年代になると欧米のゲイ・レボリューションの波がようやく日本にも到達する。そうした中で一九九二年に出版された掛札悠子『「レズビアン」である、ということ』〔掛札 1992〕は、長らく沈黙を強いられてきたレズビアンが初めて堂々と自らの生き方を語ったものとして画期的なものだった。

しかし、それによってレズビアンを取り巻く状況が大きく改善されたかといえば、必ずしもそうとは言えない。掛札に続いてカミングアウトした人は多くなく〔笹野 1995, 池田 1999〕、掛札自身が筆を折ってしまったこともあり、レズビアン・ムーブメントは九〇年代末に始まる性同一性障害の大流行の波に埋もれてしまう〔杉浦 2010b〕。

一九九〇年代末から二〇〇〇年代前半にマス・メディアによって流布された性同一性障害についての情報量は、同性愛のそれと比較できないほど多かった。同性愛の中でも、ゲイはすでに独自のコミュニティを確立し、専門の商業雑誌をもっていたが、コミュニティの規模が小さく商業雑誌の刊行がなかなか続かないレズビアンの情報量はさらに少なかった。インターネット時代になって若干改善されたものの、まだ十分と言うには程遠い。

一方、レズビアンの学術的研究としては、性意識調査グループ編の『三一〇人の性意識——異性愛者ではない女たちのアンケート調査』〔性意識調査 1998〕や、中央大学の矢島正見研究室がまとめた『女性同性愛者のライフヒストリー』〔矢島 1999〕がひとつの方向性を示している。それは、ともかくレズビアンの話を聞き記録することで、その存在を顕在化することである。隠蔽されてきた日本のレズビアンを学問的な舞台に載せたという意味で、両書の意味は大きかったと思う。その点で、レズビアン活動家たちのトークを収録した『日本Lばなし——日本のレズビアンの過去・現在・未来をつなぐ』は私家版ながら資料として貴重である〔パフスクール 2017〕。

しかし、同性愛の学術研究全体でみると、杉浦郁子、堀江有里、飯野由里子の仕事はあるものの、まだまだ男性主導でアンバランスであることは否めない。たとえば、二〇一〇年に岩波書店から出版された風間孝・河口和也『同性愛と異性愛』は、同性愛の当事者が同性愛を書名に掲げて専論した初めての新書として注目されたが、共著者が当事者でないことを理由にレズビアンについてはほとんど触れていない。当事者主義にこだわるのなら、レズビアンの執筆者を招いて章を設けるべきだし、それができないのならば、書名は『男性同性愛と異性愛』にすべきだろう。書名に「同性愛」と銘打ちながらレズビアンについてほとんど記述をしないのは、単にアンバランスなだけでなく、レズビアンの疎外であり、結果的にレズビアンの隠蔽に加担していると言えなくもない。『同性愛と異性愛』という書名にひかれて手に取ったレズビアンが目次を通覧した時の疎外感と落胆を著者や編集者は想像しただろうか。

同性愛者の歴史的な歩みや現在直面している問題が、いつの間にか男性同性愛者（ゲイ）のそれにすり替えられてしまう現象は、この本だけではないように思う。

二〇〇五年、大阪府議会議員だった尾辻かな子がレズビアンであることをカミングアウトした〔尾辻 2005〕。尾辻は二〇〇七年の参議院選挙（比例区）に民主党公認として立候補したものの当選ラインに遠く及ばず落選したが、二〇一三年五月、繰り上げ当選によって参議院議員（民主党）となった。任期がわずか一ヵ月余だったこともあり、残念ながら十分な実績は残せなかったが、尾辻が日本初の性的マイノリティであることを公言した国会議員であることはまぎれもない事実である（その後、二〇一七年の衆議院選挙で立憲民主党公認候補として当選、二〇二一年落選）。

しかし、東京都豊島区議会議員で男性同性愛者（ゲイ）であることを公表している石川大我が二〇一四年の衆議院総選挙で社会民主党の東京比例区名簿一位に登載されると、複数のネット・メディアが「日本初の同性愛者の国会議員を目指す」と報じ、尾辻の存在は「なかったこと」にされた。無知と言えばそれまでだが、「日本初のオープンリー同性愛者国会議員」である尾辻への配慮に欠けていたことは否めない。

二〇〇〇年代後半になると、レズビアン関係の出版も徐々に増えていく〔堀江2006, 2015, 飯野2008, 牧村2013〕。二〇一三年には世界的な同性婚承認の流れの中で、レズビアン・カップルの東京ディズニーシーでの挙式が話題になった〔東・増原2014〕。

二〇一五年三月、東京都渋谷区が「同性パートナーシップ証明書」発行を条例化し、同年六月、アメリカ連邦最高裁が同性婚を認めないのは違憲とする判断を出し、アメリカ全州で同性婚が可能になった。それらをきっかけに日本でも「ＬＧＢＴブーム」が一気に盛り上がり、マス・メディアにおけるレズビアンを含む同性愛関連報道が激増した。その結果、レズビアンのvisibility(目に見えること)は向上したように思われる。

しかし、「ＬＧＢＴブーム」の中で注目されているのは、裕福で、容姿に恵まれ、社会的地位のある「シャイニー(shiny)」な特定のレズビアンであり、一般のレズビアンが抱えるさまざまな生活の困難を改善していく視点は、不十分だった。これはブームの発端が政治的思惑(二〇一五年の統一地方選挙)や経済的期待(ＬＧＢＴ消費需要)にあり、必ずしも人権的観点でなかったためと思われる。

現在に至っても、レズビアンの存在が日本社会の中で十分に認知され、レズビアンに関する情報が十分に流通し、レズビアンを取り巻く様々な困難な状況について地に足が着いた議論がなされる状況には、残念ながらなっていない。今後、ＬＧＢＴの人権擁護の論議が深まる中で、本当の意味でのレズビアンの社会的顕在化と生活改善がなされることを期待したい。

6　レズビアン・ロールモデルの不在

レズビアンをめぐる現状を考えたとき、情報量の不足もだが、最大の問題はレズビアンのロールモデルの不在だと思う。その原因は、テレビをはじめとするマス・メディアがレズビアンの存在を徹底的に隠蔽してきたことにある。

二〇一〇年代になってさえ、日本のマス・メディアは「レズビアン疑惑」という言い方をしてはばからない。「疑惑」という言葉は「覚醒剤使用疑惑」など社会的に問題のある行為を疑う言葉だ。いったいなぜレズビアンであることが問題行為なのだろう。そうした「疑惑」をかけられた女優、女性歌手あるいは女性タレントは、必死に「疑惑」を否定しようとする。本人が沈黙していても事務所が否定に動く。なぜなら、現在の日本のテレビ業界では「レズビアン」であることは仕事を失うことにつながりかねず、デメリットが大きいからだ。その点で、レズビアンをカミングアウトした女優や女性アーティストが活躍する欧米と著しい違いがある。「佐良直美事件」の呪縛は三〇年以上たってもまだ解けていない。

その結果、二〇二〇年代になっても、レズビアンであることをオープンにしている女優、テレビ・タレントはきわめて少ないのが現状だ。なぜ、これほどまでにテレビ・メディアはレズビアンの存在を忌避するのだろうか。

その点について、ある民放のバラエティ番組のディレクターに尋ねたことがある。答えはきわめて端的で「レズビアンやFtMを使う視聴率的なメリットがない」だった。もちろん、個人の、非公式な見解だが、本音だろう。

分析すれば、すべての女性は男性の性的視線を受け止める存在でなければならないという、男性中心のヘテロセクシュアル原理がいまだに貫徹しているのがテレビ業界だということだ。そうした姿勢の背景にはスポンサーとしてテレビ番組を支えている日本の企業社会の男性中心のヘテロセクシャリズムがある。

このように、マス・メディアの隠蔽姿勢がレズビアンのvisibilityを著しく低下させ、魅力的なレズビアン・ロールモデルの出現を阻んでいる。そして、レズビアン・ロールモデルの不在が、レズビアンの自己肯定をいっそう困難にしている。

二〇一〇年代になって、同性婚への注目からレズビアン・カップルの挙式写真がマス・メディアにも多く流れるようになった。レズビアンの社会的顕在化という点では良いことだと思う。しかし、なぜゲイ・カップルの挙式写真はあまり流れず、華やかで女性的(Femme)なレズビアン・カップルの写真ばかりが流れるのか？　と考えると、あきらかに「見られる性としての女性×二」というジェンダー・バイアスが掛かっているように思われる。それでは、五〇年前の「レズビアンは二倍おいしい」と本質的に差がないではないか。

ところで、レストランでメニューにない料理を注文できる人はごく少ない。ほとんどの人はメニューの中から料理を選ぶ。それと同じで、人は目の前に並んでいる概念にしかアイデンティファイ

（カテゴリーへの同一化）できない。私はこれを「メニュー理論」と言っている。

たとえば、二〇代の私の前に置かれていたメニューには、トランスジェンダーも性同一性障害もなく、ゲイボーイという概念しかなかった。「これは違う」と思ったから、それをつかまなかった。アマチュアの女装者という概念があることを知ったのは三〇代の初めで、やっとその言葉をつかむことができたが、トランスジェンダーという言葉を知って最終的にアイデンティファイできたのは四〇歳を過ぎてからだった。

レズビアンを抑圧し、存在を隠蔽してきた結果、レズビアンのロールモデルが提示されず、逆に性同一性障害（ＦｔＭ）の情報が多く流布されてきた状況は、メニューに「今月のおすすめ」として「性同一性障害（ＦｔＭ）」と大書されているのに対し、「レズビアン」は見えるか見えないかの小さい文字で「レズビアンもあります」としか書かれていない状態にたとえられる。自分の性的指向が典型的でないことに気づいた女性がメニューを開き見たとき、本来ならつかむべきレズビアンではなく、性同一性障害（ＦｔＭ）をつかんでしまうのも無理からぬ状況がそこにある。

ところで、欧米諸国と比較して日本はＦｔＭの比率が高いと言われている。十分に信頼できるデータはないが、若い世代ではその傾向がかなり顕著だと思う。私はその原因として、欧米ではマニッシュなレズビアン（Butch, boyish）の範囲で収まるはずの人たちが、マニッシュなレズビアンのロールモデルが不在な日本では、ＦｔＭに流入している可能性が高いことを指摘した〔三橋 2016〕。

非典型な性をもつ人たちがどのようにカテゴライズされ、自らをアイデンティファイしていくかは、今まで言われてきたほど固定的ではなく、与えられる情報によってかなり流動的であると私は考える。それゆえに、適切なアイデンティファイをするためには隠蔽や歪曲がない正しい情報と多様なロールモデルの提供、つまり、自分にふさわしい料理を選べる「メニュー」が必要なのである。

おわりに

ある年度、「ジェンダー論」の講義の単位レポートに、レズビアンであることの辛い思いを切々と記してきた学生がいた。好きな相手からもレズビアンの存在そのものを否定され、周囲の偏見の中で自己否定感にさいなまれる。なぜ、女性として女性が好きなだけでこんなに苦しまなければならないのか、単位レポートだから冷静に読んで評価しなければいけないのだが、「今まで書いてきたことはすべて事実です。でも、誰にも話したことはありません。やっとレポートという形ですが書くことができて、私は幸せです、ありがとうございました」という結びの文章を読んで、涙が流れるのを抑えることができなかった。

一方では、女性を愛するためには自分が男にならなければならないと思い込み、短命化の可能性が指摘される男性ホルモンを過剰に摂取し、身体にメスを入れて乳房、子宮・卵巣を摘出し、高額な費用をかけて（トラブルが多く機能的にも不十分な）擬似男性器を形成する人がいる。レズビアンの範疇に収まるのなら、その方がずっと身体リスクは少ないのに……と、身体の自己決定権の重要さは承知しているが、やはり考えてしまう。

女性として女性を愛する女性たちが、適切な自己認識を形成するためには、レズビアンが隠蔽されることなく、レズビアンに関する情報が十分に流通し、女性として女性を愛する多様なロールモデルが社会の中で存在することが必要だと思う。さらに言えば、女性を愛する女性がレズビアンでなく「男になる」ことを選択する背景には、日本社会における女性の根本的な生きにくさが存在する。性的マイノリティだけの問題では済まないことを、性的マジョリティの人たちにも知ってほしいと思う。

III

アジアの性別越境文化

――インド・中国・朝鮮半島

第11章 インド
──「ヒジュラ」に学ぶサード・ジェンダー

はじめに

一九九六年一二月、私は、演劇論の石川達朗慶応義塾大学教授（当時）と『ヒジュラ──インド第三の性』の著者で写真家の石川武志氏との鼎談「ヒジュラに学べ！──トランス社会の倫理と論理」に参加した〔石井・石川・三橋 1998〕。

それまで海外の性別越境文化にほとんど関心も知見もなかった私にとって、とても刺激的な機会であり、とりわけ石川氏が撮影したヒジュラの写真を目の前にしながら聞く、ヒジュラの実像は衝撃的ですらあった。まさに「ヒジュラに学ぶ」であり、私のその後の性別越境文化研究の原点の一つになった。

ところで、すでに述べてきたように性別を越境し、特有の社会的役割を果たしている人々は、前近代の世界各地に広く存在していた（第2章参照）。文化人類学では、こうした形態を「サード・ジェンダー（Third Gender＝第三の性）」と呼んでいる。

この章の話は、大学の講義でもしているが、その際、ほぼ必ず「トランスジェンダーとサード・ジェンダーはどう違うのですか?」という質問が出る。「とても良い質問ですね」と前振りした上で、「トランスジェンダーが(欧米的な)男女二元制をベースにした概念であるのに対し、サード・ジェンダーは多元的な概念です」と答えている。さらに、インドのヒジュラに「お前は男か女か?」という二元論的な質問をすると、「自分はヒジュラだ」という三元論的な答えが返ってくるという実話を紹介する。

もっとも、ほとんどのサード・ジェンダーが、女装・男装(稀に去勢)という現象・行為としてのトランスジェンダーを伴うわけで、ややこしいのだが。

要は、世界各地の土着的・伝統的な性別越境現象にトランスジェンダーという欧米・現代的な概念を適用するよりも、やや中立的なサード・ジェンダーという概念の方が語りやすいということだ。

この章では、私のサード・ジェンダー論の原点であるヒジュラから出発して、その後に知見を得た世界の性別越境文化の諸相をたどってみたい。

1　インド・ヒジュラに学ぶ

「ヒジュラに学べ!」でご一緒した、ヒジュラを撮って三五年、世界一のヒジュラ通の写真家である石川氏とは、その後も交友が続き、ヒジュラについてさまざまなことを教えてもらうと同時に、私の講義や論考に特別に写真を提供していただいている。本書で掲載しているヒジュラの写真はすべて石川氏の撮影によるものである。ヒジュラについては、他にも優れた調査報告・研究があるが、そういう経緯でこの節で述べるヒジュラについての知見は多く石川氏からの聞き書きに依っている〔大谷 1984，石川 1995，ナンダ 1999，國弘 2009〕。

以下、項目を分けて整理していこう。

(1) ヒジュラとは何か?

ヒジュラ(Hijra)とは、ウルドゥー語で「半陰陽、両性具有者」の意味である。インド文化圏(パキスタン、バングラデシュも含む)の多くの地域ではヒジュラと呼ばれているが、南インドではアラバニ(Arabani)と呼ぶ。

シヴァ神とその妃パールヴァティー神が合体した姿(アルダナリースヴァラ)が理想の性としての両性神(万物創成の神)とされる(図11－1)。ヒジュラはその両性神との同一化として、生まれつきの「半陰陽」であることを対外的に主張する。概念としての「両性具有」である。

図11-1　シヴァ神とその妃パールヴァティー神が合体したアルダナリースヴァラ．撮影・提供：石川武志氏

しかし、生まれつきの「半陰陽」者がそれほど多いはずはなく、実態的には、女性への性別移行願望がある去勢した男性を中心とした集合体である。

ただ、欧米のトランスジェンダーと異なる点は、ジェンダー的には女性だが「女性である」とは主張しない点である。「ヒジュラの性別はヒジュラ」であり、それ故に「サード・ジェンダー」なのだ。

(2)ヒジュラの人数

インドは、世界最大のサード・ジェンダー集団を持つ国である。一三億を超える世界第二位の人口大国だから、性別越境者が「ほぼ一定の割合」で存在するとすれば、人数が多くなるのは当然だ(世界一位の中国が性別越境者に抑圧的であるという事情もある)。

ただし、統計がないのでヒジュラの正確な人数は不明だ。石川氏の感覚では、インドだけで一〇万〜二〇万人規模と思われる。インドの全人口を一三億人とし、その半数が男性だとすると(実際は男性の方が多い)、推定されるヒジュラの割合は〇・〇一五〜〇・〇三％＝一万人に一・五〜三人となり、欧米、および日本における男性から女性へのトランスジェンダーの割合と比較してほぼ妥当な数値だと思う(むしろ、やや少ないかもしれない)。

(3)ヒジュラ文化圏の範囲

広義のインド文化圏、現在のインドを中心に、パキスタン、バングラデシュがヒジュラ文化圏の範囲である。ムガール帝国(一五二六〜一八五八)の領域だった北インドが濃厚で、そこから外れていた南インドは希薄になり、ネパールやスリランカはヒジュラ文化圏の外になる。アフガニスタンにもいたが、第一次タリバン政権(一九九六〜二〇〇一)下の弾圧で難民化してパキスタンに流出した。こうした北に濃厚な傾向は、去勢の技術が北からインドにもたらされたからとされる。

インドはイギリスなどにより植民地化されたが、西欧キリスト教文化の影響の濃淡によって、現代のヒジュラの在り様に差がある。たとえば。ポルトガルの旧植民地でカトリック文化圏のゴアなどには、ヒジュラはほとんど存在しない。

イスラム圏のパキスタンやバングラデシュだけでなく、インド国内にもイスラム教徒のヒジュラがいる。イスラム教のヒジュラは芸能(歌舞)の比重が高い。これは、もともとイスラム教の王の宮廷に芸能者として奉仕していた伝統と思われる。

(4)ヒジュラのコミュニティ

インドのヒジュラの特徴の一つとして集団制が挙げられる。グル(ファミリーのリーダー)を中核とし、チェーラー(弟子)を構成員とし、仕事上のテリトリー(縄張り)を持ち、共同生活を送っている。

図11−2は、インド(ムンバイ)のヒジュラのグループだが、一見、女性だけの家族集団に見える。実際にはグルが母親、若いヒジュラがチェーラー(娘)、チェーラー同士は姉妹、歳をとったヒジュラが祖母のような役割をもつ、二重に擬制的な母系集団を形成している。二重に擬制的というのは、そもそも血縁関係がないこと、そしてもともとは男性であるという意味だ。構成員は、少ないファ

図11-2　ヒジュラのグループ．擬似的な母系家族を形成している（ムンバイ）．撮影・提供：石川武志氏

ミリーでは三人、多い場合は見習いの男の子から老人まで一〇～一五人に及ぶ。

男性から女性への性別越境者の集団が、擬制的な母系集団の形態をとることは、日本の江戸時代の陰間、中国・清代の相公《シャンコン》、そして二〇世紀日本のニューハーフ系の店や女装コミュニティでも見られ、それほど珍しい形ではない。

しかし、ヒジュラの場合、その擬制家族集団が相互扶助的な機能を持っていることが重要である。具体的には、若いヒジュラが稼いできた収益（お金、衣類、食品など）はグルが集めて、成員に再分配する。歳をとって外での稼ぎが悪くなった高齢のヒジュラは家内労働に廻り、さらに老いて動けなくなっても、若いヒジュラが介護して最期まで見捨てることはない。

これは死期が近づいた高齢者や病者が路上に放置されることが珍しくないインド社会の実情を考えると、高い相互扶助性を備えていると言える。

また、デリーなどに数人のナイク（ビッグ・グル、族長）がいて、全国のファミリーを系列化し統制している。

図11-3　豊穣・多産の女神(母神)バフチャラ・マータ．ヒジュラの祖神とされる．撮影・提供：石川武志氏

(5)ヒジュラの信仰

シヴァ神とその妃パールヴァティー神の合体としての両性神、アルダナリースヴァラがヒジュラの信仰の中核であり、豊穣・多産の女神(母神)としてのバフチャラ・マータがヒジュラの祖神とされる。バフチャラ母神は多産の象徴である鶏(なぜか雄鶏)に乗っている(図11-3)。

ヒンドゥー教徒のグルのファミリーにはヒンドゥー教徒のチェーラーが、イスラム教徒のグルのファミリーにはイスラム教徒のチェーラーが集まることが多いが、両教徒が混じるファミリーもある。これは、バフチャラ・マータの信徒であることが優先されるからである。このことは、ヒジュラの信仰がインドのイスラム化(一一～一二世紀)より古いことを示唆している。

(6)バフチャラ寺院のヒジュラ

北インド・グジャラート州のバフチャラ寺院は、ヒジュラの祖神バフチャラ・マータを祀っている。境内にはヒジュラが常駐していて、参詣者(とくに男の子)に祝福を与える。

子どもの頭に手をかざし、神の祝福の歌(マントラ)を唱えて、赤い顔料で額に卍(スワスティカ)を印す。「神殿ヒジュラ」と言うべき形態で、ヒジュラの原形態を思わせる。またその職能は日本の中世社会の神社（たとえば奈良の春日神社など）に寄寓していた巫女に類似している。

（7）ヒジュラの去勢

ヒジュラ集団に入ってきた男の子は、最初は、家事労働、芸能（歌・踊り）の修業など「見習い」「仕込みっ子」的な存在で、その中からグルが、覚悟がしっかりした者を選ぶ。年齢的には、早くて一三歳、一七〜一八歳までに去勢するのが一般的で、中には二〇歳を越える場合もある。早く去勢した方が、男性ホルモンが作用せず身体的には女性的になる。

去勢手術は、ヒジュラ集団の中にいる施術者に依頼し、術式は局部を糸で結束し、鋭い刃物で陰茎と睾丸を切除する完全去勢で、麻酔はしない。切除後は銀のストローで尿道を確保した上で、うす暗い部屋で一週間ほど寝かせる。この術式は、前近代の中国における宦官《かんがん》の去勢手術法と基本的に同じであり、動物去勢の技術をそのまま人間に応用した同起源のものと思われる。

術後、出血性ショック、尿道閉塞、感染症などで死亡する場合もある。うまくいけば、術後一〇日後に「お披露目」をして一人前の（正規の）ヒジュラとなる。

なぜ、そこまでして去勢をするかといえば、去勢によってシヴァ神と同じ両性具有になるためである。「去勢してしまったら両性具有ではなく無性化するだろう」というのは近代的な理屈である。

図11-4　男児の誕生祝で踊るヒジュラ（ニューデリー）．撮影・提供：石川武志氏

（8）ヒジュラの儀礼

ヒジュラの生業は、インドの伝統的な宗教・生活文化に根差している。重要な儀礼は二つある。一つは結婚式の祝福儀礼で、テリトリーの中で結婚式があれば出かけて行き、ヒジュラは花婿の頭上に手をかざして多産を祈る。幸福な結婚、長寿、多産を祈願する歌と踊りを行う。その際、花嫁を引っ張り出していっしょに踊る（花婿以外の男性は花嫁に触れることはできないが、ヒジュラは花嫁に触れてもよい）。花嫁のサリーの裾に米（多産の象徴）を載せて、多産を祈る。そして、御礼（お布施）をもらう。面白いのは、呼ばれなくても行くそうで、かなり「押し売り」的である。

もう一つは、男児誕生の祝福儀礼である（図11－4）。グルが男児を抱き、その頭上に手をかざし、親指を額に当てて、幸福と長命、そして多産を神（バフチャラ・マータ）に祈る。同時に生誕にともなう穢れを取り去る。穢れを引き受けたヒジュラは穢れた存在になる。ちなみに、この儀礼は男児限定である。インド社会では女児の誕生は祝福されないからだ。

図11－5は、ヒジュラのグルが男の赤ちゃんを抱いて神の

祝福を授ける場面。母親の服装から、かなり裕福な家庭と思われる。

(9)日常的な営業

二つの重要な儀礼は別として、ヒジュラは日常的にテリトリーを巡回して、人々や店に祝福を与え、お布施を集める。日本風に言えば「門付け」である。その際、出産や結婚の情報を収集することも大切だ。

また、地域の祭礼に出演することもあり、ラーマーヤナ劇でヒロインのシータ姫を演じたり、伝統的な民謡や最新の歌を披露する「歌謡ショー」も行う。ラクダ市に出張して、商売繁盛の祝福を与え、歌や踊りで景気づける。かなり押し売り的だが芸達者であり、こまめに稼ぐ。

図11-5　男児を抱いて神の祝福を与えるヒジュラのグル．撮影・提供：石川武志氏

イスラム教徒のヒジュラは、芸能者(踊りや歌)の色彩が強い。イスラム教の巡礼団の「露払い」をつとめ、巡礼旗を持って先頭を歩くとともに、芸能で賑やかす。

ヒジュラは完全なテリトリー(縄張り)システムなので、裕福な地域を縄張りにするヒジュラ集団はかなり裕福で、逆にスラム(貧民街)を縄張りにするヒジュラ集団は貧しい。最悪は、縄張りをもたないヒジュラで、縄張り外(フリー・スペース)とされる移動する列車・電車の車内でしか稼げない。稼ぐと言っても、実態はほとんど物乞い、タカリ行為である。

(10) ヒジュラと売春

ヒジュラの生業の一つに売春(セックスワーク)がある。ただし、すべてのヒジュラが売春をするわけではなく、神の祝福を伝える者としてのプライドをもち、売春をしないヒジュラもいる。一方、インド社会の近代化・西欧化によって伝統的な生業が衰退し、収入の確保のために売春もするヒジュラもいる。この場合、売春行為にともなうスティグマ(負の烙印)により、いっそう穢れた存在と見なされ、それが伝統的な生業の差し障りになるという悪循環が生じてしまう。

さらに、売春しかできないヒジュラもいる。ヒジュラを支える社会的・信仰的基盤が崩壊した地域のヒジュラや、南インドなどから都市に流入し縄張りをもたないヒジュラたちである。

図11-6　アラヴァン神の妻となるヒジュラ．撮影・提供：石川武志氏

(11) ヒジュラをめぐるセクシュアリティ

第2章で紹介したように、南インド・タミルナードゥ州のアラヴァン寺院で行われるアラヴァン神とヒジュラの「結婚」儀式(図11－6)には、インド全土から数千人のヒジュラが集まる。同時にヒジュラと性的関係を結ぼうとする大勢の男性も集まり、夜中、野外(ブッシュ)やホテルで性行為をくりひろげ

る。なぜ男たちは、この夜、ヒジュラとセックスをしようとするのか？　といえば、アラヴァン神の妻となったヒジュラとセックスすることで、神とヒジュラをシェア（共有）する関係になり、聖性を受け継ぐためである。「神婚（聖婚）」の典型的な形と言える（ヒジュラは女性ではないが……）。

これは特別な日の宗教性を帯びたセクシュアリティだが、日常的にヒジュラの売春相手となる男性たちはどうだろうか。石川氏の観察によれば、それなりの社会的階層、経済状況の男性も多く含まれ、貧しさゆえに女性の代用としてヒジュラを買うのではないという。むしろ、ヒジュラだからこそ買うという男性（「ヒジュラ愛好男性」）が確実に存在する。そして彼らの意識はゲイ（男性同性愛者）とも異なる。

これは、日本の事例から三橋が概念化した「女装者愛好男性」（自分は女装しないが女装者が大好きな男性）のインド・バージョンであると考えられる〔三橋 2006d〕。

また、祭りの日、ヒジュラの後を付いて行く少年たちがいる。インド社会では一般に女性が女性性を表現することはしない（許されない）ので、女性が表現しない女性性を表現する者としてのヒジュラは「祭りの華」となる。「性的なもの（エロティシズム）」へ興味を抱く少年たちは、ヒジュラを囃《はや》し、尻に触ったりする。中には初体験の相手がヒジュラという少年もいて、「ヒジュラ愛好男性」の予備軍（？）になる。

⑫ヒジュラの社会的地位

ヒジュラは基本的にアウト・カーストである。ロー・カーストではなく、あくまでもアウト・カーストなので偉い人にも会える。ナイク(族長)や有力なグルは、インド社会の上層部とコネクションがあり、有力者の顧問的なポジションのヒジュラもいる。

ただし、ヒジュラの社会的地位は、地域差が大きい。伝統的な宗教的価値観が強く残っている地域社会では、「巫女」的存在として尊敬される一方、そうした伝統が崩壊しつつある地域では、最も穢れた存在として賤視される。

両性具有の神シヴァの祭礼の日、両性具有(ということになっている)ヒジュラは神の分身として、一転して聖なる存在になる。日頃、賤視し差別しているヒジュラの足に五体投地して接吻し、幸せな結婚・多産を祈る女性たち、男児を路面に並べてヒジュラに跨《また》いでもらう母親など、賤視と聖視との劇的な逆転が見られる。

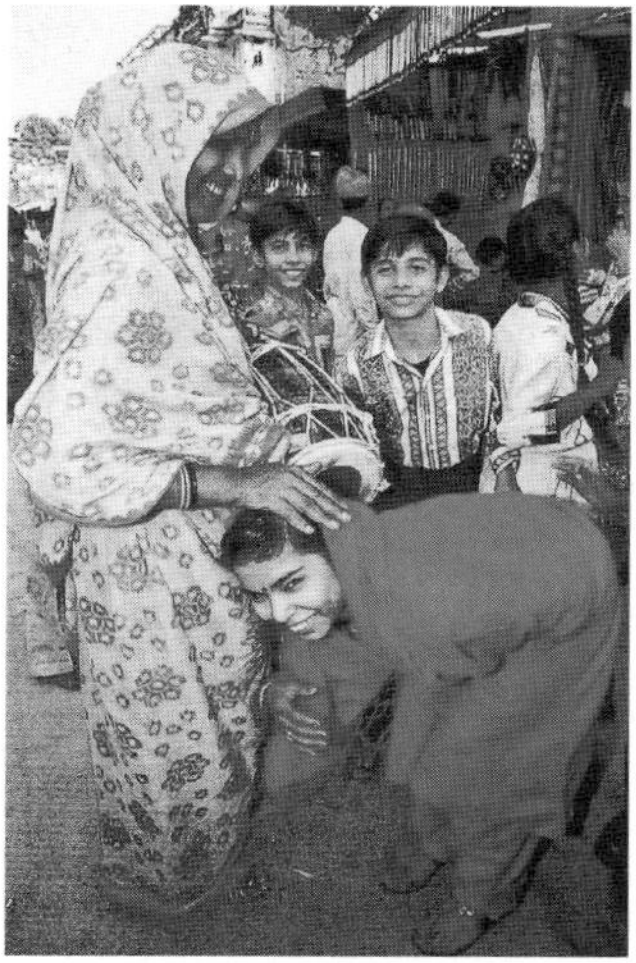

図11-7　シヴァ神の祭りの日，ヒジュラの足に触れて祝福を請う女性．撮影・提供：石川武志氏

図11―7で、ヒジュラは女性の頭に手を載せ祝福を与えている。人間の身体でいちばん穢れた場所とされるのは足で、逆にもっとも尊い部位とされるのは頭。このことを踏まえてこの写真を見ると、祭礼の日のヒジュラが、いかに人々の崇拝を集める存在かよくわかる。

しかし、祭礼が終わるとまた元の穢れた賤視される存在に戻ってしまうのだが。

以上、ヒジュラについて一二項目にわたって詳しくみてきたが、それはヒジュラが、土着的なサード・ジェンダーの在り様、社会適応の形態をもっともよく示しているからである。宗教的職能にベースを置き、そこから芸能的職能、性的サービス職能、男女の緩衝装置的職能へ展開していくサード・ジェンダーの社会的役割が明瞭にたどれる。そういう点で「ヒジュラに学ぶ」点は実に多い。

しかし、ヒジュラの社会形態を、他の地域のサード・ジェンダーの在り様と直接的に比較してよいかは、かなりためらいを覚える。ヒジュラは、インド社会に適合することで、かなり特有の進化をしている気がするからだ。

そこら辺を踏まえながら、次節では、世界のサード・ジェンダーを巡ってみよう。

2　サード・ジェンダーの諸相

アラビア半島にオマーンという国がある。そこにハンニース(Xanith)というサード・ジェンダーがいた。オマーンはもともと貿易が盛んな港湾都市国家なので、ハンニースも輸出され(人身売買)、販路は同じアラビア半島の王国やアフリカ東海岸の王国だった。王様の後宮(ハーレム)の召使として働くことが多かったようだが(その点は宦官と同様)、中には王様の寵愛を得てときめくハンニースもいたらしい。オマーンは同性間の性愛を厳しく禁じるイスラム教圏だが、パキスタンやバングラデシュ、あるいはインド国内のイスラム教徒のヒジュラ同様、イスラム圏でも、土着的なサード・ジェンダーの文化は存在したということだ。

ハンニースが売られていった先のアフリカ東海岸、現在のケニア、タンザニアのスワヒリ系(アフリカ人とアラブ人の混血)社会には、アラブ人相手に売春する女装の少年がいたし、一九七〇〜八〇年代のモンバサ(ケニアの港湾都市)に結婚式で太鼓を叩いたり踊ったりする女装の人がいたことが報告されている。後者はインドのヒジュラの役割と類似性が高い。海路によるインド→オマーン→アフリカ東海岸というヒジュラ文化の伝播《でんぱ》ルートが推測できる。

アフリカ大陸では、他にもエチオピア、ウガンダ、アンゴラ、コンゴなどでサード・ジェンダー的な存在の報告がある。とくに、二〇世紀初頭のコンゴ王国やアンゴラの王国に、女性を装うシャーマン的な男性がいて、宗教儀礼に参加し呪医の職能をもっていたことは、サード・ジェンダーの職能そのものである〔富永 2017〕。

さて、視野をインドより東に転じよう。

東南アジアの王国・タイには、カトゥーイ(Kathoey)と呼ばれるサード・ジェンダーの文化がある。近年では、「カトゥーイ」には日本の「おかま」と同様の差別的語感があるということで、サオプラペーッソン(Saopraphetson、第二の女)と呼ぶべきだという意見もあるが、「第二の女」もちょっとどうかと思う。私が参加した国際学会(二〇〇五、二〇一四年)では、カトゥーイが使われていた。

ちなみに、現在のタイでいちばん通用しているのは、「Lady-Boy」だろう。英語のように思うが、

図11-8　タイの王宮ダンサーの衣装のTrans-womanと(2005年)

日本の「ニューハーフ」と同様、英語ではなく現地発生のスラングだ。

カトゥーイと同様のサード・ジェンダーの文化*は、ミャンマー、ラオス、カンボジア、さらにベトナムなどインドシナ半島のほぼ全域にあったと思われる(カンボジアは「ポル・ポト政権のときに皆殺しにされてしまった」とのこと)。分布の広さからして、かなり古い文化だと思われる。しかし、残念ながら、その起源はよくわからない。

「WPATH 2014」におけるPrempreda Pamoj Na Ayutthaya氏の教示によれば、一八世紀には、Kathoeiは「不毛」とか、植物の「種なし」の意味(これが原義)で、「男でもあり女でもある」という意味の用法は一九世紀以降とのこと。

タイでは、王室や貴族が抱える劇団は男女別構成だった。男性ばかりの劇団では女役の需要があり、そこにカトゥーイが活躍する余地があった。演劇における男女の分離が性別越境の演劇の発生と関連するのは、日本の歌舞伎の女形と構造的に似ている。

タイのカトゥーイの職能としては、宗教的職能はほとんど認められず、芸能的職能と性的サービス的職能が発達している。少し現代の状況を紹介してみよう。

図11―8の左の人は、二〇〇五年の「第一回アジア・クィア・スタディーズ学会」の時、現地の

サポート団体「Rainbow Sky Association of Thailand」のブースの「看板娘」をしていた方で、鮮やかなブルーのタイの民族衣装(王宮ダンサー)姿がじつに印象的だった。かつての王宮劇団のカトゥーイの姿を彷彿させるものがある。

図11−9は、バンコクで一番人気のショーパブ「カリプソ」のLady-Boyの歌謡ショー(二〇一〇年撮影)。注目はマイクの距離で、実際には歌っていない「口パク」(Lip Singing)である。これはアメリカのDrag Queen(女装のゲイのパフォーマンサー)ショーと同じで、その影響と思われる。ちなみに、日本のニューハーフは自分の声で歌うのが本来の形(私も歌った)。ところが、ダンスショーは日本のニューハーフショーの影響が明らかに濃厚で、日本に出稼ぎに行ったLady-Boyが持ち帰ったものと推定される。つまり、タイのLady-Boyショーには、アメリカと日本のショー文化が混在している。こういうところにも文化交流が見られる。

図11-9　タイのショーパブ「カリプソ」のLady-Boyショー(2010年)

二〇〇五年の学会の時、Rainbow Sky Association of Thailand主催のナイトツアーで行った先のLady-Boyショーで、まったくの一観客として見物していたら、いきなり壇上のママ(ショーのリーダー)から手招きされ「いっしょに日本の歌を歌おう」と言われた(なかなか上がらないチップのレートを私が一気に引き上げた返礼)。「日本の歌といっても、いろいろあるし……」と不安に思っていたら、若手のLady-Boyが「ダイジヨウブ、大丈夫」と日本語で励ましてくれて、ちあきなおみの「喝采」(一九七二年の日本レコード大賞)のイントロが流れた。「あっ、よかった。これなら持ち歌だ」と思って歌う気になったら、マイクが入っていなく、アメリカ流の「口パク」だった。

こうしたショービジネスは、一九六〇年代のベトナム戦争の際に、多数のアメリカ軍将兵がバンコクに休暇に訪れたことが契機になっているという。

セックスワークのLady-Boyは、バンコクの夜の繁華街のあちらこちらで見られる。ストリートガール的に街角やホテルの近辺に立っていたり、NaNa Plazaの仮設飲食店で客待ちをしていたりする。客は主に外国人男性で、客が声をかけると、ドリンクをご馳走してもらいながら会話して、話がまとまればホテルに行ってセックスワークということになる。

類似の形態は常設店舗の「ゴーゴーバー」でも見られる。「ゴーゴーバー」とは、基本的には酒場だが、店の中央に舞台があり、そこで音楽に合わせながら身体を揺すっている(踊ってはいない)従業員を、客が指名しドリンクをご馳走して、話がまとまれば店外に連れ出す(もちろん、指名料金、連れ出し料金がかかる)、飲食接客とセックスワークが合体したようなシステムだ。

従業員は、店により女性、Lady-Boy、若い男性と異なるが、女性とLady-Boyは必ずしも分かれてなく混在している店もある。

興味深いのは料金体系で、二〇一四年の現地調査では、Lady-Boyの店は指名七〇〇B(バーツ、当時の換算で一B＝三円)、連れ出し二時間二五〇〇B、男の子の店は指名五〇〇B、連れ出し三時間一五〇〇B、オールナイト二五〇〇Bだった。

つまり、Lady-Boy の方が高く、「連れ出し」の時給比較は五対二で、男の子がオールナイトで頑張ってもLadyBoy のショートと同価格である。さらに、売れっ子のLadyBoy なら一晩で二回転、三回転も可能だから、収入は二〜三倍になる。身体が男性のままのゲイ売春より、身体を女性化したLady-Boy の売春の方が、はるかに収入が良いのが実態である。

現代のタイやフィリピン、あるいは昭和戦前期の日本のような社会では、セックスワークの場合、男の子としての稼ぎと「女」になっての稼ぎとでは、かなり違ってしまう。こうした社会的・経済的理由で、(男のままの)同性愛者は少なくなり、(女になる)性別越境者が増えることになる。

ショービジネスにしてもセックスワークにしても、タイの場合、客の主流は圧倒的に外国人観光客で、タイの国策であるツーリズム(観光産業)の一環をなしている。その点で、カトゥーイの現在の姿は、伝統的なサード・ジェンダーの形態からは(インドとはまだ違った意味で)変容・進化していると見るべきだろう。

付け加えると、バンコクではショービジネスやセックスワーク以外にも、あちこちでTrans-woman の姿を見かける。ショッピングセンターの化粧品売場、レストランのウエートレス、病院の受付、学校教員、そして大学生など。IDカードの性別変更ができないなど法律は未整備であり、(近代化が進んでいる)社会の上層になればなるほど差別が強まる状況など問題はあるが、おそらく世界で最もTrans-woman の社会包摂度が高い都市だと思う。

タイのカトゥーイには宗教的職能は認められなかったが、西隣のビルマ（ミャンマー）には、アチャオ（Acault）という、シャーマニズムに伴う古い形態のサード・ジェンダーがいた。現代に残っている事例としては、「ナッカドー」が知られている。

「ナッカドー」は、この地域の民間信仰のナッ神を人に取り次ぐ霊媒師（シャーマンの一種）で、「神の妻」なので女装している（図11−10の中央の人物）。

男性でも女性でもある存在なので、男性霊、女性霊どちらも呼び出せる力があると信じられ、人々から尊敬されている〔宮本 2010〕。

図11-10　ミャンマーのナッカドー．撮影：宮本神酒男氏

男性の霊媒師は男性霊しか、女性の霊媒師は女性霊しか取り次げないのに対し、双性（Double-Gender）であるナッカドーはどちらも取り次ぐことができ、その分、有能という理屈だ。双性であることが職能としてマイナスではなく、プラスになるという認識で、まさに「双性原理」の典型的な事例である。

東南アジアから北に上がると、中国雲南省の少数民族には女装のシャーマンがいた〔市川・市場 1998〕。また、清朝後期の北京には相公と呼ばれる芸能・飲食接客・セックスワークを兼ねる女装の少年がいた。これは本来、北中国の文化ではなく、南の長江流域から移された文化である〔第12章参照〕。朝鮮半島の黄海側、全羅道《チョルラド》には、女装のシャーマンがいた〔第13章参照〕。そして、サード・ジェンダーの道は、東シナ海の島々を経て日本に至る。

インドシナ半島からさらに東へ進もう。インドネシア・南スラウェシのブギス族の社会ではチャラバイ(Calabai)と呼ばれるTrans-womanと、チャラライ(Calalai)というTrans-manが存在する、「第四の性」(Fourth Gender)まで認める社会である。ちなみに「Cala(チャラ)」は「偽りの」という意味だ〔伊藤 2000, 2003, 2017〕。

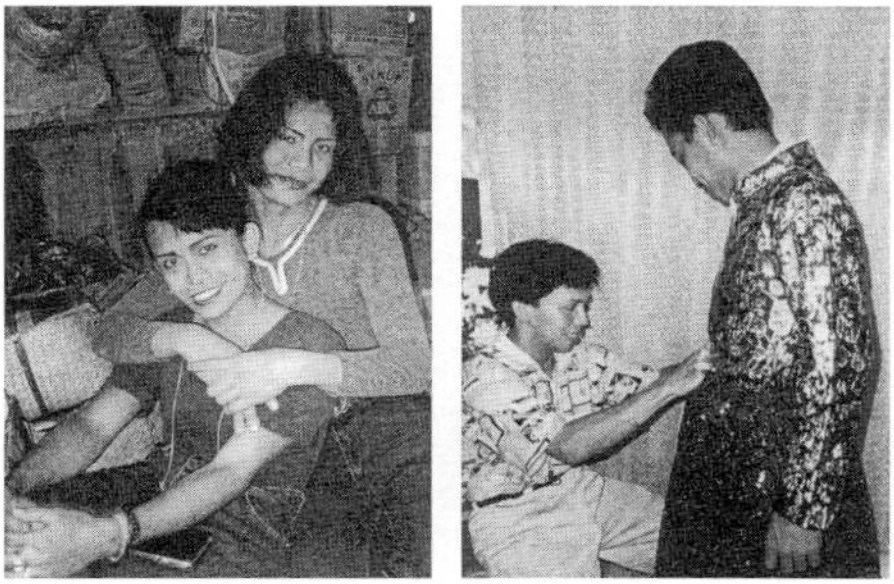

図11-11　インドネシア　南スラウェシのチャラバイ．撮影：伊藤眞氏

図11－11左の二人は、仲良しの女性に見えるがチャラバイである。図11－11右は花婿の衣装の着付けをするチャラバイ。今は女装・化粧していないので元チャラバイというべきだろうか。注目は、チャラバイが「花嫁・花婿の母」と呼ばれ、花嫁・花婿の衣装の準備など結婚式で重要な役割を担っていることだ。これについては後で述べる。

海洋・交易民であり、かつていくつもの王国を形成したブギス族の社会には、伝統儀礼に深い造詣をもつチャラバイから選ばれるビッス(bissu)と呼ばれる司祭的な人がいる。ビッスは王国の儀礼に用いる「神器」を扱う職掌をもつ。神器が男女に分かれているので両性具有的なビッスなら両方を扱えるという理屈のようだ〔伊藤 2017〕。この事例は、サード・ジェンダーが王国の「まつりごと（祭事）」に関与していたことを思わせる。

インドネシアのさらに東には広大な太平洋が広がる。その南太平洋の島国にもサード・ジェンダーの人たちがいた。サモア諸島のファアファフィネ（Fa'afafine）、トンガ王国のファカレイティ（Fakaleiti）、タヒチ島などのマフ（Mahu）、ニュージーランドの先住民マオリ族のワカワヒネ（whakawahine）などで、すべてTrans-womanである。サモアとトンガはF音が多い名称からして同じ語源だろう〔栗原 2008，山路 2011，河合 2013〕。

二〇一四年の「WPATH 2014」（タイ・バンコク）で開催された連続シンポジウム「Trans People in Asia and the Pacific」で聴いたトンガ王国のTrans-woman Joleenさんの報告は、サード・ジェンダーの社会的役割を考えるうえで、とても興味深いものだった。

昔（キリスト教流入以前）のトンガでは、中央に座る王様の傍らには政治を補佐する大臣たちが居並び、その逆側にはシャーマンとして王様を補佐するファカレイティが座っていたという。つまり、祭政一致の政治システムの一翼をサード・ジェンダーが担っていたわけで、その社会的役割の重さがうかがえる。

しかし、そうした政治形態は、キリスト教化・近代化の中で失われていった。報告の最後にJoleenさんが言った言葉がとても印象的だった。「Godの言うことをうかつに信じては駄目ですよ」。

図11―12のツーショットを撮ったとき、Joleenさんに「現在、ファカレイティはどんな仕事をしていますか?」と尋ねた。すると「そうですね、美容師が多いですね」という返事。日本に帰って調べたら、たしかに客の髪を整えるファカレイティの写真が見つかった。ちなみに、日本では、ゲイの美容師は多いと思うが、Trans-womanの美容師は取り立てて多くない。おそらく美容専門学校への入学がネックになっていたのではないだろうか。学校教育システムが男女二元制であることが障害になっていると思う。

南太平洋のタヒチ諸島(フランス領)には、マフというサード・ジェンダーがいる。マフとは「女写し」の意味である。マフのタヒチアン・ダンスのチームがあり、女性のチームより身体能力が高く迫力があるそうだ。

同じポリネシアのハワイ諸島にもマフはいた。しかし、キリスト教化・アメリカ文化の浸透で滅んでしまった。現在、ハワイにマフを名乗る人がいるが、残念ながら文化的には断絶がある。

図11-12　トンガ王国のTrans - woman，Joleenさんと(2014年).

次は、アメリカ大陸。北・南アメリカの先住民社会には、フランス語でベルダーシュ(Berdache)、英語でツー・スピリッツ(Two-spirits)と呼ばれるサード・ジェンダーのシャーマンがいた(それぞれの部族には固有の呼び方があった)。

その中で、最も有名なのが、ズーニー(Zuni)族の

図11‐13　北アメリカ・ズーニー族の「ツー・スピリッツ」ウィーハ〔石井 2003〕

「ツー・スピリッツ」ウィーハ（We'Wha 一八四九～九六）である（図11－13）。ウィーハは女性の仕事である糸紡ぎや機織りが得意だったが、同時に、部族の中で精神的にも肉体的にもいちばん強く、部族の男女双方から畏れられ尊敬されていた。

サード・ジェンダーであるツー・スピリッツが、けっして「柔弱な男性」ではなく、強く、リーダーシップのある存在だったことを示している〔石井 2003〕。

ツー・スピリッツの文化は、北米先住民社会、とりわけ平原部の部族に広く見られただけでなく、アラスカのコニアグ族やシベリアのチュクチ族にも見られた〔祖父江 1979〕。これらが一系統の文化だとするならば、二万年前頃に想定される北東アジア↓ベーリング回廊↓アラスカ↓北米という人類の移動に伴った、かなり古い文化である可能性がある。

アメリカやカナダでは、キリスト教化、近代化の圧力の中でだいたい二〇世紀初頭までにツー・スピリッツの文化は断絶してしまう。その結果、土着的なサード・ジェンダーの文化は、現代アメリカのトランスジェンダーにほとんど受け継がれることがなかった。その結果、アメリカのトランスジェンダーは一から社会的ポジションを作っていくしかなく、その歩みは苦難に満ちたものになった。

ちなみに、現在、カナダやアメリカの性的マイノリティ運動の中で、「2SLGBTIQQA」という言い方がされる。現代の性的マイノリティを表す「LGBTIQQA」の前に置かれた「2S」はツー・スピリッツを表し、滅んでしまった（正確には滅ぼしてしまった）サード・ジェンダーの人々への敬意を表している。

現在、ツー・スピリッツは、南米ベネズエラのワラオ族（Warao）などの先住民社会で、かろうじて姿を留めているに過ぎない（第2章参照）。

ツー・スピリッツとは形態を異にするが、中米のメキシコ南部・フチタン地方に住むサポテコ（Zapotec）族には、ムシェ（Muxe）と呼ばれるTrans-woman的な人と、マリマチャ（marimacha）と呼ばれるTrans-man的な人がいる。つまり、フチタン社会は、男、女、ムシェ、マリマチャという四つのジェンダーを認めるフォース・ジェンダーの社会なのだ。

図11-14　メキシコ・フチタン地方のムシェ（1980年代）〔ベンホルト＝トムゼン 1996〕

ムシェの社会的役割は、女性の相談役、とりわけ、花嫁の衣装のデザイン・制作、結婚式の総合プロデュースで、かなり明確な社会的役割を担っていた〔ベンホルト＝トムゼン 1996〕。

ところで、今まで巡ってきたサード・ジェンダーの中で、結婚式に関わる事例が、いくつもあることに気づいた方がいるだろう。インドのヒジュラ、南スラウェシのチャラバイ、メキシコ・フチタン地方のムシエ、そして東アフリカと少なくとも四ヵ所で見られる。サード・ジェンダーが祝祭儀礼である結婚式に関わる事例が、遠く離れた場所で確認できることは偶然ではないと思う。

インドとアフリカ東海岸、インドとインドネシアは、仏教、ヒンドゥー教、イスラム教など文化交流があり、文化伝播という解釈が成り立つだろう。しかし、広大な太平洋を挟んだインドネシアとメキシコの間の文化的類似を文化伝播論で説明するのは困難だ。

私は、サード・ジェンダーが結婚式のような祝祭儀礼に関わる文化はもともと世界的に古くかつ広く存在したのではないか、それがキリスト教の世界的普及の中で失われた結果、現在、世界の離れた四ヵ所にかろうじて残存しているのではないか、と考えている。

さて、今までの話の中で、ヨーロッパはまったく出てきていない。それは、ヨーロッパ地域には伝統的・土着的なサード・ジェンダーの文化がほとんど残っていないからだ。古代ギリシャやキリスト教化以前のローマの状況からしてサード・ジェンダーの文化がもともとなかったわけではない。たとえば、アナトリアに起源をもち、紀元前四〜前二世紀のギリシャやローマでも信仰された、大地母神キュベレーの熱狂的な信徒（男性）は、聖なる儀式として自ら完全去勢し、女性の衣装をまとい、社会的にも女性とみなされたという。

図11－15　アルバニアのSworn Virgin．撮影：Jill Peters

しかし、そうした性別越境的な要素をもつ信仰や習俗は、長いキリスト教会支配の間に徹底的にすべて潰されてしまった。

唯一の例外が、バルカン半島の小国・アルバニア北部の「宣誓処女」(Sworn Virgin)だ。しかも、世界的に見ても珍しいTrans-manの文化である。

この制度は、女性が男性の髪型、服装、名前を使用することなどを条件に、一生結婚しない、男性と性的関係をもたないSworn Virginになることを共同体の中で宣誓する。それによって男性に与えられている社会的ステータスや権利(ビジネス、車の運転、飲酒、喫煙、銃の所持など)が付与される(図11－15)。

実は、アルバニアのSworn Virginの制度は、サード・ジェンダー的なものとして注目されたわけではない。ヨーロッパの片隅とはいえ、こんなひどい女性差別的な社会慣行が残っているという批判的視点で注目されたものだ。たしかに女性のままではビジネスや車の運転もできないというのは、あまりにひどい女性差別だが、それによって皮肉にも貴重なTrans-manの文化の存在を知ることができた。** こうしたTrans-manの文化が世界の他の地域にもあるのか、興味深いが、いまのところ手掛かりはない。

ちなみに、アルバニアのこの地域は、オスマン帝国に長く支配されていた関係で、キリスト教圏ではなくイスラム教圏である。やはり、ヨーロッパのキリスト教圏には伝統的なサード・ジェンダーの文化は残っていないということになる。

欧米のキリスト教圏のトランスジェンダーたちは、アジア地域(日本を含む)のように伝統的・土着的なサード・ジェンダー文化の基盤を受け継ぐことができず、異性装や同性間性愛を禁じるキリスト教の宗教規範と命がけで闘いながら、社会の中で一から自らのポジションを作っていかざるを得なかった。

サード・ジェンダーを巡る旅は、ここまでとしよう。要は、ヨーロッパ以外の多くの地域にサード・ジェンダーは存在し、社会の中で固有の役割を果たしてきたということだ。もともと、性別を越えて生きる人々の存在が普遍的なものであるなら、それを組み込んだ社会を構成する方が合理的で、わざわざ手間暇かけて抹殺してしまう社会の方が特異であるということである。

3　Trans-man の困難

この世界のサード・ジェンダーを巡る旅を講義で話すと、ほぼ必ず「世界的に見て、圧倒的にTrans-woman の文化が多く、Trans-man の文化が少ないのはなぜなのでしょうか?」という質問が出る。

まさにその通りで、Trans-man の文化はアルバニアの Sworn Virgin と、インドネシア・南スラウェシのチャラライ、メキシコ・フチタンのマリマチャくらいで、いたって少ない。さらに、チヤラライもマリマチャも、同じ地域のTrans-womanであるチャラバイやムシェに比べて数も少なく社会的役割もはっきりせず影が薄い。

例によって「良い質問ですが、答えるのが難しいですね」と前振りをして、以下の三点を指摘している。①素質的にTrans-womanの方が出現率が高い、②男尊女卑的な社会では女性から男性への移行は社会的身分の上昇になるので社会的な規制が強く働く、③Trans-manは商業化、とりわけセックスワークが難しい。「これらの原因が複合化した結果だと考えています」と。

①については確たる統計はないが、世界的にそういうことになっている（ただし、日本はTrans-manの出現率が高い）。②は社会構造的な問題で、私の「双性原理」では男性から女性への越境も、女性から男性への越境も等価値なのだが、現実の男尊女卑社会では理論通りにならない。③の生業の問題は、とても現実的で、Trans-womanには生き抜くための最後の手段としてのセックスワークがあるが、Trans-manにはそれがなく、早い話、生き抜いていけないのだ。

Trans-manの困難は、歴史的な話ではない。第2章の冒頭で紹介した「WPATH 2014」のアジア&パシフィックのトランスジェンダーの集合写真（図2―1）をみると、Trans-manは中央のシンガポールの彼だけで、あとは全員Trans-womanだ。これはオフィシャルな記念写真ではなく、プライベートに撮影したものだが、実際、会議に参加したトランスジェンダーはTrans-woman三：Trans-man一くらいの比率だった。

さらに、シンポジウムでプレゼンテーションした一二名の内訳はTrans-womanが一一人、

Trans-man はわずか一人だけだった（ニュージーランドの人）。Trans-man の発言は、Trans-man に並んで座ってもらい Trans-woman のインタビュアーが質問していくグループ・インタビュー形式だった。

つまり、パワーポイント資料を英文で作り、国際シンポジウムで英語で堂々とプレゼンテーションする能力を持っているのは Trans-woman がほとんどで（英語でプレゼンしなかったのは私だけ）、Trans-man でそれだけの能力をもつ人はほとんどいないのだ。

なぜ、そういうことになるのか？　その背景にはアジア&パシフィック諸国における男女の教育格差があり、それがトランスジェンダーの場合、逆転して現れるからだ。つまり、Trans-woman は男の子として育てられ、それなりの教育を受けることができたのに対し、Trans-man は女の子として育てられるので十分な教育を受ける機会に乏しいという状況がある。

また Trans-woman の多くは、ショービジネスやセックスワークで働き、そこで稼いだお金で大学に入って勉強し直したり、公的な資格をとったりすることができるが、Trans-man の多くは教育面でも身体能力の面でも、ネイティブな男性に比べて劣位で、就労や再就学の機会に恵まれない。

ひるがえって日本を考えると、「WPATH 2014」に参加した三人全員が Trans-woman で、他国の話ではなかった。国内の学会やシンポジウムでも Trans-woman は大学院レベルの学歴の人は何人もいるが、Trans-man は人数的に多いと推測されるにもかかわらず、学術レベルの人材は多いとは言えない。

Trans-man の困難は、今後、解決されなければならない課題である。

4　サード・ジェンダーの変容

サード・ジェンダー（社会によってはフォース・ジェンダー）を設定する社会が世界各地に存在したことは、その存在が歴史的・地域的に普遍的であることを示している。同時に、ジェンダーを単純に男女に二分する社会も相対的な文化的所産であることを物語っている。しかし、一六世紀以降の西欧諸国の世界進出、植民地支配によって異性装や同性間性愛をタブーとするキリスト教文明が浸透し、さらに近代化が進むにつれて、サード・ジェンダーはその社会的基盤を崩され、固有の社会的役割を失っていった。

たとえば、アメリカ先住民社会のツー・スピリッツやハワイ諸島のマフたちは、やってきたキリスト教の宣教師に「お前たちは神の教えに背いている」と決めつけられ、プライドを傷つけられ、社会的役割を奪われて滅びていった。

こうしたキリスト教の宗教規範の押し付けや、サード・ジェンダーをホモセクシュアルと同一視する西欧近代文化の文脈への読み替えによって進行したセクシュアリティの画一化を、私は「性のグローバリゼーション」と呼んでいる。

「性のグローバリゼーション」は、歴史的に進行した出来事であると同時に、現代も継続している。たとえば、インドのヒジュラは、まさに「性のグローバリゼーション」の渦中にある。インド社会の近代化・西欧化の進行によって、伝統的な宗教・生活文化に根差していたヒジュラの生業は、現在、危機を迎えている。

そうした状況の中で、ヒジュラに残された最後の生業がセックスワーク(売春)だ。

図11－16は、ムンバイの娼館の前に立ち、客を待つヒジュラである。伝統的な生業のヒジュラが、インド女性の民族衣装サリー姿だったのに対して、このセックスワーカーのヒジュラは西欧的なワンピースを着ている。そこに近代化・西欧化の中で伝統的な文化が失われていく様子を見ることができる。

図11-16　娼館の前に立ち，客を待つヒジュラ（ムンバイ）．撮影・提供：石川武志氏

変化は生業だけではない。二一世紀になり、インターネットが普及し、ヒジュラ社会にも性別移行に関するさまざまな情報が伝わるようになった。すでに女性ホルモンを投与しているヒジュラは増えているし、伝統的な去勢手術でなく、タイに渡航して現代的な(造膣を含む)性別適合手術を受けるヒジュラもいるようになった。今後、そうしたヒジュラが多くなっていくと予想される。そうした人たちが、はたしてサード・ジェンダー的なヒジュラ・アイデンティティを保ち続けられるか、かなり疑問であり、西欧的なトランスジェンダーに変容していく可能性が強い。

伝統的な去勢手術の危険性を考えれば、そうした近代化は否定すべきことではないのだが、インド社会の現状は、男性から性別移行したTrans-womanが女性として生活していける状況に乏しいことが問題になる。ネイティブ女性ですら就労できる余地が少ないのだから。結局、セックスワークしか生きる術がなくなってしまう可能性が高い。

「WPATH 2014」で民族衣装同士のツーショット（図11－17）を撮った人は、「今回はヒジュラのグル（リーダー）に連れてきてもらったので、ヒジュラということにしているけど、本音を言えば、自分のアイデンティティはヒジュラより西欧的なトランスジェンダーに近いのです。でも、インド社会では、ヒジュラと違って、トランスジェンダーはまだまだ理解されていないのですよ」と語ってくれた。仕事も撮影技師で、伝統的なヒジュラの仕事とは異なる。伝統的なヒジュラと西欧的なトランスジェンダーの間でアイデンティティが揺れていることがよくわかる。

図11－17　インドのTrans-womanと（2014年）

このように「性のグローバリゼーション」は二〇世紀末のインターネットの普及によって急速に進んでいる。たとえば、メキシコ・フチタン地方のムシェは、インターネットの開通によって、首都メキシコシティー、さらにはアメリカのロサンゼルスやニューヨークのゲイ・カルチャーの情報にアクセスできるようになり、その影響で急速に変容していった。具体的には、サード・ジェンダーのゲイ化である。女性の相談役として信頼されていたのが、ゲイとして男性を奪い合う女性のライバルになってしまい、女性コミュニティから出入り禁止になるなど、本来の姿を失っていった。文化の読み替えによる混乱と自壊が、わずか一〇年足らずの短期間で進行した。現在、伝統的なムシェのほとんどは中高年で、若いムシェはわずかになってしまったという。

「性のグローバリゼーション」は、翻訳にも潜んでいる。写真家の石川武志氏が、在日特派員協会のギャラリー(日比谷)で個展を開催するとき、解説を英語で記すことになり、こんな相談があった。

石川「ヒジュラを、Indian-Transgender と訳していいだろうか？　三橋さんはどう思う？」

三橋「ヒジュラはヒジュラですよね。そこ変に翻訳しちゃうと、大事なことが変わっちゃうと思います」

石川「そうだよなぁ、やっぱりヒジュラは(英訳しないで)ヒジュラのままにしよう」

翻訳は、まさに文化の読み替えという行為を含んでいる。サード・ジェンダーであるヒジュラを、西欧二元論的な文脈の Indian-Transgender と訳すことで、ヒジュラの本質に影響を与えるとすれば、それは避けなければならない。

いや、ヒジュラをサード・ジェンダーの一つとして認識する時点で、すでに読み替えをしているのかも。

「サード・ジェンダー？　なにそれ。ヒジュラはヒジュラよ」

おわりに

二〇一〇年代になって、性的マイノリティの人権を擁護する活動である「LGBT運動」が日本を含む世界各地で活発化している。「LGBT」のTはトランスジェンダーであるが、土着的なサード・ジェンダー文化の伝統がないヨーロッパ社会の概念である「LGBT」を、土着的なサード・ジェンダー文化の伝統をもつアジア諸国に適用するに際しては、いろいろ問題もある。

たしかに、性的マイノリティの人権運動において、国連諸機関を中核とする国際的連帯は有効かつ重要である。この章で何度も触れた「WPATH 2014」のアジア＆パシフィックのトランスジェンダーシンポジウムも、実は国連諸機関の資金援助によって実現した（OECD加盟国である日本は援助対象外だったが）。しかし、「LGBT」もまた、文化の読み替え、「性のグローバリゼーション」という側面をもつことを忘れてはならない。

土着的なサード・ジェンダー文化に「LGBT」をどう「接ぎ木」するか、土着性と国際化のバランスは、アジア諸国のこれからの大きな課題になるだろう〔青山ほか 2021〕。それまで土着的なものとして社会的に受容されていた存在が、グローバルかつ政治的なLGBT概念の導入によって保守的な宗教勢力の反発を招く事例も報告されている〔伊藤 2019〕。

日本は、アジア諸国の中では真っ先に(一九世紀後半に)文化変容を受けたわけだが、それでも既存のゲイ、レズビアン、トランスジェンダーそれぞれのコミュニティと「LGBT運動」との接続がうまくいっているかと言えば、首を傾げざるを得ない。そもそも「接ぎ木」する気があるのか?疑わしく感じることすらある。

うまくいっている例もある。たとえば、パスポートなどの公的書類の性別表記はインド文化圏の国が先行している。ネパールが二〇〇七年にパスポートなどの性別欄を「男女」の二択から「Male(男性)」「Female(女性)」「Other(その他)」の三択に切り替え、続いて、インドが、二〇一四年に、パスポートでは「T(トランスジェンダー)」、選挙の有権者カードには「O(その他)」の性別欄を設けた。最初はC(castration=去勢)だったが、それはあまりに露骨だとされたのだろう。イスラム圏のパキスタンでも二〇一七年、パスポートの性別欄に「X」の項目が設けられた。

これは、やはりインド文化圏におけるサード・ジェンダー文化の伝統がベースにあると思われる。男女二元制に収まらない人がそれだけいる現実への対応策として性別多元制の導入が比較的スムーズに進んだのだろう(インドのヒジュラの政治的影響力もあなどれない)。

ちなみに、日本のパスポートはいまだに「M」「F」の二択。トランスジェンダーにとってはかなり切実な問題なのだが、外務省は一向に動こうとしない。

トランスジェンダーの社会的包摂は、法制度的には西欧諸国がいちばん進んでいる。しかし、生活実態的には、伝統的・土着的なサード・ジェンダーの基盤をもつ東南アジアのタイや、世界で最も発達した性別越境文化の伝統をもつ日本の方が、法制度は未整備であっても、よりマシなように思う。日本やタイの今後の課題は、そうした受容的な社会と生活実態に則した法整備の推進にある。

＊　ベトナムのドキュメンタリー映画『フウン姉さんの最後の旅路』(グエン・ティ・タム監督、二〇一四年)は、ベトナム中・南部を移動しながら興行する「フウン姉さん」をリーダーとする女装の芸能者集団の最後の一年を記録している。一般的な就労の場から排除される差別を被りながら、芸能者としてそれなりに大衆に受容されていたサード・ジェンダーの姿として、たいへん興味深かった[三橋 2022a]。

＊＊　カラパイア「男性として生きることを選択し生涯独身を誓う、アルバニアの女性「宣誓バージン」」二〇一三年一月一〇日配信 https://karapaia.com/archives/52114383.html

謝辞　数多くの貴重な写真を提供してくださった写真家・石川武志さんに、あらためて心からの感謝を申し上げる。

第12章 中国——女装の美少年・「相公《シャンコン》」

はじめに

「あらぁ、中野先生《チョンイエセンション》じゃなくって……?」

七年間を過ごした北京から、この朝、上海に到着し、南京路の茶館でくつろいでいた日本人男性の耳に、流暢な北京語の艶めかしい声が飛び込んできた。見上げると、声の主は美しい刺繡を施したチャイナ服の着流しで、薄化粧を施した女と見紛う十七、八歳の美少年。

とまどう男に、

「老爺《だんな》、しばらく、ご機嫌よろしく、いつこちらにいらっしゃいましたの」

とまるで女のように媚態を作って語りかける。

男は「はぁ、こいつは相公《シャンコン》だなぁ」と気づく。知りもしない男に知り人であるかのように声を掛けて、話のきっかけを作るのは、客漁りをするときの「相公」の常套手段であることを、男は聞いていた。「人違いだろう」と言って追い払おうと思ったが、なぜ私の姓をちゃんと呼んだのだろう、

と思い当たり、

「お前は誰だ？」と問い返す。

「老爺！　わたしです。山子《シャンズ》です。お忘れになりましたの」

なんと、女と見紛う美少年は、男が五年前まで北京で雇っていた従僕《ボーイ》「山子」が朱蘭《チュウラン》と名乗る「相公」になった姿だったのだ。

これは、一九三二年（昭和七）に『犯罪科学』に掲載された中野江漢「人間改造秘話」の冒頭の抄出意訳である。「中野先生」こと中野江漢（一八八九～一九五〇）は、一九一四年（大正三）に北京にわたり、支那風物研究会を主宰し「支那風物叢書」を刊行するなど、大正～昭和戦前期に活躍した中国風俗研究家である。『支那の売笑』（支那風物研究会、一九二三年）を著すなど中国の性風俗にも詳しかった。

この出会いの後、中野先生は、相公になった元従僕の部屋にいき、彼が相公になった経緯や相公についての様々な情報を聞きとることになる。

実際にあった出来事なのか、それとも文章上の設定なのかわからない。実際にあったことなら、中野江漢が北京に渡った一九一四年の七年後、一九二一年頃のことになる。フィクションならなかなか見事な設定だ。

いずれにしても日本が本格的に中国に触手を伸ばし始める頃のことである。この文章が雑誌に載る前年（一九三一年）には柳条湖事件を契機として満州を舞台に日華両軍が戦火を交えるようになり

（満州事変）、雑誌に載った年（一九三二年）には上海共同租界で日華両軍が衝突した第一次上海事変が起こる。

さて、あらためて「相公（Xiang-gong）」とはなんだろう。「相公」は本来、宰相の敬称である。日本の平安時代には太政官の議政に参加する「参議」の唐名（漢風の呼び名）として用いられた。また中国の口語では、それなりの身分がある人（読書人）への敬意をこめた呼び方で、日本語にすれば「旦那様」の意味になる。大相公は大旦那様、小相公は若旦那様だ。

しかし、ここで用いられている「相公」はそのいずれでもない。中野江漢はきわめてあっさりと「相公（男娼）」と記して済ませているが、もう少し丁寧に言えば、男色を売る女と見紛うような美少年ということになる。文語なら「優伶」「頑童」「佞幸」「男寵」「孌童」など男色の相手を示す言葉は古来数多いが、「相公」は口語起源の中国近世（明～清）の俗語・隠語である。

なぜ、そうした女装の男娼を「相公」と言うようになったのか、実ははっきりしない。『側帽余譚』（一八七八年）という書物に「雛伶本曰像姑、（中略）今訛為相公」（若女形のことを像姑という。今は訛《なま》って相公というようになった）という記述があり、「娘まがい」を意味する「像姑娘＝像姑（Xiang-gu）」を美化して、音通の「相公（Xiang-gong）」にあてたとする説が最も有力である。

語源はともかく、明治～昭和戦前期、日本人が中国（清朝末期→中華民国）に進出しようとしていた時代、「相公」と呼ばれた女装の美少年たちが存在していたことは確かである。この章では、そうした「相公」を見る近代日本人（男性）の視線に注目しながら、現代ではまったく忘れ去られている

「相公」の実態を浮かび上がらせてみたい。

1　相公に関する（日本語）文献

相公について書かれた日本語文献は、管見の及んだ範囲で、次の一一編に及ぶ。

① 清国駐屯軍司令部編『北京誌』の「相公」の項（一九〇八年、博文館）
② 辻聴花「相公」（『支那芝居・上巻』一九二三年、支那風物研究会）
③ 秦文夫「男娼術――相公の話」（『文藝春秋』一九三一年三月号）
④ 中野江漢「人間改造秘話」（『犯罪科学』三巻一一号、一九三二年一一月）
⑤ 瀧川政次郎「相公ききがき」『法律から見た支那国民性』（一九四一年、大同印書館）
⑥ 中野江漢「男娼秘話――男を女にする支那風俗物語」（『赤と黒』一巻二号、一九四六年一〇月）
⑦ 著者不明「変態奇談　男娼製造法」（『怪奇雑誌』一九五一年五月号）
⑧ 永野白楊「中国の男娼「相公」」（『奇譚クラブ』一九五二年八月号）
⑨ 青島千秋「理想的な男娼はこうして造られる」（『風俗科学』一九五五年三月号）
⑩ 瀧川政次郎「相公」「相公堂子」（『池塘春草――和漢艶史風流譚』一九五八年、青蛙房）
⑪ 浜一衛「相公について――主として品花宝鑑より見たる」『目加田誠博士還暦記念　中国学論集』（一九六四年、大安）

①は日露戦争後の一九〇八年（明治四一）に日本の清国駐屯軍司令部が編集した地誌『北京誌』の「風俗」の章の第二三節である。相公についてまとまった記述をした日本語文献としてはもっとも古いと思われる。「相公は本、他人に対する尊称なるに、今は俗語にて龍陽の名目となれり。ただし、相公は娼妓の如く別に一種特別の業にあらず、俳優の少年弟子を云うのみ」と解説している。「龍陽」とは男色のことである。

②は演劇論の立場から相公に触れたもので、後に紹介するように簡潔ではあるが要を得ている。

③は相公についての最初の総合的かつ詳細な紹介で、五頁ほどの短文だが『文藝春秋』に掲載されたこともあって、知識人の間では影響力があったと思われる。

④は冒頭に紹介した中国風俗研究家中野江漢の文章で、相公になった旧知の少年に上海の南京路で声をかけられ、その物語を聞くという設定。ただ、相公の詳細については③に基づく部分が多いように思う。また、相公の身体改造法に強い関心を抱き詳述している点は、後続の文献に与えた影響が大きい。

⑤は満州建国大学の教授で法制史（律令学）の大家であると同時に日本や中国の性風俗史についても多くの業績を残した瀧川政次郎（一八九七〜一九九二）による相公に関する総合的な記述。「私が北京在住二年の間に」「相公の制度がまだ存在した当時」を知る老人や、「（相公が）まだ密かに色を売っていた、民国の初め」に滞在していた先輩からの「ききがき」とするが、さすがは博覧強記の学

者らしく『品花宝鑑』『燕蘭小譜』『長安看花記』『香夢影』『清代声色志』などの文献から得た知識をベースにしていて信頼性が高い。

⑥は④を戦後の混乱期に乱発された「カストリ雑誌」が再録したもの。

⑦は筆者不明で、「往時」「中国で」相公と「親しくつき合った」筆者が、戦後混乱期に話題になった日本の男娼と比較して相公の優劣性を述べたもの。しかし、相公の育成法や人体改造法については③や④に拠っているのは明らかで、オリジナリティに乏しい。

⑧はエッセー風の内容だが、筆者は実際に相公を見たことがあるようで、相公の容姿や精神的な女性化、さらには相公に仕立てる子供の売買などオリジナルな記述がある。

⑨は一九歳の相公に聞いた話という設定だが、相公についての記述はやはり④とほとんど同じで、特に見るべきものはない。

⑩は瀧川政次郎のエッセー集に収録されたものだが、「相公」は日中の男色を比較したもの。「相公堂子」は⑤の抜粋で、いずれもオリジナリティに乏しい。

⑪は男色(相公)をテーマにした小説『品花宝鑑』(作者：陳森、成立：道光二九年〔一八四九〕)の分析。相公に関する唯一の学術研究論文で中国文献の引用に富む。

明治～大正期に二本、昭和戦前期に三本、昭和戦後期に六本、西暦で言えば二〇世紀初頭から中頃までの五十余年間に集中している。本数的には戦後期が多いが、⑧と研究論文である⑪以外はオリジナリティに乏しく、相公がまだ実在していた昭和戦前期の文献の資料的価値には比すべくもない。本稿では、主に戦前の文献を用いて、相公の実態を整理していこう。

2　相公の実態

相公とは何か？　という問いについては、辻聴花が簡潔だが要領よく解説している。

「北京には、乾隆の頃から、相公（実は像姑といい少女に似てるという意味）という、男妓と役者を兼ねた、一種の営業者があり、道光から、同治、光緒の中頃までかけて、その営業が最も盛んであったが、この相公というのは、大抵十二三歳から二十歳以下の美少年で、中にも、十四五歳のが最も多く、その住所を、私寓、或は堂子といい、多くは韓家潭《ハンヂャタン》方角にあって、その子供には、舞台に出て、芝居を演ずるものもあるが、多くは薄化粧して、酒席に侍し、座興を助け、または男色を鬻《ひさ》いだものである。この相公の営業は、民国元年になってから、風俗に害ありとて、警察庁から、これを厳禁したが、今日の名優である時慧宝《シーホイパオ》や、王瑶卿《ワンヤオチン》や、王鳳卿《ワンフォンチン》や、陳葵香《チエンクウイシャン》や、朱幼芬《チユウヨウフエン》や、梅蘭芳《メイランファン》や、姜妙香《チャンミヤオシャン》や、王蕙芳《ワンフウイファン》などは、その昔、皆評判高かった相公である。しかし、相公と子供役者とは、本来は全く別物であって、相公は皆役者の卵であるという説は、誤っている」②

基本理解として、男妓と役者を兼ね、薄化粧して酒席に侍し、または男色を売った美少年ということになる。辻の解説は委曲を尽くしていて、これで説明を終えてもよいぐらいだが、それでは論文にならないので、もう少し個別に詳しく見てみよう。

なお、引用文の末尾の丸数字は前節で紹介した文献に対応している。また読みやすいように旧仮

図 12-1　20 世紀初頭の中国の女装少年たち．原キャプションには「民国時期的川劇旦角男妓」(民国時代の四川劇の少年女形)とあるが，北京の「相公」の末期(清末〜民国初期)の姿を思わせる(『鳳凰資訊』2008 年 11 月 21 日掲載)．

名遣いを現代仮名遣いに、一部の漢字表記を平仮名に改めた。

(1)相公の外見・年齢

相公の外見については「前髪を綺麗に梳《くしけず》り、白粉、香水を以て、至れり尽くせりの美装を凝らし、黄色い声は嬌態と相俟って「彼は男なり」と看破することはなかなか容易な業ではない」③とか、「着ている着物も、また女装に近い若衆風のもの」⑤で、「像姑娘(娘まがい)」の語源の通り、ほとんど女性のファッションと同じだった。髪型も男性が前頭部を剃りあげた辮髪《べんぱつ》であったのに対し、前髪を残して結髪する女性型だった。したがって、レベルが高い相公は男性であることを見抜くのが難しかったようだ。ただ、末期になると服装や髪型は男性で薄化粧だけをした美少年系の相公も増えたようだ。これは民国元年(一九一二)の禁令と関わると思われる。

相公の年齢は「大抵十二三歳から二十歳以下の美少年で、中にも、十四五歳のが最も多く」②、「十三歳にして枕席に侍り、稼ぐ期間は十七、八歳までの五、六年で、二十歳を越ゆると、どんな美しい上玉でも断然、売れなくなる」(④)、営業寿命の短い「時分の花」だった。これは、人工的にホルモン量を調整できない時代では、去勢(睾丸摘出)をしない限り、少年がある程度の年齢になると男性ホルモンの作用で身体の男性的形質(とりわけ髭)の発現が顕著になることが避けられないからだ[三橋 2008a]。

瀧川は相公を「日本でそれに当る言葉を求むれば、「かげま」である」(⑤)と看破しているが、日本の江戸時代、男色を売った女装の少年「陰間」が「盛りの花」にたとえられたのは一五〜一八歳だったのと実態も理由もまったく同じである。

(2)相公のいる施設と営業

相公を養成し、待機させておく施設が「相公堂」(③)、もしくは「相公堂子《シャンコンタンズ》といい、また伶館とも称した」(⑤)。瀧川は相公堂子を「即ち我が国の「かげまぢゃや(陰間茶屋)」に当る」としている(⑤)。相公堂には「「頴秀堂《インシュウタン》」とか「景和堂《シンフータン》」とか「雲和堂《ユンフータン》」とかいう看板が掲って」(⑤)いて、「北京の花街として有名な、前門外八大胡同《チェンメンワイパーターフートン》のうちなる陝西巷《センシーシャン》、韓家潭、百順胡同《パイシュンホートン》の辺」(⑤)に集中していた。「百順胡同は、相公同子の最も立派なもののある所として名があった」(⑤)。集中地域は、現在、文房四宝や印章、書画骨董などを販売する店が立ち並ぶ「瑠璃廠《ルリチャン》」(北京市宣武区新華街)のあたりに相当する。また上海ではイギリス租界の「四馬路《スマロ》」(③)にあった。

また相公堂は女性の娼妓がいる「妓院」に混じって立地していた。つまり、現在の東京新宿二丁目のような「ゲイタウン」を形成していたわけではない。これはむしろ成人男性と成人男性との性愛空間である「ゲイタウン」の有り様が特異で、女装、もしくは女性化した男性が接客するいわゆるニューハーフ系の店は、六本木でも新宿歌舞伎町でも、女性が接客する店に混じって立地しているのと似ている〔三橋 2006g〕。

相公堂の主人（経営者）を「老王《ラオワン》」③と呼ぶ。「主人はたいてい相公上がりの俳優で」「客に対して相公を周旋し、金銭の交渉に当たる」⑤。「小主人は主人の実子たることもあるが、多くは抱えの相公、または俳優の方の弟子」⑤である。相公には「客をとる紅相公《ホンシャンコン》と未だ客をとるに至らない青相公《チンシャンコン》」⑤とがある。

また相公は「仲間同士では互に姉妹と呼び合って」③いた。冒頭に紹介した朱蘭も仲間内では朱妹《チュウメイ》と呼ばれている。これはインドのサード・ジェンダー集団であるヒジュラや、現代日本の女装世界でも同様で、お母さん（ママ）、姉さん、妹のような女性親族呼称を用い、疑似的な母系社会集団を形成している〔三橋 2006e〕。

「相公堂には個人経営のものもあり、また、合資組織のものもあり、経営者間には、一切の支弁、利得の配分、美童の誘拐者に対する歩合、ないしは、各堂間に行われる相公借用時、その利益分配の歩合等、詳細に一定の規約が設けられて」③いた。また「四人以上の相公を有する堂を大窰子《ダーイヤオズ》と呼び、それ以下のものは、独立の営業は許されな」③かった。

相公遊びをしようとする者は、「春宵、相公堂子を訪うて、敵方《あいかた》の相公と小奇麗な屋子《ウーズ》で茶を啜《すす》り、西瓜の種を噛って談笑に時を移し、相公の発散させる変体(態)的な刺戟に酔うて帰るか、更に徹底するか」、あるいは「必要に応じて相公を宴席、旅館または私宅に呼ぶこともできる」⑤。「更に徹底するか」とは性行為に及ぶということで、逆に言えば、必ずしも性交渉に至るわけではなかった。

清朝の高官や富裕な商人のなかには、大金をもって相公堂から相公を買い取り、自邸に囲う者もいた。妓女を落籍して妾にするのとまったく同様である。たとえば、清朝末期の戸部左侍朗《こぶさじろう》で日清戦争の講和交渉に来日したこともある張蔭恒《チャンインホン》は秦穉芬《チンジーフェン》という相公を寵愛し、美しく女装させて自宅に招き入れ、召使たちに「少奶々《シャイナイナイ》」⑤と呼ばせていた。「少奶々」とは若奥様の意である。

しかし、相公の需要は、そうした個人的な遊びよりも、複数の人が集まる酒席の方が主だったようだ。この点について、清国駐屯軍司令部編集の『北京誌』が次のように述べている。

「北京の俗、朋友相集りて宴を開くに、歌妓を招き宴に侍せしむるは、相公を招くよりも下等のことゝなし、高雅ならずとなす。蓋《けだ》し歌妓は、本、淫を売るを業とするに、相公は色を以て人に侍する者にあらず、止《た》だ酒席に陪して弾唱滑拳(即、拳を打つこと)などの事をなし興を助くるを以て業とすればなり」①

酒宴に女性の「歌妓」を呼ぶより相公を呼ぶ方が高雅で上等のことゝされていたという。それは売淫を伴わないからという理由だが、相公の業態は、芸能(歌舞音曲)、飲食接客、セックスワークの三業種が一体となったものであり、相公を「色を以て人に侍する者にあらず」と言ってしまうのは実態と異なるだろう。酒席に相公を招く方が高雅であるという意識が存在し、それが相公の営業を支えていたことは否定できないが、この解説には、明治時代の男性に特有の「軟派」(女色)を卑しいものとして否定し、「硬派」(男色)を高尚なものとして贔屓する態度が影響しているように思う。

相公の値段は「妓女と同じく、その人によって相違がある。最下二、三元から最上十四、五元である」④。物価換算は難しいが、女性の歌妓よりも安いということはなかったようだ。「諸式万端、普通の五、六倍であり(中略)後で蒼くなっても追付かぬ。一夕の遊、十元と見ても、附加税がかかるからである」③。さらに上には上があり、有名な相公になると「毎席五十元から百元を要求する」③場合もあった。

女装の美少年である相公との遊びは、決して安い遊びではない。そもそも相公を女性の安価な代替物と見なすのは、西欧近代的なヘテロセクシュアル(異性愛)を絶対視する認識に基づく偏見である。そうした偏見を退けて客観的に考えれば、美しい女装の少年は女性に比べて希少な存在であり、その希少性が高い商業価値として評価されてもおかしくはない。実際、現代日本のニューハーフ・ヘルス(ニューハーフが男性に性的サービスを行う商業施設)の価格は、女性の同種のサービスに比べて割高になっている。

(3)相公の出身と育成法

相公の出身には、その生い立ちから二種があった。「その第一種は、世襲相公ともいうべきもので」「相公の名家に生まれた者」（⑤）である。「その第二種は、貧乏人の子供を買出したり、みめよき児童を誘拐または略奪して、相公に仕立てたもの」（⑤）だった。

「非世襲的相公の産地は、主として江蘇・浙江方面であって、蘇州は美女の本場であったと同時に、また美少年の本場であった」（⑤）。「北京の相公堂子の主人は」自ら「江浙地方へ相公の卵を買出しに出かけた」り、周旋人（女衒）から買い取ったりした（⑤）。「相公の卵として買い取られる美少年は、六、七歳位から十二、三歳までであって、その値の高いものは、五、六百両もしたという」（⑤）。買い取られてきた男の子は「蘭芳とか、妙音とか、韻芳とかいうような、優しい女名前」（⑤）をつけられる。そして、「着物の着付から、髪の結びよう、歩行から、人と応対しての嬌態、媚態」（③）など女性としての生活習慣と振る舞いを習いおぼえていく。「人工的に女になる相公にとっては、人工的に、また、女の総てを学ぶ必要に迫られるのである」（③）。「どんな子供でも暫《しばら》く堂子にいるうちには、まるで女の児のような容姿振舞になったという」（⑤）。「その資質にも依るが、早いもので三、四ヶ月、遅いものになると、一年二年とかかってやっと女性化され」（③）る。

現代的に言えば、女性ジェンダーを徹底的かつ総合的に習得するということである。女の子が幼児から思春期にかけてある程度の時間をかけて習得していく女性ジェンダーを、男の子が人工的に短期間に身につけなければならないわけで、かなり厳しい修業だったと思われる。

女性ジェンダーの人工的な習得という点では、江戸時代の陰間や現代日本のニューハーフとまったく同じである。女性ジェンダーへの転換は全面的かつ徹底的であることが求められ、中途半端は許されない。転換は化粧、ヘアスタイル、ファッションセンスだけでなく、話し方や姿勢、しぐさ、さらには、ものの考え方や感じ方にまで及ぶ。早い話、女性よりも「女らしい」ことが求められる。私の見聞からしても、外見的にはまったく男の子でニューハーフ系の店に入ってきた子でも、だいたい半年もすれば女の子として様になるものだ。適性のある子は見る見る綺麗になり、三ヵ月でもうすっかり女の子という場合もある。逆に一年勤めても男の子っぽさが抜けない子もいるが……。

相公であることの「第一の資格は、容貌の美しいこと、姿態のよいこと、肌のよいこと」⑤であり、「第二の資格は、芸のできること、ものごし妖艶にして媚態あること」⑤である。したがって、「相公は、笛、胡弓、琵琶などの楽器を奏することはもとより、歌を唱い、白を習うなど」⑤技芸を磨く。

その上で、「睾丸を下げた姐さん連の指導により、あるいは、同輩との研究によって、いわゆる「蕩《たら》しの手」」③、つまり客の気を引くテクニックを学ぶ。「鏡の前に立って、いかにしたら嫖客《ひょうきゃく》の足を留めさせることができるか」③姿態《ポーズ》を研究する。「口ほどに物を云う目の活用法に至っては、彼らの最も苦心を要する所」③であり、また宴席で客が恍惚とするような語句を習う。つまり、妖艶な物腰で、流し眼を送り、思わせぶりな言葉で客の心を摑むためのトレーニングを重ねる。

もちろん、肝心な閨房《けいぼう》での技術も伝授される。とくにアナルセックスの技術の習得は欠かせない。本来、排泄器官である肛門を性器として使って、客である男性に十分な性的満足を与え、かつ自分の身体も損なわないようにするためには、それなりの訓練と技術が必要である〔三橋 2008b〕。

相公堂の主人は、さまざまな方法、たとえば、たまらないほどの痒《かゆ》みを起こす秘薬をこっそり眠っている相公修業の少年の未経験の肛門に塗り、痒みの苦痛に乗じてアナルセックスに誘導するなどした。

そうした厳しい女性化修業と経験を重ねて、酒席や閨房で客を陶酔させる秘訣を身につけた一人前の相公が育成されていった。まさに「玉磨かざれば光なし」(③)である。この点も、江戸時代の陰間の修業とまったく同じである。

ちなみに、陰間と同様に相公も男性間性愛文化の類型としては、「I 年齢階梯制を伴い、女装も伴う男性間性愛文化」に分類される(第3章参照)。

(4)相公の身体改造法

瀧川は「支那には、人為的なもの不自然な事物が沢山あるが、その不自然なものの中でも殊に不自然なものとして、私の心に深く印象されるものは、婦人の纏足《てんそく》と、男子の宦官及び相公である」(⑤)と言っている。

女児の足に布を強く巻いて圧迫し成長を妨げ、成人後の女性の足を小さくする纏足や、男性の陰茎・睾丸を切除し勃起・生殖能力を失わせる宦官は身体変工の文化である。世界的に見ても稀なほど身体変工の文化が希薄な日本人が、ある種、猟奇的な、グロテスクな関心を持ったのは頷《うなず》ける。

相公についての戦前の文献のうち、秦、中野、瀧川は、いずれも相公の身体改造、身体の女性化の方法に強い関心を持ち、字数を割いて詳述している。そして、その関心は戦後の文献にも受け継がれていく。日本人の相公への関心が身体変工への興味という側面を強く持っていたことは間違いない。

相公の身体の女性化法は、本来なら相公の育成法の一部として論じるべきだが、そうした関心の突出には、それなりの文化的意味があると思われるので、別に扱うことにする。

相公の身体の女性化のうち、とくに関心が高かったのが皮膚の改変法である。秦は次のように述べている。

「第一に施される方法は皮膚の改変である。明眸百媚《めいぼうひゃくび》の美童でも、芙蓉の面、柳の眉の所有者でも、肌色が赤黒かったり、鮫肌だったりしては相公としての第一条件は零である」。「施術者は春季を撰んで、その未製相公に彼ら独特の粉薬を飲ませる。飲んだ美童はやがて全身に猛烈な吹出物を生じ、発熱し、吹出物が全身に亙《わた》ると糜爛《びらん》し、崩壊し始めるのである。彼らはその間一切の刺激食物を禁じられ、ただ、少量の粥《かゆ》と吹出物の速進を助けるために鶏肉を間断なく採らなければならぬのである。この吹出物が十分に崩壊し尽くすと、次にはその上に一種の粉薬をふり掛けるのである。犀黄《さいおう》、珠粉《しゅふん》などの高価な、稀薬が与えられ」、「かくして、二、三ヶ月経つと、今までの黒色は黄色から遂に白色となり、吹出物の痕も残らず、いわゆる玉の様な膚《はだ》の持主となることができ、第一の難関はパスしたことになる。この施術者としては、立派な専門家があると聞いては、ただ、驚く外はなかろう」(3)

瀧川はもう少し簡潔に紹介している。

「相公堂子の主人は、抱えの子供の肌をよくするために、一種の薬を服せしめたという」。「それを服するときは、旬日ならずして発熱し、からだ中に吹き出ものができるが、しまいにはそれが膿をもって、全身が糜爛する。その頃を見はからって、また一種の粉薬を皮膚に塗り込めると、かさぶたがとれて、きめの細いつるつるした肌になったという」⑤

両者が同じ施術について語っているのは間違いない。日焼けし角質化した皮膚を、薬を用いて人工的に崩壊させ、その上で別の乾燥性の粉薬を用いてきれいな皮膚を新生させるという方法で、専門の技術者がいたという。

秦の言う通り、たしかに女性的な美貌の基礎が肌の美しさであるのは昔も今も変わりない。現代のニューハーフ世界では女性ホルモン投与によって内側から肌を女性化していくことが行われる。個人差はあるが一年も女性ホルモンを継続投与すれば、ざらざらした肌理の粗い男の肌からしっとりすべすべした女性的な肌へ見事なまでに変化する。しかし、そんな方法がない時代には外側から改変するしかなかった。いや、現代でも薬剤を塗って皮膚の角質化した表層を溶かして新生をはかるケミカル・ピーリングという方法が行われていて、それなりの効果がある（普通は顔面だけしか行わないが）。そうした点では、相公の皮膚改造法はなかなか合理的なものだったと思う。

次に、全身の体型の女性化である。「姿のよくない者は、細腰に見えるように、子供のときから常に白布をもって腰部を緊縛」⑤する。これを「纏腰《チャンヤオ》」という。胸部にも布を強く巻き胸郭が発達するのを防ぐ。これを「纏胸《チャンション》」という。

また「肥りすぎないように、常に食物に注意し、栄養物を摂ったときには、すぐ下剤をかけ」⑤、細身細腰の女性的な体型を作り上げる。

ちなみに、現代のニューハーフが乳房の膨らみを作ることは、営業上、ほぼ必須だが、この時代の中国では胸の膨らみが乏しいことが美人の条件だったので、相公はその点の工夫は必要なかった。最後の難関は足である。これは先に述べたように当時の中国の女性は纏足をしていたので、それを真似る必要があるのだが、幼時から纏足を施されても苦痛であるのに、それに何年も遅れて取りかかるのだから容易なことではない。幼くして相公堂に連れてこられた男児は女児と同様に纏足させられる者もあったようだが、そうでない者は、「纏足とまではゆかなくとも、布を以て幾重にも捲《ま》き、爪先を小さくする」③のがやっとだった。

そのため、一見、纏足しているように見える「蹺《チャオ》」と呼ばれる木靴が工夫された。これを足に括《くく》りつけ、さらに「蹺帯子《チャオダイズ》」という靴下状のものを履き、その上に「蹺鞋《チャオシエ》」というきれいな刺繍が施された鞋《くつ》を履く。つまり、足の爪先寄り半分を足全体に見せるような工夫がなされた〔武田 2007〕。

こうして、中国美人の要素とされた「小脚尖足《しょうきゃくせんそく》」「細腰蓮歩《さいようれんぽ》」が人工的に作り上げられたのである。疑似的な纏足である「蹺」をすると足の接地面積が小さくなりバランスが不安定になる。そこで体を安定させるために腰を突き出し、腰を振りながら歩くようになる。現代の女装者がコルセットでウェストを締め上げ、四インチ（約一〇センチ）のピンヒールを履いてお尻を振りながら歩いている姿を想像してしまう。

なお、身体改造とは異なるが、相公は日常的にペニスを下向きに屈曲して「纏腰」に用いる布で圧迫、固定していた。したがって、股間の膨らみは外見的にはないに等しかった。ただ、排尿時には布を解かねばならず大変だったので、水分の摂取は努めて控えるのが相公のたしなみだった。

(5)相公の創始・全盛・廃絶

最後に、相公の歴史について触れておこう。相公の起源は、必ずしもはっきりしない。秦は「恐らく清朝の中葉と云えるだけで、正確な記録はない」③と述べる。歴史学者である瀧川も「恐らくは明代を溯るまいと考える」⑤としか言っていない。

しかし、辻が「北京では、乾隆の頃から」②と言っていることに注目したい。乾隆は一七三六～九五年の年号である。この点については、中野江漢の『支那の売笑』に興味深い記述がある。「乾隆帝は三度び南方を巡歴し、各地に於て歌妓、名優を聘《よ》んで歌舞に興じ音曲に楽んだこともあった。別けて安徽の太平府に於ける名優の演戯に深く感ずる所あり、遂には大金を投じ、勅を下して江南の名優を悉《ことごと》く北京に召致した」。そして「「班大人胡同《バンダーレンフートン》」今俗に呼ぶ「八大胡同」一帯をこれら俳優に下賜し、軒を連ねて居住させ、時々中宮に聘んで百官と共に楽んだ」。ところが、やがて乾隆帝は母太后の諫言《かんげん》を入れて遊楽的な態度を改めて「八大胡同の俳優を開放してしまった。その後彼らは生活に窮し、男ながらもその美貌を種に客席に媚を売り、甚しきに至っては、肉を鬻いで色を漁る好奇心の犠牲となった」。「これらの男妓は、清末までいわゆる「相公」と称して、公然と娼業を営んで居たのである」。

つまり、中野の説によれば、乾隆帝が南方を巡幸した折に気に入って、北京に連れ帰った江南(現在の江蘇・浙江・安徽省)の俳優たちが、その後、皇帝の保護を失い、生活のために色を売るようになったのが相公の起源であるという。確証はないが、演劇と相公の密接な関係を考えれば、有力な説だと思う。また、非世襲的相公の産地が江蘇・浙江方面であったこととも符合する。

乾隆帝の南巡は六度も行われていて、江南の俳優を北京に招致したのがその何度目だったか確定できないが、初度から四度目のいずれかと推定され、一七五一～六五年の間のことであったと思われる。いずれにしても、ここで重要なことは、少なくとも北京においては、相公が伝統的・土着的な習俗ではなく、一八世紀半ば以降に江南地方から移入された比較的新しい風俗だということである。

相公の営業の全盛期は「道光から、同治、光緒の中頃まで」(②)であった。道光は一八二一～五〇年、同治は一八六二～七四年、光緒は一八七五～一九〇八年だから、だいたい一八二〇～八〇年代が全盛期だったようだ。相公を主人公にした小説、陳森の『品花宝鑑』が世に出たのは道光二九年(一八四九年)のことだった。やはり清朝後期に栄えた風俗と言える。

相公は「民国元年(一九一二)になってから、風俗に害ありとて、警察庁から、これを厳禁」(②)された。「相公の営業廃止を献言したのは、田際雲《ティンジーユン》(一八六四～一九二五)という俳優であり、その廃止命令が発せられたのは、民国元年六月十八日である」(⑤)。辛亥革命(一九一一年)による清朝の滅亡と中華民国の建国という近代化の流れの中で、旧態かつ有害な風俗として禁止された。

日本において、江戸時代には禁止されていなかった女装・男装の習俗が、明治維新後、新政府が明治五〜六年(一八七二〜七三)に発布した「違式詿違条例」で禁止され、さらに、明治一〇年代に九世市川団十郎(一八三八〜一九〇三)が主導した「演劇改良運動」によって江戸時代以来の歌舞伎女形の育成と陰間茶屋との密接な関係が断ち切られたのと事情がよく似ている。

つまり、①の清国駐屯軍による『北京誌』を除き、②以下の文献はすべて民国元年の相公廃止令後のものだったのだ。しかし、相公堂の営業が禁止されても、密かに営業を続ける者もあり、中華民国の初めには「相公の制度は既になくなったが、相公そのものはまだ密かに色を売っていた」(⑤)という状態だった。

また、瀧川は「相公堂子は影をひそめたが、相公に対する憧憬は、まだ支那人の間に銷磨《しょうま》(すりへること)せられるに至っていない」(⑤)と述べている。相公の習俗は一片の禁令で消滅するようなものではなく、男色文化としてそれなりにしっかりした根を持っていたのである。

近代日本人が記述した相公の姿は、相公の歴史の最末期の、滅びゆく相公の姿だった。それは全盛期の姿とはかなり異なっていたと思われる。しかし、それゆえにより秘密性を増し、一部の近代日本人の興味を引き、猟奇的な想像力を刺激することになったのではないだろうか。

3　相公と近代日本人

秦にしろ、中野にしろ、日本人が相公に注目した時期は、昭和初期の「エロ・グロ」流行時代だった。つまり、相公は、当時の日本人のエロチシズムとグロテスクの両方の好みを満足させるテーマとしてクローズアップされた感がある。すでに述べたように彼らの関心がことさらに相公の身体改造に向かうのは、グロテスクの側面への希求であった。彼らにとって相公はあくまで後進的な「支那」における特異で不自然で猟奇的な風俗だった。

ところで、今までの紹介の中で、何度か相公・相公堂と、江戸時代日本の陰間・陰間茶屋の類似性について触れた。実際、両者は驚くほど似ている。

ここで、今まで敢えて避けてきた相公と演劇の関係に触れなければならない。

相公と役者の関係はなかなか難解である。演劇論の辻聴花は「男妓と役者を兼ねた」とした上で「相公と子供役者とは、本来は全く別物であって、相公は皆役者の卵であるという説は、誤っている」(②)と述べている。それに対して瀧川は「相公はすべて俳優たるべく養成される」、「俳優のすべては相公ではなかったが、相公はすべて俳優であった」(⑤)と言っていて食い違う。

実態として、相公として養成される者は、将来、花旦《ホアタン》(女形)として舞台に立つことを目指していたが、実際には一度も舞台に立つことなく男妓として終わる相公も多かった。つまり、「相公はすべて俳優たるべく養成される」がすべての相公が俳優になれるわけではなく、相公のすべてが俳優というわけではないということになる。

しかし、一方では「相公はいずれも花旦(色女形)、青衣《チンイ》(立女形)の卵であって、花旦青衣になる為には、一度相公を経験して来なければ駄目であるとは、北京人の渝《かわ》らざる信念であった」⑤という意識が強くあり、実際、清末～民国の舞台を彩った京劇の名女形たちはことごとく相公出身だった。世界的な名優として大正八年(一九一九)と一三年に来日公演をした梅蘭芳も世襲相公だった。

つまり、相公を育成する相公堂が京劇の花旦・青衣(女形)の養成機関を兼ねていたということだ。江戸時代の日本の陰間は、そもそも歌舞伎の女形を目指しながら、舞台に立つ機会がない(乏しい)者を「陰子」と言ったことによる。その「陰子」が生活のために茶屋で芸能・飲食接客・セックスワークをするようになったのが陰間茶屋の始まりだった。一方で、たとえ名門の御曹司であっても一度は茶屋で陰間としての修業を積まないと良い女形にはなれないという意識があった。

つまり、相公と陰間は、京劇・歌舞伎の女形の供給源であり、相公堂・陰間茶屋がその育成機関としての役割を担っていたという点で、構造的に瓜二つなのである。そして、そうした構造の中で、身体を(当時の技術で可能な限り)女性化するテクニックが発達し、女性ジェンダーの習得のマニュアル化が行われた点も、まったく同様だった。

さらに言えば、両者はともに一八～一九世紀の風俗であるという時期的な類似性もある。厳密に言えば、日本の陰間茶屋の全盛が一八世紀後半であったのに対し、相公堂の全盛は一九世紀で、その廃絶は、日本では一九世紀中頃(天保の改革・明治維新)、中国では二〇世紀初頭(辛亥革命)と、いずれも半世紀ほど日本が先行するが、長期にわたる安定した政治体制のもとで爛熟した男色文化が、欧米文化の流入による近代化の過程で潰えていくという点でも、よく似ている。

ところが、なぜか相公について論じる近代日本人は、こうした構造的な類似性にまったく意識が向かない。わずかに瀧川が「日本でそれに当る言葉を求むれば、「かげま」である」、「即ち我が国の「かげまぢやや(陰間茶屋)」に当る」⑤と述べているだけだ。その瀧川ですらも、そうした類似性から考察を発展させることはしていない。他の論者は、意識的にか、無意識なのか、誰もその類似性に言及していない。まるで、日本に陰間、陰間茶屋という存在があったことをすっかり忘却しているかのようである。わずか一〇〇年足らず前のことなのに。

つまり、近代化された(つもりの)二〇世紀の日本人の意識には、つい一〇〇年前まで存在した陰間茶屋のような前近代的な習俗はまったく映らないのである。相公への関心は、あくまで西欧化された近代日本人の目で、近代化に遅れた後進的で未開な「支那」における特異な風俗を見るという視点なのだ。日中の近代化の差は、実際にはたかだか五〇年ほどなのに。

戦後混乱期の「エロ・グロ」復興期に再燃した日本人の相公への関心は、一九五〇年代中頃になって急速に潰える。この時期は、ちょうど女性ホルモン投与や性器の女性化形成術(当時の用語では「性転換手術」)が実用化され、男性の身体を本格的に女性化することが可能となり、またそうした事例がメディアによって広く紹介されるようになった時代だった。日本で最初の男性から女性への「性転換者」永井明(女性名:明子)の手術が行われたのは一九五一年(昭和二六)春であり、それが新聞・雑誌で報道されたのは一九五三年秋のことだった〔三橋 2006c〕。

そうした流れの中で、身体の女性化が現実のものになった時、相公への関心を支えていたグロテスクな秘密性が急速に失われたのだろう。そして、以後、日本人は相公の存在をまったく忘却してしまう。

4　アジアの性別越境文化の中で

近代の日本人は、相公の特異性にばかり注目したが、客観的に見て相公はそれほど特異な文化ではない。すでに指摘してきたように日本の江戸時代の陰間との強い構造的類似性や、現代日本のニューハーフや女装者のコミュニティと似ている部分がずいぶんある。男性から女性への性別越境文化として、またその商業化形態として、むしろ普遍的な側面が強い。

男性から女性への性別越境産業の基本性格として、女性のコピー的性格、つまり女性特有の業態の模倣ということがある。相公についても、瀧川が「(相公堂子の主人は)芸者屋の女将または遣手婆に等しい」、「相公買いの遊びは、だいたい今日の校書(芸妓)買いの遊びと等しく」(5)と指摘しているように、女性(妓女)のコピー的性格が明瞭である。

そうした意味でも、相公の文化は特異性よりも、世界的な性別越境文化の一環として位置づけるべきだと思う。その際、相公の文化が、少なくとも北京においては、早く見ても一八世紀後半から活発になったもので、華北文化圏に伝統的なものではなかったこと、そして、相公の産地が江蘇・

浙江方面、つまり長江（揚子江）下流の江南地方だったことに注意しておきたい。両者を考え合わせると、相公の文化はもともと北中国（華北）の文化ではなく、江南の文化だった可能性が高い。

アジアには、現代世界で最大のサード・ジェンダー集団である「ヒジュラ（Hijra）」をかかえるインド、「カトゥーイ（Kathoey）」と呼ばれるサード・ジェンダーが、少なくとも実生活レベルでは世界で最も社会進出しているタイ、そして女装の建国英雄ヤマトタケル以来二〇〇〇年に近い女装文化の伝統を持つ日本と、性別越境文化が濃厚な地域が存在する（第11章参照）。

私は、それらの文化は孤立的なものではなく、本来同じ根を持っていると考えている。つまり南アジアから東南アジアを経て東アジアに至る汎アジア的な性別越境文化の回廊である。それは、東南アジアで分岐してインドネシアや南太平洋諸島にも波及する。その仮説を構想したときの大きな穴、ミッシング・リンクが中国だった。そこに中国南部の性別越境文化としての相公を嵌《は》めこむことで、東南アジアと日本の性別越境文化をつなぐ道筋がはっきり見えてきた〔三橋 2008a〕。

もうひとつ、相公を性別越境文化の中で考えた場合の注目点がある。それはジェンダーの女性転換（女性化）と身体加工（去勢）の関係である。

よく知られているように、中国には後宮に仕える要員としての宦官を作るための去勢が古代から行われていた。中国における男性去勢は陰茎の切除と睾丸の摘出をともに行う「完全去勢」で、その方法は専門技術として確立していた。また、睾丸の摘出が身体の非男性化≠女性化に有効であることは経験的に知られていたはずである。にもかかわらず、相公の育成に際しては、去勢の技術は採用されなかった。清朝において両者が並存していたにもかかわらず、あえて利用しなかったことが興味深い。それは、去勢が北方の遊牧社会起源の技術であり、相公が南方系の文化であるという文化系統の違いが作用していると思われる。

つまり、ジェンダーの女性転換(女性化)と身体加工(去勢)の関係は、次のように整理できる。

(タイプⅠ)　ジェンダーの女性転換と去勢が伴う形態――インドのヒジュラ
(タイプⅡ)　去勢文化があるにもかかわらず、ジェンダーの女性転換と去勢が伴わない形態
　　ａ　去勢はするがジェンダーは男性のまま――中国の宦官
　　ｂ　去勢をせずにジェンダーは女性に転換――中国の相公
(タイプⅢ)　去勢文化がなく、ジェンダーの女性転換と去勢が伴わない――日本の陰間

従来はタイプⅠとタイプⅡａ、そしてタイプⅢの文化比較が行われていたが、そこに相公のタイプⅡｂが加わったことになり、より文化的な考察が可能になった〔三橋 2012〕。

女性化という観点では、去勢を行うことで身体の女性化を促進し、より女性化を徹底した方が良いように思える。しかし、相公の事例は、そうした考え方は絶対的ではないことを示している。現代のニューハーフ業界では、完全去勢した「無し、無し」の「娘」より、睾丸は摘出したがペニスは残している「有り、無し」、もしくはどちらも残している「有り、有り」の「娘」の方が人気が

あり、商業的価値が高いということと、どこか通じるものがあるように思う。

おわりに

一九八三年、元・北京駐在フランス大使館員のベルナール・ブルシコ(当時三八歳)とその妻の中国人女優時佩孚《シーペイプー》(同四四歳)が、中国情報機関に機密文書を渡していたスパイ容疑でフランス当局に逮捕された。ブルシコは北京に赴任した一九六四年に、二五歳の時佩孚と知り合い、恋におち熱烈に愛し合った。ブルシコはいったん北京を離れたが六九年に再赴任し、その時、シーから「あなたの子よ」と幼い男の子を見せられ、我が子と疑わなかった。ところが、ブルシコは中国情報機関にシーとの関係を暴露すると脅され、機密文書を手渡すはめになり、フランスに帰国する。八二年、シーは二〇歳に成長した息子をともないフランスに移住してくる。幸せな暮らしが始まるかと思われたのもつかの間、二人はスパイ罪で逮捕されてしまった。そして逮捕後の身体検査でシーが男性であることが判明する。二人は一九八六年五月に禁錮六年の有罪判決を受け、この驚くべき事実が報道された(『読売新聞』一九八六年五月一九日付朝刊「彼が二〇年間愛したスパイは男だった」)。

この事件を基に作られたのが一九八八年にトニー賞(演劇作品賞)を受賞した舞台劇『M・バタフライ』であり、それを一九九三年にデイヴィッド・クローネンバーグ監督が映画化し、ジョン・ローンの妖艶な女装姿が大きな話題になった。これらの作品は、アメリカの舞台劇・映画ということで、ゲイ(男性同性愛)文脈で解釈されているが、それはまったくの文化誤解である。なにしろブルシコは二〇年間、シーを女性だと信じ疑っていなかったのだから、同性愛という意識は皆無だった。

それにしても、中断はあるにせよ二〇年間も男と女の親密な交際を続けながら、女性であることを貫き通した時佩孚の女性擬態の能力と技術はすばらしい。彼の前歴が京劇の役者だったことを考えると（時という姓は、時慧宝はじめ世襲相公の名門である）、それが相公の女性擬態文化の最後の光芒であったように私には思える。

第13章 朝鮮半島
——芸能集団「男寺党《ナムサダン》」の稚児とその起源

はじめに——ハ・リスのこと

河莉秀《ハリス》（하리수）という人をご存知だろうか？　二〇〇〇年代に活躍した韓国初のTrans-woman（男性から女性へのトランスジェンダー）のタレントである。一九七五年、韓国京畿道城南市に五人兄弟の次男として生まれ、男性としての本名は李慶曄《イギョンヨプ》といった。韓国の男性には兵役義務があるが、精神疾患（性同一性障害 Gender identity disorder）を理由に免除された。二〇〇一年、ドド化粧品のＣＭに出演して注目され、以後、女優、歌手、モデルとして大活躍する。

二〇〇二年一二月、仁川裁判所で、韓国で初めて性別の変更が認められ、慶曄から慶恩《ギョンウン》に改名して法身分的にも女性になり、二〇〇七年、六歳下のラッパーのミッキー・チョンと結婚してからは、実質、引退状態になっている。

日本では、二〇〇八年に写真集『ハリス・ビューティー』（竹書房）が刊行されたが、それほど話題にならなかった。

図13-1　河莉秀（https://www.nipic.com）

実は、私、二〇〇二年に韓国KBSテレビが制作したハ・リスの足跡を追う番組「차인표의 블랙박스 Y의비극、트랜스젠더（チャ・インピョのブラックボックス Yの悲劇、トランスジェンダー）」（二〇〇二年五月一九日放送）にコメント出演したことがある。

ハ・リスは一九九〇年代後半に来日して、数年間、ナイトクラブで働いて生活費を稼ぎながら美容師になるための勉強をしている。その間、一九九八年に日本のどこか（おそらく大阪の「わだ形成クリニック」）で性別適合手術を受けていて、日本との縁が深い。

韓国のテレビ局が日本に取材に来たのは、基本的にはそうした足跡をたどるためなのだが、それだけではなかったようだ。コメント収録の前に、ディレクター氏に「韓国には他にハ・リスのような人はいますか？」と質問したら「いないです。オンリー・ワンです」という返事。さらに話しているうちに、どうも韓国におけるハ・リスの特異性の根源を日本に求めたいと思っていることが感じられた。つまり、韓国にはハ・リスのようなトランスジェンダーが出現する文化的土壌はなく、それは日本の影響だろう、という発想だ。

そこで思い出した。一九九〇年代初め、韓国に旅行した時、東京女子高等師範学校（現：お茶の水女子大学）出身のガイドが「最近、梨泰院《イテウオン》という街に男が女の格好をして接客する店ができました。

これは日本の悪い影響です」と断言していたことを。

韓国には、特異なもの、とりわけ社会にとって好ましくないものが出現すると、「日本の悪影響」と考える風潮があることは否めない。ハ・リスもまたその一例なのかと思うと同時に、韓国（朝鮮半島）には、ほんとうに性別越境の文化伝統は皆無なのだろうか？　という疑問が浮かんだ。

1　「男寺党」についての文献

朝鮮半島には、性別越境の文化伝統は皆無なのか？　という疑問を私が抱いたのは、若い頃に、女装と男色を伴う放浪の芸能集団を取材した民族学のレポートを読んだ記憶があったからだ。

二〇一三年九月、私が長年お世話になっている「性欲研究会」のソウル合宿（ソウル大学での共同研究会）で、韓国のセクシュアリティについて何か報告することになり、書籍の山の底の方からその文献を掘り出した。それは中村輝子「韓国の放浪芸一座――男寺党（ナムサダン）」という一九八四年に『季刊民族学』に掲載された報告だった（中村 1984）。豊富な写真で「男寺党」の芸能をイメージさせるとともに、集団内部での男色の慣習についても触れていた。

私の記憶にあった男色をともなう放浪の芸能集団が「男寺党」と呼ばれていたことがわかったので、それをキーワードに関係文献を探したところ、志村哲男「背徳の男寺党牌――韓国の放浪芸能集団」（志村 1990）が見つかった。民族音楽の視点から「男寺党」に注目したもので、「背徳の」という題名はいかにも差別的だが、メンバーの間での男色やピリ（稚児）の女装についても詳しく述べている。ただし、これは、一九七四年に韓国ソウルで刊行された沈雨晟《シムウツン》『男寺党牌研究』〔沈 1974〕の部分翻訳でオリジナルなものではない。沈氏の『男寺党牌研究』は、「性欲研」のソウル合宿の際に仁寺洞《インサドン》の古書店で入手したが、私のように韓国語が読めない者には志村氏の紹介・翻訳はありがたい。

また、安宇植《アンウシク》編著『アリラン峠の旅人たち――聞き書　朝鮮民衆の世界』に収録されている姜昌民《カンチャンミン》「放浪する芸能集団――男寺党の運命」〔姜 1982〕は、沈氏に紹介された男寺党生き残りの三人の老人へのインタビューをもとに構成されたもので、聞き書ならではのリアリティがあり資料価値が高い(以下「聞き書」と略称)。

その他に、被差別民と芸能の視点から男寺党に注目している論考もあるが〔沖浦 1985, 久保 1985〕、男寺党の男色集団としての側面には触れていない。

このように男寺党について述べた文献のほとんどは、芸能、とりわけ漂泊の芸能集団という視点のもので、その特有のセクシュアリティに言及している論考はあっても、それを朝鮮半島における性的マイノリティの存在形態として積極的に評価した論考はまだないように思う。

2　男寺党の芸能

まず、文献から芸能集団としての男寺党の概要をまとめておこう。

男寺党《ナムサダン》(남사당)とは朝鮮半島における移動芸能集団である。数十人の集団で朝鮮半島各地を旅し、

立ち寄った村で「男寺党ノリ（遊び）」と総称される芸能を披露し、村の発展と人々の健康を祈願して喜捨（布施）を集めることで生計を立てていた。名目は寺院の建立や補修のための勧進であり、寺を中心に活動したため「寺党」の名称がある。

男寺党は、コッドゥソエ（座長）、ゴルベンイソエ（副座長、企画・渉外）、トゥンソエ（各芸能分野の長、小頭）、カヨル（弟子、演技者）、ピリ（見習い）、ジョスンペ（冥土衆、元老）、ドンジムクン（担ぎ人夫）で構成されていた。

図13-2　1920年代の男寺党の公演．ピリ（女装の少年）による「肩乗り」の演戯（沈 1974）

男寺党が村に入るときには、美しく着飾った女装のピリが行列の先頭で龍旗を持つ。演目は、プンムル（風物、農楽）、ポナ（皿回し）、サルパン（曲芸）、オルム（綱渡り）、トッペギ（仮面舞劇）、トルミ（人形芝居）の六幕で、音楽、舞踊、演劇、曲芸など多様な芸能要素を含んでいた。プンムルで舞童を務めるピリは一座の花形だった。

朝鮮王朝（一三九二〜一九一〇）では、男寺党は「賤民」（非自由民）の中の「八般私賤」の一つ「広大《クァンデ》」（仮面劇や人形劇などの芸人）として、厳しい差別のもとに置かれていたが、朝鮮王朝末期には四〇近い一座が活動していた。しかし、二〇世紀に入り、日本統治下(一九一〇〜四五)における近代化の過程で徐々に数が減り、さらに朝鮮戦争(一九五〇〜五三)で構成員が四散して芸能の伝承も困難になった。

そこで一九五九年に男寺党の生き残りの南亨祐《ナムヒョンウ》を団長に「民俗劇会男寺党」が結成され、芸能の復興と伝承がはかられ、一九六四年には伝統芸能として韓国の重要無形文化財第三号に指定され、保護されるようになった。現在、ソウルの「伝授会館」に「保存会」がある。また、日本でも、奈良県に「男寺党日本支部」があり、伝統の保存と普及に努めている。

3　男寺党のセクシュアリティ

男寺党は、その構成員が男性のみであることに特色がある。ただし、その末期(一九三〇年代)には女性も加わるようになった。女性だけの芸能集団は別にあり、「女寺党《ヨサダン》」もしくは単に「寺党」と称していた(朝鮮王朝時代は禁止)。

男寺党の集団に新たに少年が入り、ピリ(見習い)となると、強制的に女装させられる。「聞き書」には「入れ髪をされたうえにチョゴリとチマを着せられたばかりか、化粧までされて……」[姜1982]とある。「入れ髪」とは髢《かもじ》(付け毛)のことで、少なくとも舞台に出るときは完全な女装だった。

美しいピリが一座に入ると、コッドゥソエ(座長)以下カヨル(弟子)以上のメンバーの間で「ピリ争奪戦」が繰り広げられる。多くの集団では、ピリの数が全体の半数に至らないことが常態で、そのため、座長であってもピリは一人しか持てず、弟子たちすべてがピリを持てるわけではなかった。

したがって、ピリの確保は重要で、集団内、あるいは他集団との間でピリの争奪戦は熾烈だった。「夫婦」関係が定まると、ピリは演戯の練習をするかたわら、「女房づとめ」、つまり「夫」の身の回りの世話と性的な奉仕をしなければならなかった。ピリの女装は、演戯を習得してカヨル(弟子)になるまで続く。

ピリの役割はそれだけではなかった。「聞き書」は次のように語っている。「稚児たちは仮面舞劇や人形芝居が幕を開けるころ観客たちの前に進みでて、チマの裾を広げて見料を集めてまわらなくてはならなかった」。「夜は夜で、トゥンソエ(小頭)たちの女房づとめをするか、作男や、冠売りなどの渡り者の商人、白い髭を垂らした年寄りを相手に男色を売らねばならなかった」〔姜1982〕

男寺党の収入は、興行の後、村人から与えられる「布施」だけでは不十分で、それを補うために、女性との性交渉の機会に乏しい渡り商人や下層の村人に、ピリをあてがって「花代」を稼ぐ男色売春が日常的に行われていた。そうした点でも魅力的なピリを数多く確保することは男寺党の集団にとっては重要なことだった。

さて、ここまで述べたことは、いずれも沈氏の系統の文献に依っているが、研究会のメンバーから思いがけない資料が提供された。それは、『風俗奇譚』一九六二年(昭和三七)九月号の「ホモの窓」というコーナーに掲載された「ホモ用語字典④」という解説だ。それほど長くないので、全文を紹介してみよう。

尻童（しりどう）　かつて朝鮮における、同性愛の相手となる美少年のこと。これらのなかには、数人もしくは十数人が一団となって、地方を回り歩きながら、色を売るものがあった。この一団を「男四堂」といい、尻童売りの一座ともいうべきもので、なかなか盛んであった。

この一座は、適当な郊外の広場に粗末な小屋をかけ、その前にはちょうちんをつるして目標とした。そして、にぎやかに楽隊ではやしたてるので、男色好きの徒が四方から集まってくる。日本には見られない図だった。

舞台では、多くの尻童たちが、あるいは歌い、あるいは踊りながら、見物の男にさかんに秋波を送る。歌舞のおわったのち、それらの尻童を買おうと思う者は、外につれだして一夜のちぎりを結ぶわけである。


ここで「男四堂《ナムネタン》」と言っているのは、発音・内容の類似から「男寺党《ナムサダン》」の誤りと考えていいだろう。一九六〇年代初頭に日本の男性同性愛の世界で、男色売春を行う男寺党のピリが「尻童」という言葉で知られていたことは、とても興味深い。さらに戦後一二年という時代状況を考えると、この知識は戦後に得られたものではなく、おそらく戦前、日本統治下の朝鮮半島で過ごした人が現地で見聞したものだろう。

男寺党のセクシュアリティは、男性のみの集団でありながら、ジェンダー的には男性としてのカヨル（弟子）以上の者と、女性ジェンダーを強制的に割り当てられたピリ（見習い、稚児）とによって構成された男と「女」の男色集団であったことに、大きな特色がある。

私は年齢階梯制とジェンダー転換の二つの軸によって、男性間性愛文化の四類型化を行っている（第3章参照）が、「男寺党」の男色は「I 年齢階梯制を伴い、女装も伴う男性間性愛文化」である。男性間性愛文化における年齢階梯制とは、「年長者と年少者という絶対的な区分にのっとった性愛であり、「能動の側としての年長者と受動の側としての年少者という役割が厳格に決められている」点に特徴がある〔古川 1996〕。

ピリとして性的奉仕をしていた少年たちも、成長してカヨルになり、さらにトゥンソェに出世すれば、今度はピリの性的奉仕を受ける立場になるわけで、そこには年齢階梯制が典型的に機能している。

男寺党の男色と同じ類型のものとして、日本の中世寺院社会の女装の稚児や、江戸時代の陰間〔三橋 2008a〕、中国清朝の「相公《シャンコン》」（第12章参照）などがある。

また、私は性別越境者の職能として五つを挙げている（第2章参照）。男寺党におけるピリの役割は、そのうちの「芸能的職能」と「性的サービス的職能（セックスワーク）」に相当する。前近代社会における性別越境者の職能形態は、多くの場合芸能・飲食接客・性的サービスが三位一体である。中世寺院社会の女装の稚児や、江戸時代の陰間、清朝の「相公」などはそうだが、「男寺党」のピリは飲食接客の職能が希薄な点が特徴的だ。これは男寺党が漂泊集団であり、陰間や「相公」のような定着した営業施設(茶屋)を持たなかったこと、そして、朝鮮王朝期の庶民の飲食文化の貧困に依るものと思われる。

4　男寺党の起源

男寺党の起源についてはほとんど史料がなく不明である。その芸能に着目すれば、人形劇(傀儡《くぐつ》)は統一新羅時代(六七六〜九三五)に遡る可能性があり、曲芸の中には「三層舞童」のように唐の散楽に源流があると推測されるものもある。

男寺党はその名称から仏教の寺院との関係が想定されているが、男性のみの集団の中で年少の者が女装して芸能を行い、上位の者に奉仕する(性的奉仕を含む)という形態は、日本の中世寺院社会の師僧と稚児の関係に類似している。稚児もまた芸能が必須だった。

こうした類似から、男寺党の芸能とセクシュアリティの在り方は、仏教が盛んだった統一新羅時代、高麗時代(九一八〜一三九二)の女人禁制の寺院文化に起源があり、それが朝鮮王朝の廃仏政策によって、寺院の保護を失って漂泊芸能集団化したのではないかと推測される。

もうひとつ指摘しておきたいのは男巫との関わりである。男寺党の公演で最初に演奏される打楽器曲「風物儀」は、収穫を天に祈る農耕儀式でシャーマンが舞うときに奏せられるもので、巫俗儀礼の音楽だった。また、「聞き書」が巫堂(シャーマン)と男寺党の隠語に共通性が高いことを指摘している。これらのことから、男寺党と巫堂との起源的関係が想起される。

朝鮮半島の巫俗は女巫が中心だったが、数こそ少ないが男巫《バクスー》もいて、しかもその男巫がしばしば女装したことが『朝鮮王朝実録』などに見える〔柳 1976〕。

一三九八年（太祖七）、卜大という人が女服を着て覡（シャーマン）となり、人々を惑わせた罪で死罪になっている（『太祖実録』巻一三、太祖七年四月四日条）。また一五〇九年（中宗四）には、南方で男が巫（シャーマン）の仕事をし、年少で髭がない者が女服を着て化粧をし、士族の家に出入りしていることが見える（『中宗実録』巻八、中宗四年六月四日条）。その四年後の一五一三年には、全羅道の観察使が同様に、髭のない若者が女服を着て白粉を塗り化粧をして他人の家に出入りし、夜は女巫と共に同じ部屋に座し、人妻を姦淫するなど風俗を乱していることを報告している（『中宗実録』巻一九、中宗八年一〇月三日条）。一五〇九年の記事で「南方」というのは、全羅道である可能性が高い〔浮葉 2017〕。

二〇世紀になっても、下着のみだが女装している男巫がいたことが報告されている〔秋葉・赤松 1938〕。さらに、韓国の巫俗を研究している浮葉正親は、二〇世紀末の韓国光州市の二人の男巫（IさんとSさん）の事例を紹介している〔浮葉 2017〕。二人ともセクシュアリティは男性同性愛で、Iさんは降神のときだけ女装、Sさんは日常生活も含めフルタイムの女装である。興味深いのはIさんが死んだ姉や姪が巫儀や占いを助けていること、二人とも「女神が憑いている」と語っていることで、シャーマンとしての特異な能力の根源に男と女が重なる「双性性」が意識されている。まさに「双性原理」の典型である。

また、この事例が全羅道の光州市で取材されていることは、先の『中宗実録』の記載と合わせて興味深い。どうも、朝鮮半島における女装する双性の男巫は南方系の文化(長江流域から水田稲作農耕の文化とともに半島西海岸に渡来?・)なのではないだろうか。

先に述べた性別越境者の職能が宗教的職能(シャーマン)をベースに芸能、飲食接客、セックスワークへと展開していく例がしばしば見られる(第2章参照)ことを考えると、男巫と男寺党の関係も無視できないものがある。しかし、これ以上、史料的にたどることは難しそうだ。

おわりに

女装の稚児ピリをめぐる男寺党のセクシュアリティは、朝鮮半島の歴史で確認できるほとんど唯一の男性間性愛文化である。個人の欲望としての男色はあったかもしれないが、システム(制度)的な男色文化は他に見当たらない。

ただし、それは社会の最底辺に位置づけられ農村を漂泊する芸能集団の中で行われたものである。朝鮮王朝と時代が重なる江戸時代の日本の大都市(江戸・京・大坂)で陰間茶屋が繁盛し、また中国清王朝の都・北京で「相公」たちが貴顕の酒席や枕席に侍っていたような都市的な男色文化の華が開いた状況とは大きな相違がある。

「男女七歳にして席を同じうせず」(『礼記』内則)と男女の別を重んじ、男系子孫を残すことをなによりも重視した教条的な儒教社会である朝鮮王朝においては、男女の別をあいまいにする異性装者や、基本的に子孫を残そうとしない同性性愛者は、厳しく抑圧・差別された。また、朝鮮王朝では商品流通、貨幣経済の発展が大きく遅れていたことが、女色、男色を問わず都市的な買売春システムの成立を妨げた要因だと思う。

しかし、そうした厳しい社会状況下にあって、最底辺とはいえ、男寺党が性別越境者や同性性愛者にとっての数少ない生存の場になっていたことは、間違いないと思う。

韓国では、前近代の性的マイノリティの存在形態に触れた研究は、残念ながら日本や中国に比べて乏しいように思う(少なくとも日本には伝わっていない)。しかし、そうした人々が存在しなかったはずはない。そうした意味で、男寺党の男色文化は、朝鮮半島の性的マイノリティの歴史の一形態として、一定の評価をすべきだろう。

二〇一三年の「ソウル合宿」では、ハ・リスがかつて勤めていた店、梨泰院の「ヨボヨボ」(日本のニューハーフ・バーに相当)はすぐに見つかったが、タプコル公園の東側一帯(楽園洞の南東部)にあるというゲイ系の店を探すのはけっこう大変だった。ようやく見つけた店(ゲイバー)の扉に貼られたレインボーフラッグ・シールの小ささに、現代韓国における性的マイノリティの現状は、欧米はもちろん日本と比べても、厳しいものがあることを実感した。

その後、韓国では、同性愛やトランスジェンダーを認めないキリスト教右派の勢力が伸長し、ソウルをはじめ、主要都市で行われていたLGBTパレードの開催が困難になっていると聞く。

彼／彼女たちが韓国社会でより生きやすくなるためにも、今後、性的マイノリティの歴史研究が深まり、社会状況が改善されることを、当事者の一人として願っている。

IV

歴史の中の多様な「性」

第14章 「伝統的」な「性」の在り様とは何か？

はじめに

この本では、多様な「性」の在り様を歴史の中から掘り起こすことに努めてきた。同時に歴史は常に現代につながっていることも意識してきた。歴史を学ぶことは、過去から現在に至る道筋を知り、それによって今の立ち位置を確認し、さらに未来への道筋を探るためにあるという、若き日に歴史学徒として教えられたことを忘れないようにしてきたつもりだ。

最終章では、そのことを踏まえて、「伝統的」な「性」の在り様とは何か？ ということを考えてみたい。

1 「男色大国」・「性別越境王国」としての日本

二〇二一年、あるテレビ局から「宣教師フランシスコ・ザビエルが日本の大名の男色趣味に激怒した話について解説をお願いします」という依頼がきた。微妙に専門が違うのだけど……、と思いながらも引き受けた。

ザビエルは、一五〇六年に現在のスペイン王国の一部であるナバラ王国で生まれた。カトリックの数ある修道会の中でもっとも「精鋭部隊」とされるイエズス会の創立者の一人である。彼は一五四九年に薩摩国坊津《ぼうのつ》に来航し、日本にキリスト教を伝えた最初の人になった。その後、キリスト教布教の後援者を求めて、一五五〇年一一月、周防国(現：山口県)の有力大名・大内義隆《よしたか》に謁見した。

その時、事件が起こる。ザビエルが義隆の面前で「男色を行なう人間は豚よりも穢らわしく、犬やその他の道理を弁えない禽獣《きんじゅう》よりも下劣」と、日本の男色習俗を厳しく批判したのだ。

この話は、ルイス・フロイスの『日本史』(一五八六年頃完成)に記されていて、ザビエル自身のイエズス会宛書簡(一五五二年一月二九日付)には、記されていない。しかし、ザビエルに同行したジョアン・フェルナンデスが「(ザビエルが)山口の王に対してはその罪を責むること激しく、生命の危険ありき」と話していること(一五五八年一月、ベルショール・ヌネスの書簡)が傍証になる。

当時の日本の大名にとって、男色(ここでは大人の男性と少年の性愛)は通常的なもので、まして大内義隆は男色好きだった(と伝えられる)人物で、もしかすると、宣教師の前で側近の小姓といちゃいちゃたわむれたのかもしれない。

キリスト教、とりわけ神の教えに忠実なイエズス会士にとって、旧約聖書で明確に禁じられている男性間の性愛は絶対に容認できない悪徳である。ザビエルが大内義隆の男色好みに驚き、ブチ切れるのも当然だった。

逆に大内義隆にしてみれば、特別な配慮で正体もよくわからない異国人との接見を許してやったにもかかわらず、いきなり「禽獣よりも下劣」と厳しく批判されては、「追い返せ！」と激怒するのも当然だ。

つまり、スペインと日本の「ＬＧＢＴ」に関する最初の出会いは、いたって剣呑《けんのん》だった。キリスト教関係者が、日本の中世末期〜近世初頭の男色習俗に驚き批判している文献は他にもある。

たとえば、一五七九年（天正七）に来日したイタリア人宣教師、アレッサンドロ・ヴァリニャーノは「彼らはそれ（男色）を重大なことと考えていないから、若衆たちも関係のある相手もこれを誇りとし、公然と口にし、隠そうとはしない」（『日本巡察記』）と批判している。

また、宣教師ではないが、一六一九年（元和五）来日の第八代オランダ商館長フランソワ・カロンも「貴族の中には僧侶並に男色に汚れている者があるが、彼らはこれを罪とも恥ともしない」（『日本大王国志』）と記している。

一六〜一七世紀に来日したキリスト教関係者は、日本の在来宗教である仏教界に「男色の悪徳」が蔓延していることを仏教批判・攻撃の大きな眼目とする作戦だった。日本人にしてみれば「は？それがなにか？」なのだが。ただ、布教の支援者として期待した支配者層（大名やその有力臣下たち）が「男色者」であったことは、大きな驚きであり誤算だったろう。

こんな話もある。すでにキリスト教が禁じられ「鎖国」がなった江戸時代の一六五二年（承応元）、オランダ商館長アドリアーン・ファン・デル・ブルフが江戸に参府してくる。その従者にオロフ・エリクソン・ウィルマンというスウェーデン人の青年がいた。一行は幕府の大目付で外交担当の井上筑後守政重（一五八五〜一六六一）の屋敷にも出向く。その時、井上筑後守はウィルマンに目を止めた。そして、側に呼び寄せ酒杯を勧めながらささやく「お前が気に入った」と。ウィルマンは、男色の罪によって、火や硫黄が四つの都市に降りそそぎ滅びたことを語り拒絶する。それを受けた井上筑後守は「ほう、それなら日本中に火をつけねばならないな」と言った〔井上 2015〕。

異国の青年に言い寄る幕閣要人、それに対して旧約聖書を引き合いに出して懸命に拒絶するキリスト教徒の青年、こんなよくできたコントみたいなやり取りをしていたのだ。

要は、キリスト教の性規範と、中世末期〜近世初期の日本の性規範（&性行動の現実）は、極端に違っていたのだ。宣教師も商館長もヨーロッパから極東までの長い道のりで寄港するさまざまな国の性愛文化を見聞してきたはずだ。それらの国の中で、とりわけ男色文化が盛んなのが日本であったことは、どうも間違いなさそうだ。

「日本社会の伝統」というのなら、前近代において、日本は世界に冠たる「男色大国」であったことを忘れてはならない。

ちなみに、男色を行う人間を「豚よりも穢らわしい」と罵ったザビエルの故国、スペインは、二〇〇五年、同性婚を法律で認める世界で三番目の国になった。

世界に冠たる「男色大国・日本」の話をすると、「それは江戸時代までの話で、日本の伝統とはいえない」という反論が出てくる。たしかに江戸における男色文化の全盛は一八世紀までで、一九世紀に入る江戸後期にはあきらかに衰退の様相を見せる。しかし、「男色大国」の中の「男色王国」ともいうべき薩摩藩が戊辰戦争の勝者となり、明治維新の立役者となったことで、また状況が変わってくる。

明治の俳人正岡子規に「遣羽子《おいばね》や　邪魔して過る　白袴隊《びゃっこたい》」という句がある（一八九九年〔明治三二〕）。お正月の晴れ着姿で羽根つきをする少女たちには目もくれず、美少年を追い掛け回す連中「白袴隊」が幅をきかすような時代になる（第5章参照）。

こうした学生が担い手となった男色文化は、学校教育の普及とともに、全国の（旧制）中学・高校や軍人の養成学校に広がっていった。

明治時代だけでなく昭和戦前期まで、あちこちの学校で上級生が下級生の美少年に目をつけ、恋文を送ったり、口説いたり、さらには寄宿舎のベッドで襲ったりという行為が頻発していた。それは新しく導入された「同性愛」ではなく、あくまで「男色」文化の系譜を引くものだった。谷崎潤一郎賞を受賞した加賀乙彦『帰らざる夏』（一九七三年）は、終戦時に陸軍幼年学校の生徒だった一六歳の少年が主人公だが、終戦を告げる天皇の玉音放送を聞いた後、「念友」（男色関係）の幼年学校の先輩と共に自決してしまう。

学生文化としての男色文化の衰退が決定的になるのは、戦後の中学・高校の男女共学化を待たなければならない。それでも各地の私立男子高や、北関東・南東北の県立男子エリート高などでは、そうした気風が残っていた。

日本近代の学生文化に男色文化が濃密にまとわりついていたことは、旧制中学・高校の卒業生なら、実体験、あるいは見聞として知っているはずである。しかし、戦後に強まった同性愛嫌悪の風潮の中で彼らは口を閉ざし、知らないふりをしてきた。そして、その世代の存命者が少なくなった今、ほとんど忘れ去られようとしている。

たとえば、「硬派」「軟派」という言葉がある。「硬派」は、現在では質実剛健で恋愛にストイック(自己規制的)な青年というニュアンスで用いられるが、本来は少年を追いかける「男色好み」の意味だ。「軟派」は現在では「ナンパする」(街で女性に声をかけて誘う)という動詞形で使われることがほとんどだが、本来は好んで遊廓に通うような「女色好き」の青年を意味する(森鷗外『ヰタ・セクスアリス』一九〇九年)。

明治大学文学部の「ジェンダー論」の講義で、そんな話をしたら、講義の後、いかにも運動部らしい体つきの男子学生がやってきて「自分は今までずっと「硬派だ」と周囲の人に言ってきました。今日の先生のお話を聞いてとてもショックでした。どうしましょう」と言う。見れば、心なしか顔が青ざめている。かわいそうなので「さっき説明した硬派＝男色の意味は、もうだれも知らない死語だから大丈夫ですよ」と言ってあげた。この学生は、たまたま変な先生の講義を受けて、「硬派」の本来の意味を知ってしまったので、もうやたらとは使わないだろうが、知らずに「硬派」を自称している男子学生はまだまだいるに違いない。

さて、世界に冠たる「男色大国・日本」の話をすると、「いや、現代の日本では、同性愛者はこんなに差別されている。日本が歴史的に同性愛に寛容だったなどと言うのは、けしからん！」と同性愛の「活動家」からお叱りを受ける。「活動家」だけではない。研究者の中にも、「男色」と「男性同性愛」を漠然と、あるいは疑うことなく同じものとして、ほとんど同義語のように使う人もいる。はっきり言ってかなり軽薄だと思う。学問とはそうした思い込みを排することから始まるはずだからだ。

よく聞いてほしい、私が言っているのは「日本は欧米キリスト教国に比べて男色に寛容だった」と言っているのであって「同性愛に寛容だった」とは言っていない、「男色」と男性同性愛が異なる概念であることは何度も述べた（第1章など）。

そもそもの話、前近代において、「男色」の能動側になる大人の男たちが、受動側になる「若衆」を「同性」と考えていたか、かなり疑わしい（その点は若衆側も同様）。

なぜかと言えば、前近代の日本では「同性」という言葉はほとんど使われていないからだ。そもそも「性」という言葉にsexもしくはgenderという意味がなかった。「性」は「しょう」であり、和訓すれば「さが、たち」である。「本性《ほんしょう》」とか「習性《ならいしょう》」という言葉があるように「そのものの本質・属性」という意味だ。あえて言えば、その「本質・属性」の一部にsexもしくはgenderが含まれることがあるかもしれないが。「性」にsexもしくはgenderという意味が入ってくるのはだいたい幕末以降のことである〔斎藤2004〕。

だから仮に「同性」という言葉があったとしても、それは「どうしよう」と読んで「同じような属性を持っている人」という意味にしかならない。「同じように仁義に篤い人」とか「同じようにそそっかしい人」とか。

つまり、前近代の日本では「同性愛」という概念は存在しない、いや、し得ないと言った方がいい。男性同士の性愛は「男色」として概念化されていたが、それは成人した男性と元服前の少年の関係が主で、成人男性同士の性愛を中心とする「男性同性愛」とはかなり異なる。「男色」は文化的、環境的な要素が強く影響していて後天的かつ可変的である。それに対して「同性愛」は先天的かつ不変的とされている。「男色」と「男性同性愛」は似て非なるものなのだ。そこらへんをしっかり認識してほしい。

前近代から近代を通じて、日本では、男性同士で性行為をしたというだけの理由で死刑になった人は(記録に残る限り)一人もいない。なぜならそれを罪に問い、刑罰を科す理由(倫理的・法的根拠)がどこにもないからだ。江戸時代以前の日本は身分制社会であり、そこには様々な差別があったが、少なくとも同性間性愛を理由にした差別はなかった。

それに対して、ヨーロッパのキリスト教圏ではどうだったか。

ベルギー北西部、フランデレン地域のルッヘという都市で、一三八五年から一五一五年までの一三一年間に「男性間性愛」の罪で摘発された事例が一〇二件あり、死刑九〇件、罰金刑三件、身体刑九件に処されたという記録がある〔ボーネ 2013〕。計算すると、一年に〇・七八件、一・三年に一件となり、摘発件数の多さに驚く。同時に、摘発された場合の死刑になる率が八八％というのも怖ろしい。死刑にならず身体刑（髪を焼き、鞭《むち》打ちの後、追放）で済んだのは女性や未成年なので、成人男性の場合は、ほとんど死刑だった。

わずか一都市の数字だが、キリスト教の規範に基づく中世ヨーロッパ社会が、同性間性愛にきわめて厳しい社会であったことがよくわかる（第3章参照）。

逆に言えば、長い古代・中世・近世社会を通じて、一人の同性間性愛者も処刑しなかった「日本の伝統」を、もっと誇って良いと思う。

前近代の日本には同性間の性愛を禁じる規範はない、と言うと、古典に詳しい方からは、『日本書紀』神功皇后摂政元年二月条に見える「阿豆那比《あずない》の罪」はどうなのだ？　という指摘があるかもしれない。小竹祝《しののはふり》と天野祝《あまののはふり》は仲の良い友人だったが、小竹祝が病で死んでしまい、悲しんだ天野祝は「別のところに葬られたくない」と、小竹祝の骸《むくろ》の上に倒れて死んでしまう。願い通り二人を合葬したところ、昼なのに夜のような暗さが続いた。そこで、皇后が古老に問うたところ「阿豆那比の罪です」と言うので、墓を開いて二人の骸を別々に改装したところ、光が復したという話だ。

たしかに「阿豆那比の罪」を男色の禁忌とする解釈は、江戸時代後期の国学者・歌人岡部東平《はるひら》（一七九四〜一八五七）が「阿豆那比考」（一八四二年）で唱えて以来受け継がれ、現在でもその説をとる研究者はいる。しかし、『書紀』の原文には「（阿豆那比の罪とは）何のことか？」という神功皇后の問いに対して、古老が「二社の祝《はふり》を合葬したことでしょう」とはっきり答えているので「阿豆那比の罪」を男色の罪と解釈する余地はなく、通説通り、異なる共同体の祭祀を担う祝(神官)を合葬することの禁忌と見るべきである〔難波 2014〕。「阿豆那比の罪」を男色の禁忌とする説の流布には、近・現代の同性愛嫌悪が投影されているように思う。

では、性別越境についてはどうだろうか。

尾張名古屋の熱田神宮といえば、ヤマトタケル愛用の草薙剣《くさなぎのつるぎ》を御神体とする全国でも有数の著名な神社だ。その熱田の神の化身が「長恨歌」で有名な唐の玄宗皇帝の寵妃楊貴妃だという話がある。『長恨歌弁琵琶引私』という室町時代の写本には「玄宗ノ日本ヲ攻テ取ラントスル処ニ、熱田明神ノ美女ト成リテ、玄宗ノ心ヲ迷スト云」とあり、熱田の神が美女楊貴妃となって、玄宗皇帝の心を蕩《とろ》かし、日本侵略の意図を挫折させたということになっている。

これは「大国の　美人尾州に　跡を垂れ」という川柳があるように、江戸時代には旅案内書などにも記されていた、かなり知られた話で、熱田神宮境内には「楊貴妃の墓」と称する石塔があって、ちょっとした名所になっていた。もちろん、現代の熱田神宮は、この話を荒唐無稽なものとしていっさい認めていない。墓石の一部と伝えられる石材が、境内の清水社の背後の水場に残っているだけだ。

熱田の神が楊貴妃という女性になるという発想は、熱田神宮と深い縁をもつヤマトタケルの「熊襲征伐」における女装譚が発想のベースになっているように思うが、神道においても、女身転換や女装は禁忌ではなかったことがわかる〔三橋 2008a〕。

仏教はどうだろう。これは長い説明をする必要はない。日本でもっとも民衆の信仰を集めた観世音菩薩（男性）の三三化身のうちの六化身は女身である。菩薩が女性になるのだから、仏教が性別越境を拒絶するはずはない。

つまり、日本は世界に冠たる「男色大国」であるだけでなく、神も菩薩も性別越境する「性別越境王国」でもあるのだ。「日本の伝統」にこだわる人たちは、ぜひこのことをもっと宣揚してほしい。

彼我の社会の違いは、過去だけでなく現代も続いている。拙著『女装と日本人』の序章「日本人は女装好き？」で、欧米や韓国から来日した女装者が異口同音に「日本は（女装者にとって）パラダイス」と語っていることを紹介した。「夜の街を安全に歩ける」「レストランに入っても追い出されない、ちゃんと応対してくれる」「仲間が集まれる店がある」。正直言って、「パラダイス」はやや大袈裟だと思うし、一九九〇年代後半のことで現状は変化しているかもしれないが、世界との比較という点で、こうした声は軽視されるべきではない。

とくに、安全であること、もっとはっきり言えば、殺されないことは、トランスジェンダーにとって、とても重要である。法制度が整っていても、大勢のトランスジェンダーがトランスジェンダーであるということだけで殺される国が世界には数多くあるからだ。

この点では、ヨーロッパを中心とするトランスジェンダーの人権擁護団体であるＴＧＥＵ（Transgender Europe）が作成した「トランスジェンダー殺害データ」が参考になる。これは、二〇〇八年から毎年、インターネット上のニュースなどから収拾したトランスジェンダー殺害事件の統計である（ニュースにならなかった事例はもっとずっと多い）。

それによると、二〇二〇年一〇月〜二〇二一年九月の一年間では三七五人が殺された。二〇〇八〜二〇二一年の一三年間に、世界でわかっている限りで四〇三九人のトランスジェンダーがHate Crime（憎悪犯罪）の犠牲になり、トランスジェンダーであるという理由だけで殺されている。

中南米が七九％と圧倒的に多く、北米（カナダは少ないのでほとんどはアメリカ）も七・五％を占め少なくはない。実際、二〇二〇年六月九日にはフィラデルフィア市で黒人のTrans-womanの殺害遺体が発見されるなど、全米でだいたい年間二〇〜三〇人が殺されている。

では、日本は？　TGEUの統計では「総計一人（二〇一五年一人）」となっている。一三年間で一人だけだ。これは二〇一五年一一月の「東京福生市トランス男性不審死事件」をカウントしたものと思われる。しかし、この事件は、当初、殺人事件の疑いがあると報道されたが、結局、病死（薬物の過剰摂取？）で、殺人事件ではなかった可能性が大きい。それより、二〇一一年一〇月の「軽井沢ニューハーフ死体遺棄事件」をカウントすべきだと思う（容疑者の暴行と死因との関係が証明できず、殺人罪では不起訴になったが死体遺棄罪で有罪）。それ以前の新聞報道においても、トランスジェンダーがトランスジェンダーであることを理由に殺害された事例は、日本ではほとんど確認できない。

数字がはっきり日本の安全度を物語っている。日本は、トランスジェンダーにとって世界で一番安全な国なのだ。

この話をすると、「「殺されない」なんて当たり前のことで、取り立てて日本社会の良い点とは言えない」とお叱りを受ける。そうだろうか？ 私のように夜の新宿・歌舞伎町で「女」になったトランスジェンダーにとって、トランスジェンダーであるということだけで暴力を受けない、殺されないことは、とても重要だった。その点、安全な室内の机の上だけで勉強している人たちとは感覚が違うのだろう。

あとは、就労差別さえ改善されれば、日本はトランスジェンダーにとって住みやすい社会になると思う。

歴史的にも現状も、トランスジェンダーが殺されない安全な国であるということを、もっと誇っていいと私は思う。当然のことだが、日本社会の過去・現在はすべてが悪いわけではなく、良い点も悪い点もある。数字に明確な客観的な良き「伝統」と現状は、しっかり評価されるべきだ。

2 同性婚をめぐって――「日本社会の伝統」って何？

二〇二二年四月現在、同性パートナーシップ制度を導入している自治体は二〇九になった。二〇一五年一一月に東京都渋谷区・世田谷区で始まったこの制度は、わずか七年でここまで拡大した。このうち、茨城県、大阪府、群馬県、佐賀県、三重県、青森県、秋田県、福岡県は府県単位で実施している(二〇二二年一一月には最大の自治体である東京都が実施予定)。二〇ある政令指定都市のうち一七が実施済で、どこが最後になるか注目されている状況だ。同制度を実施している自治体の人口は、日本の総人口の五〇％を超えた。

しかし、日本の「ＬＧＢＴ運動」が目指すところは、法的な実質に乏しい同性パートナーシップではなく、あくまで「婚姻平等」の達成、同性婚の法制化にある。同性パートナーシップは、そのための過程(ステップ)である。現在、「婚姻平等」を求める一斉提訴の裁判が各地で進行中で、二〇二一年三月には札幌地方裁判所で、同性婚が認められていない現状は「法の下の平等を定めた憲法一四条に違反」と認定する判断が示された(原告側が控訴したため未確定)。

では、同性婚に対する民意はどうかというと、『朝日新聞』二〇二一年三月の世論調査によると、全体では六五：二二で「同性婚を法律で認めるべきだ」とする意見が多くなっている。年代別では、若年層ほど「認めるべきだ」の比率が高く一八～二九歳は八六％、三〇代は八〇％、六〇代ですら六六％が「認めるべきだ」と答えている。ただし、七〇歳以上だけは「認めるべきではない」が四一％で「認めるべきだ」の三七％を上回っている。現状の世論は、すでに「同性婚を法律で認めるべきだ」が明確に多数派なのだ。

とはいえ、自民党の一部議員をはじめ同性婚の法制化に反対する動きも根強い。その理由として、単純なホモフォビア(Homophobia：同性愛嫌悪)を除けば、①少子化が加速する、②日本社会の伝統にそぐわない、の二パターンに整理できるように思う。

①については、同性パートナーが公認されようが否認されようが、先天的要素が強い同性愛者の数には変わりはなく、また同性愛者は性愛の対象が異性に向いていないので、一般的な形で子を作

ることが少ないことにも変わりはない。そもそも同性愛者は全人口の約二％しかいないので、少子化の加速にはほとんど影響しない。それを心配するなら、約九八％いるはずの異性愛者の出生率を少しでも上げる方策を考えた方がずっと有効性が高い。むしろ、同性婚を公認すれば、レズビアン（女性同性愛者）カップルが第三者の精子を使って妊娠・出産することが増えて、出生率の向上にわずかながらも寄与するだろう。

ということで、①の反対理由は簡単に論破できるのだが、②はどうだろうか。ここで問題になるのは「日本社会の伝統」とは、いったい何なのか？　ということだ。

私は、二〇一三年に「性と愛のはざま——近代的ジェンダー・セクシュアリティ観を疑う」という論文を『岩波講座　日本の思想　第5巻　身と心』に執筆した（第1章）。内容をごく大雑把に要約すると、私たちが「常識」としてもっているジェンダー・セクシュアリティ観は近代（明治期以降）に形成されたもので、前近代（江戸時代以前）のジェンダー・セクシュアリティ観はそれとはかなり大きく異なる、という話だ。

どう異なるかは第1章を参照していただきたいが、前近代と近代の間にジェンダー・セクシュアリティ観の大きな変容があったとするならば、「日本社会の伝統」とは、そのどちらを指すのか？ということになる。前近代のそれをイメージするのか、近代以降のことなのかで、「伝統」の内実は大きく異なってくる。

ここに一枚の錦絵新聞がある（『東京日日新聞』錦絵版、明治七年〔一八七四〕一〇月三日・八一三号）。錦

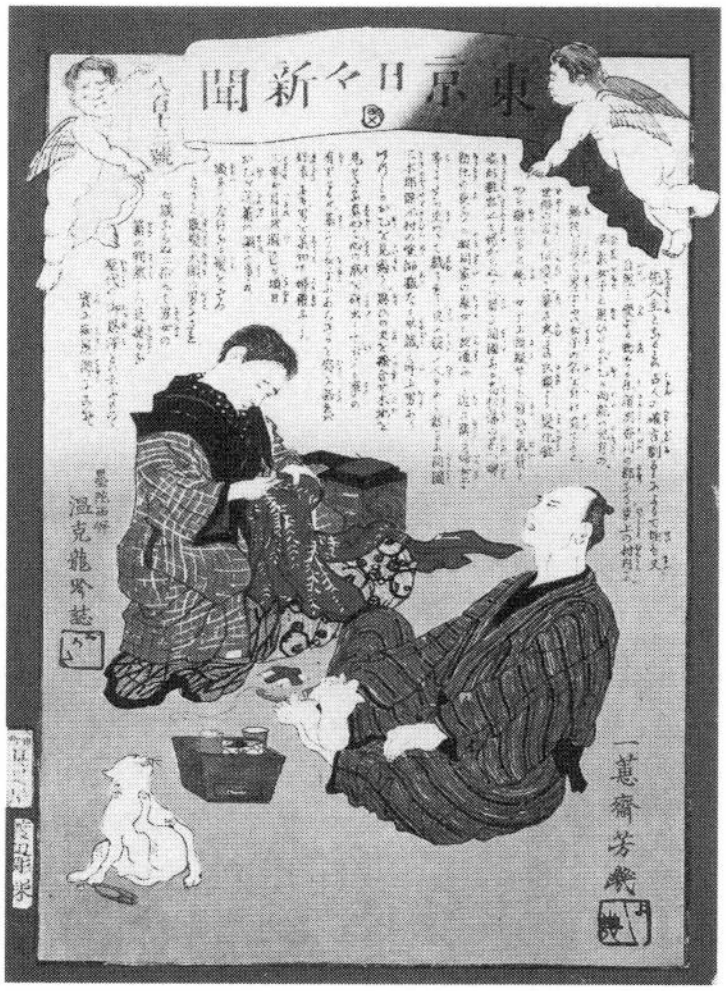

図14-1　『東京日日新聞』813号
明治7年(1874)10月3日号(錦絵版)

絵新聞とは明治時代初期の数年間に発行された絵入り一枚刷りの新聞のことで、江戸時代以来の木版多色刷りの浮世絵（錦絵）に絵解き的な文章が添えられている。新聞といってはいるが、画像で読者を引き付けるという点で、メディアとしては、むしろ現代の写真週刊誌に近いかもしれない。

時は「ご維新」の政治的混乱もようやく一段落した一八七四年（明治七）、所は香川県三木郡保元村（現在地不詳、カモフラージュされているのかも）の塗師《ぬりし》早蔵の家の居間。緋色の長襦袢を繕う妻のかたわらで、胡座《あぐら》をかいてあくびをする夫、白猫がのんびりと首をかき、一日の労働を終えた夕べ、夫婦のくつろいだ一時が感じられる。しかし、何かが違う。本来なら丸髷（既婚女性の髪形）に結われているはずの妻の髪が、ばっさり切られてザンギリ頭になっている。いったい何が起こったのだろうか？

明治新政府は一八七一年（明治四）四月に戸籍法を発布し、翌年には全国一律の戸籍作成に着手する。いわゆる壬申戸籍である。三木郡役所でも早蔵を戸主として新たな戸籍を作成することになり、妻お乙の出生地である香川郡東上村（現：香川県高松市）に問い合わせたところ、お乙が一八五〇年（嘉永三）に同村のある夫婦の間に生まれた乙吉という男性であることが露見してしまった。

男性を妻として戸籍を作るわけにはいかない。早蔵の家を管轄する戸長は「乙は元来男子なり。何ぞ人家の婦と成ることを得んや（乙はもともと男性である。どうして一家の主婦となることができようか）」と二人を説諭し、丸髷に結っていたお乙の長い髪を切ってザンギリの男頭にし、早蔵とお乙との結婚は無効にされてしまった。

お乙については、第7章で「とりかえ児育」の事例として紹介した。男児に生まれながら女児として育てられ「娘」として成人したお乙は、早蔵から求婚されたとき、自分が女子ではないことをカミングアウトし、早蔵はお乙が男子であることを承知の上で結婚し、三年間、平穏に暮らしていた。だましたわけでも、だまされたわけでもなく、周囲の人も事実を知ってか知らずか、二人を夫婦として受け入れていたと思われる。

つまり、この錦絵新聞は、明治最初期に実質的な同性婚が日本に存在していたことを示している。同時に、男性と女装男子の平穏な夫婦生活、早蔵・お乙の小さな幸せを破壊したのが戸籍という近代的な制度だったこともわかる。

お乙と早蔵の結婚は、ジェンダー的には異性婚、身体の性別としては同性婚ということになるが、そうした異性婚か、同性婚かという分別もまさに近代的思考である。二人が好き合っていっしょに暮らし、周囲の人もお乙の素性に薄々気づいていても二人の関係を認めていたのなら、それでいいのではないか。

全国一律の戸籍制度は、国家が個別的な人身把握を徹底化し、それに基づいて婚姻・家制度を確立し、徴税・徴兵など近代国家システムを遂行する上で不可欠のものだった。厳格な近代戸籍制度のもとでは、男児として生まれながら女子として生きる女装男子や男装女子のような「あいまいな性」の人や、男性と女装男子、あるいは女性と男装女子の「夫婦」が存在できる余地はなくなってしまった。

逆に言えば、江戸時代には、そうした余地があったということだ。平安時代の前期(九世紀)に律令制に基づく戸籍制度が崩壊して以来、日本では国家が婚姻を厳格に把握するシステムは存在せず、慣習法に基づく事実婚に近い形が長らく行われてきた。

江戸時代の人身把握は、町・村ごとに町年寄・名主や庄屋が作成し管理する宗門人別改帳によって行われていた。ある男女が祝言をあげた場合、妻の名と年齢、そして檀徒として属する寺院名などが、宗門人別改帳の夫の脇に書き加えられる。しかし、実際にはかなりルーズで、名は記されず「女房」とだけ記される場合もあり、出生地の檀那寺への確認も必ずしもされなかった。そうした緩いシステムが、お乙のような「あいまいな性」の人の存在を許していた。

お乙のその後については、一般紙面の末尾に「此頃聞く、手巾を以て其頭を包み、座して縫針の業を把《と》れり」とあり、錦絵新聞の絵の通りなら、お乙の性別が周囲に露見した後も、二人はいっしょに住み続けたことになる。私としてはせめてそうであってほしいと思う。

近代戸籍制度が確立されたことで、法的には同性婚は不可能になった。ということは、同性婚の法制化に反対する人々の意見②の「日本社会の伝統」とは、近代以降のことを指すことになる。しかし、前近代（律令国家の成立から数えても）一二〇〇年余の形を否定して、近代一五〇年足らずの形を「日本社会の伝統」とする思考法は、歴史研究者である私にはとうてい納得できない。

さて、法的には不可能になっても、近代以降も事実婚的な同性「夫婦」は存在していたようだ。たとえば、私が子供の頃（一九六〇年代）、小学校の女性教員二人がいっしょに暮らしている家があった。一人の先生はいつもズボン姿の短髪で、かなりおじさんぽかった。もう一人は私の小学校の先生で普通に女の先生だったが、その先生と同僚だったことがある母の話では女子師範学校の先輩・後輩で、ずっといっしょに暮らしているとのことだった。当時は、そんな言葉は知らなかったが、今にして思うと、女性同性愛（レズビアン）のカップルだったのではないかと思う。きっと、同じような事例は各地にあったのではないだろうか。

図14-2　男性と女装男性の結婚式（1967年）

あるいは、一九六七年に撮影された男性と女装男性の結婚式の写真がある。「花嫁」は文金高島田に角隠しを掛けた打掛姿で、ちゃんとした結婚式場で撮影されたものだろう。モーニング姿の新郎はホテル経営者で、それなりに社会的地位のあった人と聞いている〔杉浦・三橋 2006〕。

また、私自身、一九九九年三月に男性と女装男性の結婚式・披露宴に出席したことがある。場所は、大阪城の近くの「太閤園」という一流の結婚式場で、式場側も普

図14-3　男性と女装男性の結婚式（1999年）．中央は筆者．

通の男女の結婚式ではないことは察していたと思うが、何のトラブルもなかった。

その少し前の一九九八年一一月には、川崎市の若宮八幡宮・金山《かなやま》神社で、男性同性愛（ゲイ）のカップルが同神社の中村博彦宮司（当時）の執行のもと、神前結婚式を挙げている（『日刊スポーツ』一九九九年一月二一日）。

二〇一三年三月、女性同士のカップルが「東京ディズニーシー」で結婚式を挙げたことを、マス・メディアはウエディング・ドレス姿の二人の写真に「ミッキーも祝福」というキャッチ・コピーを添えて大きく報じた。

しかし、実は、それ以前にも、日本では同性挙式は行われていたし、事実婚的な同性婚も少ないながら存在していた。そういう事実を知っている者としては、今さら何を騒いでいるのだ、という気もする。

では、なぜ、日本では同性挙式が可能だったのだろうか。それは、日本の婚姻が、欧米キリスト教社会のような神との契約ではなかったからだ。日本の神社で神前結婚式が行われるようになるのは明治時代後期以降のことで、一九〇一年（明治三四）東京の神宮奉賛会（現：東京大神宮）が「神前結婚式」の様式を定め模擬結婚式を開催したのが最初である。儀礼は、皇室の婚儀やキリスト教会での式を参照・模倣したものだった。それ以前には、神社の神前で結婚の誓約をするという発想はなく、天照大神も出雲の大神も八幡大菩薩も人々の結婚に関わることはなかった。結婚は共同体の人々の前で、慣習的な儀礼によって成立するもので、祖先神や屋敷神、あるいは共同体の神に挨拶する程度のことはあっても、神に誓約するものではなかった。

これに対して、欧米の教会で行われる結婚式は、当人同士の誓約であるだけでなく、そこに神が立ち合い、誓約に介入する。結婚は神との契約という性格をもち、だからカトリックでは神との約束を破ることになる離婚は認められなかった。

そして、キリスト教の結婚式では、神の教えを記した聖書（旧約・新約）は必需である。その「旧約聖書」には「女と寝るように男と寝る者は、ふたりとも憎むべき事をしたので、必ず殺されなければならない」（「レビ記」第二〇章一三節）と、男性同性愛への厳しい禁忌が明記されているのだから、同性結婚式ができるはずはなかった。

それに対して、日本の伝統宗教（神道・仏教）には、同性愛的なものを否定し拒絶する規範がない。ここらでまとめておこう。

（1）日本の伝統宗教（神道・仏教）には、男色や異性装を禁じる宗教規範がない。故に、非典型なジェンダー・セクシュアリティの在り様が禁止されることはなく、男色や「あいまいな性」の人が存在できる社会だった。

(2)欧米キリスト教社会では、宗教規範として、異性装、同性愛は厳しく禁じられていた。故に、ジェンダー・セクシュアリティの在り様は、厳格な男女二元制、異性愛絶対主義だった。

(3)日本でジェンダー・セクシュアリティの枠組み(社会制度)が男女二元制、異性愛絶対主義の方向で強化されていくのは、明治時代以降である。それでも、実際には同性挙式や事実上の同性婚が行われていた。

普通に「日本社会の伝統」といえば、私は(1)を指すと思う。ところが、なぜか「日本社会の伝統」を強調する人たちは、(1)を無視して、(2)的な形を「伝統」として支持し主張する。しかし、それは「キリスト教社会の伝統」であって、日本社会では、たかだか一二〇〜一五〇年ほどの歴史しかない形態だ。明らかに捻じれているし、「伝統」を無視している。ということで同性婚を否定する理由の②も論破できた。

ＬＧＢＴの人権運動は、なにか新しい特別な権利を得ようとしているわけではない。近代以降のキリスト教的な「伝統」の流入の過程で制約・抑圧された権利をマジョリティと同様のレベルに回復してほしい、性的な多様性を抑圧しなかった日本本来の「伝統」に戻ってほしいだけなのだ。

ところで、今まで述べてきたような日本社会の歴史や「伝統」を、現在、同性婚の実現や「ＬＧＢＴ差別禁止法」を積極的に推進している「活動家」の人たちは、ほとんど知らないか、あえて無視する。同性婚や差別禁止法の実現は、欧米の進歩的な人権思想に裏付けられた最先端のカッコイイ社会現象・運動でなければならないからだ。

歴史や文化への認識の欠落を指摘すると、「活動家」の人たちからは「歴史ではなく、今が大事なのです」「僕たちは今、差別されているんです。歴史は関係ない」という言葉が返ってくる。その気持ち、まったくわからないわけではないが、やはり視野が狭く皮相的(薄っぺら)である。だから、似非《えせ》の「日本の伝統」を主張する人たちに論理的な反論ができないのだ。

そして、そうした単純な欧米追従的な発想と姿勢が、保守層の反発を余計に招いていることに気づかない。そもそも自分たちの先人たちが困難な時代環境の中で苦労して築いてきた性愛文化をリスペクトしない人たちが、世の中の多くの人の共感を得られるだろうか。

「日本の伝統」をやたらと唱える人も、それに反発する人も、どちらも歴史を顧みないという点では同じで、まったく困ったものである。

3 歴史と「プライド」

二〇一〇年代になって、社会状況がかなり変わってきた。二〇一五年頃から日本でも、同性愛者やトランスジェンダーが人権擁護を目的に連帯する「ＬＧＢＴ運動」が活発化する。その結果、日本社会においても性的な多様性(diversity)への関心が高まり、徐々にではあるが、性的な多様性を尊重する方向に社会が動き始めた。まだまだ課題は多いが、この一〇年、状況は間違いなく良い方向に向かっている。

現在の「LGBT運動」の中で、当事者が好む言葉に「プライド（pride）」がある。私は歴史学を学び、歴史に学んできた者として、「プライド」とは歴史に裏付けられたものだと思っている。言い換えれば、歴史あっての「プライド」だと思う。

二〇一九年は「ストーンウォールの反乱」五〇周年ということで、数多くの記念イベントが開催された。「ストーンウォールの反乱」とは、一九六九年六月二八日未明、アメリカ、ニューヨークの「Stonewall Inn」という酒場で警察の過剰な（嫌がらせ的な）取締りに反発した黒人のドラァグ・クイーン（女装のパフォーマンサー）や有色人種の同性愛者が中心になって起こした暴動だ（白人の男性同性愛者はほとんど加わっていない）。現在、アメリカをはじめ多くの国で、「ストーンウォールの反乱」が起こった六月は性的マイノリティの権利擁護のための「プライド月間」になっている。

ストーンウォールを性的少数者の人権運動の原点の一つと見ることに、私も異論はない。しかし、「ストーンウォールの反乱」を日本の「LGBT運動」に直結させるような歴史認識にはかなり疑問を覚えた。

なぜなら、「ストーンウォール」で起こったことは、アメリカ国内でも一般紙の報道はなく、ほとんど知られなかった。まして、日本に伝わるはずはない。アメリカでその歴史的意義が評価され、なにが起こったのかの検証が詳しくなされるのは、一九九四年の「二五周年」がきっかけで、一九九〇年代半ば以降のことだった。当然、それが日本に伝わるのはその後で、私の記憶では一九九五年の秋に出た論文が早い方だと思う〔笹田 1995〕。さらに当事者間で共有されていくのは二〇〇〇年代に入ってからである〔北丸 2021〕。それ以前の日本のゲイ・アクティビズムに「ストーンウォールの反乱」がはたしてどれだけの影響を与えたかはかなり疑問で、検証が必要だと思う。

「ストーンウォールの反乱」を、あたかも我が歴史のように語るのは、反権力的かつアメリカンでカッコイイ。しかし、客観的に考えれば、私たちは、あの夜「Stonewall Inn」で最初に警官隊に煉瓦を投げた（という）マーシャ・P・ジョンソンの末裔ではない。反権力という点で言うなら、一九四八年（昭和二三）一一月二二日夜の上野の森の暗がりで警視総監を殴った（という）「鉄拳のお清」姐さんの末裔なのだ（第9章参照）。そこら辺を勘違いしてはいけない。

なぜ、アメリカの歴史を日本に接続してはいけないかと言えば、それをすると、あるはずの日本の歴史事実が隠蔽され、失われてしまうからだ。たとえば、「ストーンウォールの反乱」と同じころ、つまり一九六〇年代末の日本では「新宿二丁目・ゲイタウン」の形成が進行していた〔伏見 2019, 三橋 2019d〕。男性同性愛者が集まる街としては、おそらく世界で有数に早く、まさに先進的だった。そのことは、現代の日本のゲイの在り様に、「ストーンウォールの反乱」よりも、ずっと直結しているし、大きな影響を与えているはずだ。

歴史に裏付けられた「プライド」を持つには、自分たちの先輩・先人が為してきたことを丁寧に明らかにしていくことが必要だ。書かれたものを集めて読み、「語り」を聞き取り記録化する。地道で手間がかかる作業だが、それしか方法はない。それを怠り、安易に他国の出来事に結びつけては、本当の「プライド」にはなり得ないと思う。

トランスジェンダーについて言えば、日本は建国神話の英雄に女装者がいる国だ。そんな神話を持つ国は他にない。歴史事実的にも、二〇〇〇年に近いトランスジェンダー文化の伝統を持っている。ギリシャ・ローマ的な多様な性愛文化をキリスト教の名のもとに徹底的に抹殺したヨーロッパ諸国や、先住民固有のサード・ジェンダー文化を抑圧し消滅に追いやったアメリカとはあきらかに歴史も社会も異なる。そうした社会の基本構造の差や歩んできた歴史を無視して、なにが「プライド」だと思う。

能も歌舞伎も宝塚歌劇もニューハーフショーも日本の長いトランスジェンダー演劇文化の伝統の上に位置している。トランスジェンダー演劇に親和的な文化をもつ社会ともたない社会の差はかなり大きい。

私たち性別越境者は、日本という国家ができる以前からこの列島にいて、さまざまな困難の中を生き抜き、特有の文化をつないできた。それが「プライド」なのだと思う。

少なくとも私は、物語的にはヤマトタケルの、歴史的には人々に畏敬された双性（ダブル・ジェンダー）のシャーマンの末裔である日本のトランスジェンダーとしての「プライド」をもって生きてきたし、これからもそうありたい。

おわりに――多様性とは豊かさである

ジェンダー・セクシュアリティの多様性は、すでに日本の歴史の中に存在している。根本的な社会規範が異なる欧米にいたずらに追従するのではなく、私たちの先人が歩いてきた道筋をしっかり見つめるべきなのだ。現代日本社会におけるジェンダー・セクシュアリティの多様性は、歴史の中にすでにある性的多様性によって裏打ちされている。

多様な性をもつ人たちを排除・抹殺することなく社会的に包摂してきた「日本の伝統」を踏まえながら、具体的には、国際的な人権規範に則した、婚姻平等(同性婚の法制化)の達成、性的指向とジェンダー・アイデンティティに基づく差別を含む包括的な差別禁止法、および新・性別移行法の制定、トランスジェンダーの就労差別の解消などの施策を早急に進めるべきだ。そうした施策は「日本の伝統」と矛盾するものではない。

私は、一人のトランスジェンダーとして、「私はなぜこうなのだろう?」と自問することから始め、自分と同じような人たちの歩みを遡る形で、性別越境の歴史研究に打ち込んできた。その結果、日本で初めてトランスジェンダーとして大学の教壇に立つことができた。口幅ったいが、自分なりの努力を重ねて日本のトランスジェンダー・スタディーズの基礎を作り、トランスジェンダーの社会進出の学術的な方面での道を切り開いてきた自負はある。しかし、そこまでが限界で、保守的な日本の学界、硬直した大学の人事システムの壁はついに打ち破れず、一介の「野良講師」で終わった。

後に続くトランスジェンダーたちには、もっとずっと先に行ってほしい。幸い、最近、若く優秀な(複数の)Trans-woman が大学の常勤教員職に就くようになってきた。私が切り開いた道は未来に続いていることを確かに感じられるようになり、とてもうれしい。

トランスジェンダーであるからといって、社会的に「門前払い」するのではなく、その人の能力・適性に合った社会的ポジションが与えられるべきだ。トランスジェンダーや同性愛者の人権を尊重し、その能力を活用した方が、社会の総体として利益が大きいと思う。人口減少が進む二一世紀の日本社会には、性的マイノリティの能力を埋もれさせておく余裕はないはずだ。

多様性とは豊かさである。いろいろな「性」の人、性的指向やジェンダー・セクシュアリティを含めたいろいろな属性の人がいてこそ、社会は活性化され発展する。なによりその方が、いろいろ面白いではないか。

二一世紀の日本は、多数派のヘテロセクシュアル(異性愛者)&シスジェンダー(性別を動かさない人)と、少数派のホモセクシュアル(同性愛者)やトランスジェンダー(性別を動かす人)が、お互いの性の在り様を尊重しながら、共生できる社会になってほしい。そのためには何をなすべきか、社会全体がもっと真剣に考える時期に来ている。今こそ変革の時なのだ。

＊「包括的」とは、性的指向やジェンダー・アイデンティティだけでなく、性別、国籍、人種、皮膚の色、言語、宗教、民族、財産、出生、身分に基づく差別を含むという意味。

文献一覧

青山　薫ほか 2021『東南アジアと「ＬＧＢＴ」の政治——性的少数者をめぐって何が争われているのか』明石書店。
赤枝香奈子 2011『近代日本における女同士の親密な関係』角川学芸出版。
秋葉隆・赤松智城 1938『朝鮮巫俗の研究　下巻』大阪屋号書店。
浅田　一 1947『性的犯罪者』東洋書館。
飯野由里子 2008『レズビアンである〈わたしたち〉のストーリー』生活書院。
池田久美子 1999『先生のレズビアン宣言——つながるためのカムアウト』かもがわ出版。
石井達朗 1994『男装論』青弓社。
石井達朗 2003『異装のセクシュアリティ（新版）』新宿書房。
石井達朗・石川武志・三橋順子 1998「ヒジュラに学べ！——トランス社会の倫理と論理」『ユリイカ』一九九八年二月号、青土社。後に石井 2003 に収録。
石川武志 1995『ヒジュラ——インド第三の性』青弓社。
出水郷土誌編集委員会編 1967『出水の歴史と物語』出水市役所。
市川捷護・市橋雄二 1998『中国55の少数民族を訪ねて』白水社。
伊藤　眞 2000「チャラバイ、ビッス、ベンチョン——南スラウェシにおけるトランスジェンダー」『人文学報』三〇九。
伊藤　眞 2003「女の心をもつ「かれら」——インドネシアのチャラバイ」松園万亀雄編『くらしの文化人類学４　性の文脈』雄山閣。
伊藤　眞 2017「ブギス族におけるトランスジェンダー——ビッスとチャラバイ」服藤早苗・新實五穂編『歴史のなかの異性装』勉誠出版。

伊藤眞 2019「ＬＧＢＴとワリアのはざま――南スラウェシにおけるワリアスポーツ芸能大会中止事件から」『社会人類学年報』四五。
井上章一 2015「オロフ・エリクソン・ウィルマンに、井上筑後守政重がときめいた日のこと」井上章一・三橋順子編著 2015『性欲の研究　東京のエロ地理編』平凡社。
井上泰宏 1951『性の誘惑と犯罪』あまとりあ社。
岩崎佳枝 1987『職人歌合――中世の職人群像』平凡社選書。
岩田準一 1930～31「本朝男色考――歴史文学に現はれたる男色」『犯罪科学』一巻三・四・五・七号、二巻一・二・四号。後に『本朝男色考』私家版、一九七三年に収録。
浮葉正親 2017「韓国の男巫の異性装とその歴史的背景」服藤早苗・新實五穂編『歴史のなかの異性装』勉誠出版。
梅棹忠夫 1991「人生八〇年型社会の到来」『梅棹忠夫著作集』第一二巻、中央公論社。
大石幹人 1999「院政期貴族社会の男色意識に関する一考察――藤原頼長にみる男色関係の性格」『福島県立博物館紀要』一四号。
大谷幸三 1984『性なき巡礼――インドの半陰陽社会を探る』集英社。
沖浦和光 1985「(インタビュー)男寺党――日帝の弾圧下を生きぬいて」『部落解放』二二五号。
尾辻かな子 2005『カミングアウト――自分らしさを見つける旅』講談社。
尾上陽介 2003『中世の日記の世界』山川出版社。
掛札悠子 1992『「レズビアン」である、ということ』河出書房新社。
鹿児島市学舎連合会 1970『士魂：薩摩兵児歌』春苑堂書店。
風間孝・河口和也 2010『同性愛と異性愛』岩波新書。
霞信彦 1985「鶏姦規定をめぐる若干の考察」『法学研究』五八―一号。
加藤征治 2003「天保改革における「かげま茶屋」の廃止」『風俗史学』二三号。
門脇むつみ 2021「根津美術館所蔵「邸内遊楽図屏風」について――土佐派系町絵師が描く若衆茶屋での遊興」『根津美術館紀要　此君』一二号。
金沢康隆 1961『江戸結髪史』青蛙房。

金沢康隆 1962『江戸服飾史』青蛙房。
上坂冬子 1984『男装の麗人・川島芳子伝』文藝春秋。
亀井好恵 2012『女相撲民俗誌――越境する芸能』慶友社。
亀山貞義 1898『刑法講義』巻二、講法会。
河合利光 2013「オセアニアの「第三の性」――フィジー・スヴァ市の子供の成長と人格形成の民族誌的事例から」『園田学園女子大学論文集』四七号。
川出麻須美 1972『天地四方――川出麻須美遺稿集』川出麻須美遺稿集刊行会。
姜 昌民 1982「放浪する芸能集団――男寺党の運命」(安宇植編著『アリラン峠の旅人たち――聞き書 朝鮮民衆の世界』平凡社。
神田龍身 1996「男色家・藤原頼長の自己破綻――『台記』の院政期」小島菜温子編『王朝の性と身体――逸脱する物語』森話社。
きだみのる 1972『人生逃亡者の記録』中公新書。
北丸雄二 2021『愛と差別と友情とＬＧＢＴＱ＋――言葉で闘うアメリカの記録と内在する私たちの正体』人々舎、第一三章。
木下直之・吉見俊哉 1999『ニュースの誕生――かわら版と新聞錦絵の情報世界』東京大学出版会。
國弘暁子 2009『ヒンドゥー女神の帰依者ヒジュラ――宗教・ジェンダー境界域の人類学』風響社。
久保 寛 1985「朝鮮賤民芸能のエートス――流浪芸能集団『男寺党』をめぐって」『部落解放』二二五号。
桑谷定逸 1911「戦慄す可き女性間の顚倒性慾」『新公論』明治四四年九月号。
桑原稲敏 1982『戦後史の生き証人たち』伝統と現代社。
桑原牧子 2008「フランス領ポリネシアのマフとラエラエ――タヒチ島とボラボラ島のケース」『日本＝性研究会議会報』二〇―一号。
礫川全次 2003「男色の沿革を略述し日本人の国民性に及ぶ」『男色の民俗学』批評社。
国分直一 1975「双性の巫人」『えとのす』三号。
国分直一 1976「双性の巫人――特に南西諸島の事例について」『環シナ海民族文化考』慶友社。

五味文彦 1984「院政期政治史断章」『院政期社会の研究』山川出版社。
小峰茂之・南孝夫 1985『同性愛と同性心中の研究』小峰研究所。
齋藤 光 2004「性」井上章一・関西性欲研究会編『性の用語集』講談社現代新書。
佐伯順子 2009『「女装と男装」の文化史』講談社選書メチエ。
笹田直人 1995「ゲイネスとホモセクシュアリティ――ポストストーンウォールのアメリカ・ゲイ・シーン」『imago』一九九五年一一月号、青土社。
笹野みちる 1995『Coming OUT!』幻冬舎。
里見弴 1938「志賀君との交友記」『銀語録』相模書房。
志村哲男 1990「背徳の男寺党牌――韓国の放浪芸能集団」藤井知昭・馬場雄司編『(民族音楽叢書1)職能としての音楽』東京書籍。
白倉敬彦 2002『江戸の春画――それはポルノだったのか』洋泉社新書y。
沈 雨晟 1974『男寺党牌研究』同和出版公社(ソウル)。
菅 聡子 2006「女性同士の絆――近代日本の女性同性愛」『国文』一〇六号。
杉浦郁子 2006「一九七〇、八〇年代の一般雑誌における「レズビアン」表象――レズビアンフェミニスト言説の登場まで」矢島正見編著『戦後日本女装・同性愛研究』中央大学出版部。
杉浦郁子 2008「日本におけるレズビアン・フェミニズムの活動――一九七〇年代後半の黎明期における」『ジェンダー研究』一一号。
杉浦郁子 2010a「「レズビアン」の概念史――戦後、大衆娯楽雑誌における」中村桃子編『ジェンダーで学ぶ言語学』世界思想社。
杉浦郁子 2010b「レズビアンの欲望/主体/排除を不可視にする社会について――現代日本におけるレズビアン差別の特徴と現状」好井裕明編著『シリーズ差別と排除の「いま」第六巻 セクシュアリティの多様性と排除』明石書店。
杉浦郁子 2015「「女性同性愛」言説をめぐる歴史的研究の展開と課題」『和光大学現代人間学部紀要』八号。
杉浦郁子・三橋順子 2006「美島弥生のライフヒストリー」『戦後日本女装・同性愛研究』中央大学出版部。

性意識調査グループ編 1998『三一〇人の性意識——異性愛者ではない女たちのアンケート調査』七つ森書館。
祖父江孝男 1979『文化人類学入門』中公新書。
高橋克彦 1992『新聞錦絵の世界』角川文庫。
瀧川政次郎 1943「男姦」「鶏姦事例」『法史零篇』五星書房。
瀧川政次郎 1963「白拍子と男色」『倩笑至味』、青蛙房。
瀧川政次郎 1965『遊行女婦・遊女・傀儡女——江口・神崎の遊里』至文堂。
武田佐知子 1998『衣服で読み直す日本史——男装と王権』朝日選書。
武田雅哉 2007『楊貴妃になりたかった男たち——〈衣服の妖怪〉の文化誌』講談社選書メチエ。
田中香涯 1922「変態性慾要説」『変態性慾』一—一号。
田中優子 2004『張形と江戸をんな』洋泉社新書y。
谷崎潤一郎 1957『幼少時代』文藝春秋新社。
玉城一枝 2008「藤ノ木古墳の被葬者と装身具の性差をめぐって」『考古学からみた古代の女性——巫女王卑弥呼の残影』大阪府立近つ飛鳥博物館。
辻 大地 2017「アッバース朝期のセクシュアリティと同性間性愛——ジャーヒズ著『ジャーリヤとグラームの美点の書』の分析を通じて」『東洋学報』九八—四。
蔦森樹編 1990『トランス・ジェンダー現象』至文堂。
土屋礼子 1995『大阪の錦絵新聞』三元社。
東郷重資 1911『薩藩士風考』吉田書店。
東野治之 1979「日記に見える藤原頼長の男色関係——王朝貴族のウィタ・セクスアリス」『ヒストリア』八四号。
徳永高志 1984「明治初年の都市民衆支配——東京府違式詿違条例制定前後」『歴史評論』四〇五号。
富永智津子 2017「異性装の過去と現在——アフリカの事例」服藤早苗・新實五穂編『歴史の中の異性装』勉誠出版。
中野江漢 1923『支那の売笑』支那風物研究会。
中村真一郎ほか 1992『春信 美人画と艶本』新潮社。

中村輝子 1984「韓国の放浪芸一座――男寺党(ナムサダン)」『季刊民族学』八巻四号、千里文化財団。
難波美緒 2014「「阿豆那比の罪」に関する一考察」『早稲田大学大学院文学研究科紀要(第四分冊)』五九号。
新實五穂 2010『社会表象としての服飾――近代フランスにおける異性装の研究』東信堂。
セレナ・ナンダ(蔦森樹、カマル・シン訳)1999『ヒジュラ――男でも女でもなく』青土社。
針間克己 2019『性別違和・性別不合へ』緑風出版。
橋本義彦 1964『藤原頼長』吉川弘文館。
パフスクール 2017『日本Lばなし――日本のレズビアンの過去・現在・未来をつなぐ』パフスクール。
東 小雪・増原裕子 2014『レズビアン的結婚生活』イースト・プレス。
広岡敬一 2000『戦後性風俗大系――わが女神たち』朝日出版社。
肥留間由紀子 2003「近代日本における女性同性愛の「発見」」『解放社会学研究』一七号。
リリアン・フェダマン(富岡明美・原美奈子訳)1996『レズビアンの歴史』筑摩書房。
服藤早苗 1995『平安朝の女と男――貴族と庶民の性と愛』中公新書。
服藤早苗 1996「性愛の変容――中世成立期を中心に」(女と男の時空――日本女性史再考2『おんなとおとこの誕生――古代から中世へ』藤原書店。
伏見憲明 2019『新宿二丁目』新潮新書。
古川 誠 1994「セクシュアリティの変容――近代日本の同性愛をめぐる3つのコード」『日米女性ジャーナル』一七号。
古川 誠 1995「同性「愛」考」『imago』一九九五年一一月号、青土社。
古川 誠 1996「同性愛の比較社会学――レズビアン/ゲイ・スタディーズの展開と男色概念」『岩波講座 現代社会学 第10巻 セクシュアリティの社会学』岩波書店。
古川 誠 1997「近代日本の同性愛認識の変遷――男色文化から「変態性欲」への転落まで」(『季刊 女子教育もんだい』七〇号。
古川 誠 2001「「性」暴力装置としての異性愛社会――日本近代の同性愛をめぐって」『法社会学』五四号。
古川 誠 2004「鶏姦」井上章一・関西性欲研究会編『性の用語集』講談社現代新書。

古川 誠 2010「白袴隊」井上章一ほか編『性的なことば』講談社現代新書。
古川 誠 2015「原と坂――明治の東京、美少年のための安全地図」井上章一・三橋順子編著『性欲の研究 東京のエロ地理編』平凡社。
ヴェロニカ・ベンホルト＝トムゼン 1996『女の町フチタン――メキシコの母系制社会』藤原書店。
「ホモの窓」「ホモ用語字典④・尻童(しりどう)」『風俗奇譚』一九六二年九月号。
堀江有里 2006『「レズビアン」という生き方――キリスト教の異性愛主義を問う』新教出版社。
堀江有里 2015『レズビアン・アイデンティティーズ』洛北出版。
本富安四郎 1898『薩摩見聞記』東陽堂支店。
マルク・ボーネ(ブルゴーニュ公国史研究会訳)2013『中世末期ネーデルラントの都市社会――近代市民性の史的探求』八朔社、第3章「社会的統制、行動の統制」。
ジョン・ボズウェル 1990『キリスト教と同性愛――1~14世紀西欧のゲイ・ピープル』国文社。
前川直哉 2011『男の絆――明治の学生からボーイズ・ラブまで』筑摩書房。
前川直哉 2017『〈男性同性愛者〉の社会史――アイデンティティの受容／クローゼットへの解放』作品社。
牧村朝子 2013『百合のリアル』星海社新書。
松尾寿子 1997『トランスジェンダリズム――性別の彼岸』世織書房。
松園万亀雄編 1996『性と出会う――人類学者の見る、聞く、語る』講談社。
松原國師 2015『【図説】ホモセクシャルの世界史』作品社。
三品彰英 1943「薩藩の兵児二才制度――主としてその民間伝承的性質に就いて」『新羅花郎の研究』三省堂。後に三品彰英論文集第六巻『新羅花郎の研究』平凡社、一九七四年に収録。
水野悠子 2003『江戸東京 娘義太夫の歴史』法政大学出版局。
三谷一馬 1996『彩色江戸物売図絵』中公文庫。
三橋順子 1997「トランスジェンダー論――文化人類学の視点から」『クィア・スタディーズ'97』七つ森書館。
三橋順子 2003「性別を越えて生きることは「病」なのか?」『情況』二〇〇三年一二月号 情況出版社。
三橋順子 2004a「ニューハーフ」井上章一・関西性欲研究会編『性の用語集』講談社現代新書。

三橋順子 2004b「Mr. レディ、Miss. ダンディ」同右。
三橋順子 2004c「ゲイボーイ、シスターボーイ、ブルーボーイ」同右。
三橋順子 2005「トランスジェンダーと興行――戦後日本を中心に」『現代風俗 2004 興行』、新宿書房。
三橋順子 2006a「「女装者」概念の成立」矢島正見編著『戦後日本女装・同性愛研究』中央大学出版部。
三橋順子 2006b「女装者愛好男性という存在」同右。
三橋順子 2006c「性転換の社会史(1)――日本における「性転換」概念の形成とその実態、一九五〇～六〇年代を中心に」同右。
三橋順子 2006d「性転換の社会史(2)――「性転換」のアンダーグラウンド化と報道、一九七〇～九〇年代を中心に」同右。
三橋順子 2006e「現代日本のトランスジェンダー世界――東京新宿の女装コミュニティを中心に」同右。
三橋順子 2006f「往還するジェンダーと身体――トランスジェンダーを生きる」鷲田清一編『身体をめぐるレッスン1 夢みる身体 Fantasy』岩波書店。
三橋順子 2006g「戦後東京における「男色文化」の歴史地理的変遷――「盛り場」の片隅で」『現代風俗学研究』一二号、現代風俗研究会・東京の会。
三橋順子 2008a『女装と日本人』講談社現代新書。
三橋順子 2008b「女装男娼のテクニックとセクシュアリティ」井上章一編著『性欲の文化史 1』講談社選書メチエ。
三橋順子 2009「変容する女装文化――異性装と自己表現」成実弘至編著『コスプレする社会――サブカルチャーの身体文化』せりか書房。
三橋順子 2010「トランスジェンダーをめぐる疎外・差異化・差別」好井裕明編著『シリーズ差別と排除の「いま」第六巻　セクシュアリティの多様性と排除』明石書店。
三橋順子 2012「異性装と身体意識――女装と女体化の間」武田佐知子編著『着衣する身体と女性の周縁化』思文閣出版。
三橋順子 2013「「男の娘(おとこのこ)」なるもの――その今と昔・性別認識を考える」『日本文化研究』一〇号、

駒沢女子大学日本文化研究所。
三橋順子 2015「日本トランスジェンダー小史――先達たちの歩みをたどる」『現代思想』二〇一五年一〇月号、青土社。
三橋順子 2016「日本におけるレズビアンの隠蔽とその影響」小林富久子ほか編『ジェンダー研究／教育の深化のために――早稲田からの発信』彩流社。
三橋順子 2017a「女装秘密結社「富貴クラブ」の実像」服藤早苗・新實五穂編『歴史の中の異性装』勉誠出版。
三橋順子 2017b「マツコ・デラックスを現代の「最強神」と呼ぶべき、深淵なる理由――祭礼と女装の歴史にみる「双性原理」」「現代ビジネス」二〇一七年五月二三日配信。http://gendai.ismedia.jp/articles/-/51743
三橋順子 2019a「トランスジェンダーと法」綾部六郎・池田弘乃編著『クィアと法　性規範の解放／開放のために』日本評論社。
三橋順子 2019b「性的マイノリティを「治療する」ことの問題性」『統合失調症のひろば』一四号、日本評論社。
三橋順子 2019c「ＬＧＢＴと法律――日本における性別移行法をめぐる諸問題」谷口洋幸編著『ＬＧＢＴをめぐる法と社会』日本加除出版。
三橋順子 2019c「新宿二丁目「ゲイタウン」の形成過程」『現代風俗学研究』一九号　現代風俗研究会・東京の会。
三橋順子 2020「ICD-11 とトランスジェンダー」『保健の科学』二〇二〇年四月号、杏林書院。
三橋順子 2021「「ＬＧＢＴ」史研究と史資料」総合女性史学会編『ジェンダー分析で学ぶ　女性史入門』岩波書店、「Ｌ・Ｇ・Ｂ・Ｔ」史研究の実際――バブル期のニューハーフは語る」
三橋順子 2022a「いろいろつながる話――日本とアジアのセクシュアリティ」『図書』二〇二二年七月号、岩波書店。
三橋順子 2022b「異性装の力――その魅力と威力」『図録・異性装の力』渋谷区立松濤美術館。
宮田　登 1987『ヒメの民俗学』青土社、第一章「ヒメの力」。
宮本神酒男 2010「ラカイン礼賛」http://mikiomiyamoto.bake-neko.net/rakhine07(2).htm
森　理恵 2007『桃山・江戸のファッションリーダー――描かれた流行の変遷』塙選書。
矢島正見編著 1999『女性同性愛者のライフヒストリー』学文社。

安田宗生 1974「鹿児島県十島村の男巫女」『西郊民俗』六六号。
柳田國男 1940『妹の力』創元社。後に『定本柳田國男集』第九巻所収。
山路勝彦 2011「トンガのファカレイティ——ポリネシアにおける「第三の性」」『関西学院大学社会学部紀要』一一一号。
Yuki Keiser 2008「『ラスト・フレンズ』の脚本家・浅野妙子さんのインタビュー」
http://www.tokyowrestling.com/articles/2008/06/last_friends_3.html
劉 達臨(鈴木博訳)2003『中国性愛文化』青土社。
柳 東植 1976『朝鮮のシャーマニズム』学生社。
渡辺 周 2010「ニッポン人脈記：男と女の間には(2)」『朝日新聞』二〇一〇年九月七日夕刊。
渡辺恒夫 1989『トランス・ジェンダーの文化——異世界へ越境する知』勁草書房。

初出一覧

Ⅰ「性」の多様性の再検討

第1章 「性と愛のはざま――近代的ジェンダー・セクシュアリティ観を疑う」『岩波講座 日本の思想 第5巻 身と心』岩波書店、二〇一三年

第2章 「トランスジェンダー文化の原理――双性のシャーマンの末裔たちへ」『ユリイカ』二〇一五年九月号、青土社、二〇一五年

第3章 「性別越境・同性間性愛文化の普遍性」『精神科治療学』三一巻八号、星和書店、二〇一六年

Ⅱ 日本の性愛文化史――中世から現代へ

第4章 『台記』に見る藤原頼長のセクシュアリティの再検討」倉本一宏編『日記・古記録の世界』思文閣出版、二〇一五年

第5章 「薩摩藩の「兵児二才」制と男色文化」新稿：第三九回日本性科学会学術集会の講演、二〇一九年

第6章 「強豪力士は女だった!?――鹿児島県出水市加紫久利神社の石燈籠をめぐる説話から」都留文科大学ジェンダープログラム七周年記念論集『ジェンダーが拓く共生社会』論創社、二〇一三年

第7章 「異性装の近代(1)――「文明開化」は抑圧の始まり」新稿：国際日本文化研究センター「性欲の文化史」研究報告会、二〇〇四年

第8章 「異性装の近代(2)――男装者の諸相」新稿：関西性欲研究会、二〇〇六年

第9章 「トランスジェンダー・カルチャーの昭和史」中江桂子編著『昭和文化のダイナミクス――表現の可能性とは何か』ミネルヴァ書房、二〇一六年

第10章　「日本におけるレズビアンの隠蔽とその影響」小林富久子ほか編『ジェンダー研究／教育の深化のために——早稲田からの発信』彩流社、二〇一六年

Ⅲ　アジアの性別越境文化——インド・中国・朝鮮半島

第11章　「トランスジェンダーと社会(1)——その普遍性」新稿：明治大学文学部「ジェンダー論」の講義

第12章　「中国の女装の美少年「相公」と近代日本」井上章一編『性欲の研究　エロティック・アジア』平凡社、二〇一三年

第13章　「「男寺党」について——朝鮮半島における性的マイノリティの伝統文化として」井上章一・三橋順子編『性欲の研究　東京のエロ地理編』平凡社、二〇一五年

Ⅳ　歴史の中の多様な「性」

第14章　「歴史の中の多様な「性」」『アステイオン』八三号、ＣＣＣメディアハウス、二〇一五年

あとがき

私にとって三冊目の本をお届けする。

各章は、二〇一三年から二〇一六年にかけて執筆した論考の中から「歴史の中の多様な「性」」というテーマにふさわしいものを選んで構成した(初出一覧参照)。ベースになった論考に若干の論旨の整理と加筆を加えた程度でほぼ原形を保っている章(第1・2・4・6・10・12・13章)もあれば、大幅なリライトをした結果ほとんど原形をとどめていない章(第3・9・14章)もある。また第5・7・8・11章は講義・講演・研究報告などに基づく新稿である。

論述の様式、文体などやや統一感を欠き、また論旨の重複があるのは(リライトでかなり整理したのだが)、そうした執筆事情によるものであり、ご寛恕《かんじょ》を願いたい。

お名前は挙げないが、それぞれの機会を与えてくださった方々、いろいろ有益な指摘や助言をくださった「性欲研究会」の仲間にあらためて御礼を申し上げる。また、こうした形で一書にまとめる機会をくださった岩波書店編集部の北城玲奈さんには、心から感謝している。

本文でも触れているように、私は大学・大学院で歴史学を学んだが、社会的性別の移行(男性→女性）にともない、学界を離れざるを得なかった。一九九〇年代の歴史学界にトランスジェンダーを受け入れる状況はまったくなく、「惜しい人を亡くした」と学問的な死人《しびと》扱いだった（「惜しい」と言われただけマシだったのかも）。

本書でとった方法は、歴史学をベースにしながらも、自分で学んだ文化人類学、民俗学、社会学、地理学などがごった煮状態になっている。それぞれの専門領域の研究者からしたら、さぞ噴飯ものだろうが、歴史学界を離れたことで、学問領域にとらわれない思考と研究の自由を得たように思う。それが成功しているかは疑わしいが、少なくとも自分が好きな方法で分析し研究していくことはとても楽しかった。いろいろ辛いことも多かったが、今ではトランスジェンダーで良かったと思えるようになった。

振り返ると、私が三橋順子の名前で初めて文章を書いたのは、一九九一年の『魅惑のランジェリー』という（女性下着好きの男性向けの）下着雑誌のエッセーだった。そこから始めて、二〇〇八年、最初の単著『女装と日本人』を出すまで一七年、二〇一三年『岩波講座　日本の思想　第5巻　身と心』に書かせていただくまで二二年もかかった。さらにそこから本書の刊行まで九年、合わせて三一年、まさに非才と怠惰のしからしむところである。

思えば、暗い藪の中の先の見えない細い道を「踏み分け道があるのだから、きっと誰か通った人がいたのだろう。どこかに通じているのだろう」と信じて、枝を払い草を薙ぎながら歩いてきたような人生だった。

そんな実り少ない研究生活を、長年にわたって物心ともに支えてくれた最愛のパートナー「家猫」さんに、この本を捧げる。良いことの少ない人生だったが、あなたに会えて一緒に暮らせたことが唯一最大の幸せだった。ありがとう。

二〇二二年五月　六七歳の誕生日に

三橋順子

三橋順子
1955年，埼玉県秩父市生まれ．性社会文化史研究者，明治大学文学部非常勤講師．著書に『女装と日本人』(講談社現代新書)，『新宿「性なる街」の歴史地理』(朝日選書)，共編著に『性的なことば』(講談社現代新書)，『性欲の研究 東京のエロ地理編』(平凡社)などがある．

歴史の中の多様な「性」
—日本とアジア 変幻するセクシュアリティ

2022年7月14日 第1刷発行

著　者　三橋順子《みつはしじゅんこ》

発行者　坂本政謙

発行所　株式会社 岩波書店
〒101-8002 東京都千代田区一ツ橋2-5-5
電話案内 03-5210-4000
https://www.iwanami.co.jp/

印刷・法令印刷　カバー・半七印刷　製本・牧製本

ISBN 978-4-00-025675-9　Printed in Japan